거의 모든 전쟁의 역사

A SHORT HISTORY OF WAR

A SHORT HISTORY OF WAR
거의 모든 전쟁의 역사

초판 1쇄 발행 2022년 5월 25일
초판 4쇄 발행 2024년 1월 10일

지은이	제러미 블랙
옮긴이	유나영
펴낸이	이영선
책임편집	김종훈

편집	이일규 김선정 김문정 김종훈 이민재 김영아 이현정
디자인	김회량 위수연
독자본부	김일신 정혜영 김연수 김민수 박정래 손미경 김동욱

펴낸곳 서해문집 | 출판등록 1989년 3월 16일(제406-2005-000047호)
주소 경기도 파주시 광인사길 217(파주출판도시)
전화 (031)955-7470 | 팩스 (031)955-7469
홈페이지 www.booksea.co.kr | 이메일 shmj21@hanmail.net

ISBN 979-11-92085-26-5 03900

거의 모든 전쟁의 역사

전쟁의 기원에서 미래의 전쟁까지
한 권으로 읽는 전쟁의 세계사

제러미 블랙 지음
유나영 옮김

A SHORT HISTORY OF WAR

서해문집

비르질리오 일라리에게

일러두기

- 각주는 모두 옮긴이 또는 편집자의 주입니다.
- 외래어 표기는 국립국어원 외래어표기법을 최대한 따랐으나, 경우에 따라 예외를 두기도 했습니다.

감사의 말

이 프로젝트를 뒷받침함으로써 지난 30년간의 협업에 이정표를 놓아준 헤더 매컬럼에게 감사를 표하고 싶다. 케일럽 카지스, 헤이코 헤닝과 익명의 독자 세 명은 초고에 대해 아주 유익한 논평을 해주었다. 그럼에도 남아 있는 오류가 있다면 이것은 그들의 책임이 아니다. 샬럿 채프먼은 훌륭한 편집자였다. 내가 이 책을 헌정한 비르질리오 일라리(Virgilio Ilari)는 군사사(軍事史) 학술 연구의 활기와 지적 엄밀성을 지켜주는 핵심 인물이자 내 연구의 소중한 지지자이기도 하다.

차 례

감사의 말 • 7

전쟁의 기원

01

지금 우리가 싸우지 않을 경우 심각한 내분이 일어나 민심이 동요하는 가운데 아테나이인들의 마음이 페르시아인들에게 부역하려는 쪽으로 기울지 않을까 두렵소. 그러나 몇몇 아테나이인들이 이런 불건전한 생각에 사로잡히기 전에 전쟁을 시작한다면, 신께서 공평하실 경우 우리는 전투에서 이길 수 있을 것이오.*

헤로도토스가 들려주는 소(小)밀티아데스의 극적인 이야기는 기원전 590년 당대의 위협적 강대국인 페르시아의 침공 위협이 닥쳤을 때 아테네인이 무엇을 걸고 싸웠는지를 보여주며, 전쟁의 승리를 이해하는 데 의지가 어떤 역할을 하고 신의 도움이 어디에 임

---

* 헤로도토스, 《역사》 6권 109장(헤로도토스 지음, 천병희 옮김, 《역사》, 숲, 2009, 610쪽).

하는지를 포착하고 있다. 하지만 우리 생물종 관점에서 보면 이 '고대 세계'로부터의 외침은 사실 아주 최근의 역사에 속한다. 인류는 그 시초부터 분쟁을 벌였지만 그렇게 대규모로는 아니었다. 하물며 아테네가 마라톤 전투에서 페르시아의 압도적 대군에 완승을 거두며 절정에 이른, 기원전 490년의 침공만 한 규모의 충돌은 확실히 아니었다.

대신에 인류는 먹이를 놓고 다른 동물과 경쟁하는 한편, 다른 동물의 먹이가 되지 않기 위해 싸워야 했다. 또 은신처를 놓고도 싸워야 했다. 그러니까 전쟁은, 아담의 죄가 '인류의 타락'을 가져왔다는 유대-기독교 관념을 무의식적으로 모방한 평자들이 1960년대에 열렬히 주장한 대로 단순히 사회가─농경과 이와 연관된 사회 조직 형태로─인류를 타락하게 만든 결과로 출현한 것이 아니었다. 이 설명대로라면 전쟁은 우리 생물종의 역사가 90퍼센트가량 경과한 이후에야 시작됐을 것이다. 하지만 싸움은 인간 사회의 불가결한 구성 요소다. 실제로 아마존과 뉴기니 등지에 있는 현대 수렵채집 사회의 패턴은, 수렵채집민과 정착민을 막론한 인간 집단 사이의 분쟁에서 과거에 좀 더 흔했던 관습을 반영하고 있다. 사냥 영역 확보를 위해서든, 특히 배우자감을 얻고/얻거나 부족에 통합하기 위해서든, 노예 포획을 위해서든, 남성성을 과시하기 위해서든 다른 인간 집단과의 싸움은 다른 동물을 상대로 한 싸움과의 연장선상에 있었다. 실제로 독일에서 마지막 곰이 사살된 것은 1797년이었다.

인류사 내내 지속됐고 오늘날까지도 맨눈으로는 보이지 않는 생물과의 전쟁이라는 새로운 형태로 진행 중인 싸움에서 인간이 동물에게 승리를 거두어온 것은, 인간의 타고난 신체적·정신적 특성뿐만 아니라 이런 특성을 활용해 기회를 증진하는 능력 덕분이었다. 많은 동물처럼 열을 발산하기 위해 멈출 필요가 없이 땀을 흘리면서 동시에 이동할 수 있는 능력은 신체적 핵심 요인이었다. 이 능력은 추격과 도주에 모두 이점으로 작용했다.

언어를 통한 소통 능력은 인간의 집단 사냥과 전투를 돕는 데 반드시 필요했다. 집단 활동은 다른 포식자를 물리치고 마스토돈과 매머드 같은 큰 동물을 사냥하는 데 중요한 능력으로, 다른 인간과의 충돌에도 적용될 수 있었다. 언어는 혁신이 전파, 개선되도록 돕는 데도 중요한 역할을 했다.

이는 오늘날까지도 중요하게 남아 있으며 인간을 다른 싸움 동물과 차별화하는 학습 과정의 핵심적 측면이었다. 학습은 환경에 대한 어떤 자동적인 반응이나 무의식적 진화 과정이 아니라, 인간이 변화의 주체로서 행동하며 기회를 시험해보고 반응을 평가해 나가는 과정이었다. 이 과정에서 사회 조직과 언어가 역할을 수행하며 인간은 다른 생물종과 차별화됐다.

이 과정의―유일하지는 않지만―주된 측면은 도구의 발전이었다. 돌, 나무, 뼈, 가죽, 뿔, 불, 진흙 등의 특성이 무기와 피신처를 만들고 강화하는 데 활용됐다. 특히 부싯돌은 주로 도끼날을 만드는 데 요긴하여 부싯돌 다루는 기술이 발달했다. 특히 나무나 뼈로 된 자루에 송곳과 날을 부착한 결합식 도구가 중요했고, 창과 화살에 돌촉을 매달아 무게 대비 관통력을 높였다.

투척 무기는 발톱, 뿔, 엄니, 가죽 등 무기와 보호구를 선천적으로 갖추어 인간보다 전투에 더 강한 특성을 지닌 동물을 무찌르는 데 도움이 됐다. 동물로부터 안전한 거리를 확보하려면 무기가 필요했다. 게다가 큰 찌르개 같은 도구는 매머드 가죽을 뚫을 수 있어서 동물을 죽이는 것은 물론이고 고기를 잘라 먹음으로써 단백질을 얻을 수 있게 해주었다. 고기와 생선의 단백질은 생채소나 과일처럼 오랜 처리 과정을 소요하지 않고도 소화할 수 있었다. 유럽의 검치호(劍齒虎)와 대형 사슴과 털코뿔소, 중앙아메리카의 마스토돈과 대형 아르마딜로 같은 거대 동물은 모두 멸종하게 됐다. 여기에는 서식지 변화가 중요한 역할을 했지만, 인간에게 이런 상황을 이용할 능력이 있었던 것도 중요했다. 인간은 사냥 기술이 있었기에 기원전 1만 년경 마지막 빙하기가 끝난 후 빙하가 후퇴하며 펼쳐진 예측 불가능한 환경과 가능성에 다른 동물보다 더 잘 적응할 수 있었다. 털코뿔소는 인류가 존재하던 기원전 2만 7000년경부터 기원전 1만 6500년경까지 개체수가 기본적으로 안정되어 있었는데, 아마 코뿔소가 사냥하기 위험한 동물이었기 때문일 것이다. 그런데 기원전 1만 2700년경부터 아마도 지구 온난화의 결과로 개체수가 감소하여 결국은 멸종하게 됐다.

기원전 1만 2200~기원전 1만 980년경의 인간 정착지인 베네수엘라 해안의 타이마-타이마(Taima-Taima) 유적에서는 창끝에 찔린 마스토돈의 뼈 한 점이 나왔다. 최근 알래스카에서 발견된 한 무덤구덩이에는 기원전 9500년경 사망한 사람들 유골 밑에 사슴뿔과 무기들이 깔려 있었다. 동물과 싸우는 사람 모습은 초기 동굴 암각화에서부터 로마 시대의 모자이크에 이르기까지 널리 묘사됐다. 에스파냐 쿠에바데라비에하의 바위그림은 활을 든 남자들이 수사슴을 사냥하는 광경을 보여주며, 사하라사막 타실리나제르 고원에서 발견된 기원전 6000년경의 바위그림에는 기린 사냥이, 카슈미르에 있는 기원전 4300년경의 부르자하마 유적에는 사냥꾼들과 황소가 그려져 있다. 중앙아메리카의 마야 예술에서도 사냥은 핵심 요소다. 인간과 동물이 싸운 이야기 또한 모든 신화에서 발견되는 핵심 소재다.

다른 육식동물과 투쟁하고, 인간의 능력을 높여주는 몇몇 동물을 길들여 농경과 이동에 활용하고, 땅을 일구어 작물을 재배하고, 이를 통해 영구 정착이라는 새로운 국면에 접어드는 과정에서 안전한 환경을 조성하는 데는 인간의 광범위한 능력이 큰 역할을 했다. 그 시간표가 지역에 따라 달랐던 것은 혁신의 전파에 시차가 있기 때문이기도 했지만 인구밀도, 집단 간의 이동 경로, 풍토, 빙하의 범위와 그 영향의 차이 때문이기도 했다. 생물 다양성은 물리적 환경에 크게 좌우됐지만, 인간은 주로 숲을 베어 농경지로 만듦으로써 다양성에 영향을 끼쳤고 이로써 야생동물의 서식지가 감소하기도 했다. 작살, 활, 화살의 발전과 특수한 해양 환경에 적응한 배는 고기잡이에 도움을 주었다. 일례로 갈대를 엮어서 바닥을 평평하게 만든 파소니스는 사르데냐 시니스반도의 습지나 늪지에서 고기를 잡는 데 쓰이며, 다른 지역에서도 비슷한 배를 찾아볼 수 있다.

　인구가 증가하고, 반드시 이겨야 하는 전쟁의 경쟁자인 육식동물을 인간 정착지로부터 먼 주변부로 밀어내면서 다른 인간과의 싸움이 더 중요해졌다. 이 싸움이 어느 정도였고 언제 발생했으며 어떻게 설명할지는 모두 논쟁의 대상이며, 이것을 전쟁이라고 해야 할지도 논란거리다. 무기 사용이 곧 무력 충돌을 의미하는 것은 아니며, 폭력으로 사망한 것으로 보이는 유골도 전쟁이 아니라 살인이나 해묵은 반목의 결과였다고 보는 이들도 있다. 난티롤에서 발견된 기원전 3300년경의 '아이스맨' '외치(Ötzi)'는 구리 도끼와 부싯돌 나이프 그리고 부싯돌 창끝이 달린 화살을 가지고 있었다. 그는 비슷한 무기로 누군가를 공격한 뒤 살해됐거나 최소한 부상을 입은 것 같다.

　1996년 독일 북동부 톨렌제 계곡에서도 한 아마추어 고고학자에 의해 비슷한 증거*가 발견되었다. 이후 학자들은 유럽에 알려진 가장 오래된 전투 중 하나가 이곳에서 벌어진 것이 아닐까 하고 추정했다. 하지만 몇 가지 문제가 제기됐다. 계곡에서는 몽둥이 같은 둔기에 의해 외상을 입은 두개골과 화살촉이 박힌 팔뼈 등 유골 외에도 청동 검, 부싯돌, 청동 화살촉, 곤봉, 창끝, 단검 등의 무기가

* 　돌화살촉이 박힌 인간의 위팔뼈.

발견됐다. 초기 조사에서는 대략 트로이가 멸망한 시대에 해당하는 기원전 1200년경 독일 남부에서 북부를 침략하여 전투가 발발했으며, 약 4000명의 전사가 참여해 그중 1400명이 죽은 것으로 추정되었다. 하지만 최근 유전자 분석 결과 사망자 사이에 친족 관계가 거의 확인되지 않아 이들이 이주민 집단일 가능성은 희박해졌다. 그래서 이제는 전투가 아니라 무역상 호위대의 매복 공격이었을 가능성이 제기되고 있다. 여타 유적에 대해서도 이처럼 상반된 평가가 있을 수 있으며, 이는 전승, 문헌, 이미지에도 적용돼야 할 것이다.

전쟁 용어를 확립하고 따라서 전쟁의 역사를 평가하다 보면 부족과 같은 조직의 전쟁보다 국가 차원의 전쟁이 더 중요했다고 가정하게 될 수도 있다. 전쟁을 '사회적 구성물'이자 국가 건설의 한 측면으로 보면 편리하긴 하지만, 이런 접근 방식이 들어맞지 않는 지역도 많다. 뉴질랜드의 마오리족, 오스트레일리아의 애버리지니, 태평양의 폴리네시아인과 멜라네시아인, 북극권의 이누이트 등 구술 기록을 통해 과거 호전성이 충분히 확인된 사회에서는 더더욱 그렇다. 호전성은 전사가 주된 역할을 수행하며 사회 질서의 연원을 설명하는 이야기의 주제이기도 하다. 기원전 10세기 인도의 〈푸루샤 수크타(Purusha Sūkta)〉*에 나오는 천지창조 이야기

---

* "태초의 인간에 대한 찬가"라는 뜻으로, 고대 인도의 경전인 리그베다(RigVeda)에 수록된 찬송집.

가 그런 예다.

크고 작은 싸움의 핵심 요소는 조직의 성격보다는 싸움의 의지에 있다. 호전성이나 전투성으로 풀이할 수 있는 이 의지는 전쟁으로 가는 과정에서 합리와 비합리 사이에 이따금 그어지는 무용한 구분선을 뛰어넘곤 한다. 호전성은 상황에 대한 합리적 반응으로도, 또는 비합리적 반응으로도 볼 수 있으며 이 둘 모두일 때도 있다. 나아가 적대와 충돌은 뚜렷이 구분되는 것이 아니라 연속선상에 있다.

오해로 인해 이해관계와 반응을 잘못 계산해서 전쟁이 일어나기보다는, 싸울 의지와 태세라는 형태의 호전성이 전쟁으로 이어지는 것이다. 전쟁을 벌인다는 것은 예측 불가능성을 선택하는 동시에 위험에 낙관적 의미를 부여하는 일이며, 개인적·사회적 규범―주로 남성성과 경쟁―의 산물이기도 하다.

이 상황에서 중요한 측면은 비단 생존을 돕는 진화적 요인뿐만이 아니다. 많은 이들이―그들끼리 싸우든 집단 내의 다른 이들과 싸우든―싸우면서 느끼는 동료애와 흥분―실은 쾌락과 해방감―은 광범위한 문화에 존재한다. 강제로 싸움에 끌려가는 사람들에게는 와 닿지 않겠지만, 현대에 행해지는 전투 재현 행사들을 보면 이러한 요소가 있음을 알 수 있다. 소속감과 지위도 전투에서 중요한 요소지만, 이는 문화에 따라 다르고 정치적 상황에 좌우된다.

무력 충돌의 초점이 동물과의 싸움으로부터 인간 대 인간의 조직적 싸움으로 이동한 것은 확실하지만, 아마 이는 인간 사회가 시작됐을 때부터―아니, 적어도 수렵채집 씨족이 다른 씨족과 접촉했을 때부터―그랬을 것이다. 게다가 초기의 전쟁이 의례적인 것이었고 그래서 제한적이었으며 진정한 전쟁의 역사와는 다르다는 주장이 흔히 거듭해서 제기되지만, 초기 전쟁의 목적과 성격에 대한 증거가 한정되어 있기 때문에 이런 주장은 주의해서 다루어야 한다. 게다가 충돌이 의례적이었다고 해서 그것이 의도적이고 치명적이고 냉혹하지 않다는 뜻은 아니다. 제복, 군악, 명령 체계와 언어 등 현재까지 지속되는 의례와 다르지 않다. 무력 충돌의 이러한 차원을 항시 염두에 두어야 한다. 17세기 존 스콧 대령은 카리브족에 대한 글에서 토착민의 식인 의식을 관찰하고 이렇게 썼다.

> 그들은 악의적으로, 한입만 씹고서 뱉어버리는 식으로 (인육을―옮긴이) 먹는다. 적에게 사납고 잔인하게 구는 것이야말로 그들의 신을 기쁘게 하는 일이라 믿고 그런 식으로 행동하게끔 서로를 독려하는 것이다. 남쪽의 인디언이 서로를 식량으로 먹는다고 보고한 이들은 큰 착각을 한 것이었다.

집단 역동성의 한 측면으로서 이런 사회적 관습은 아마 무력 충돌이 발생했을 때부터 문젯거리였을 것이다.

전쟁과 초기 국가

02

그들은 전투에서 기병대의 기동성과 보병 부대의 안정성을 결합한다. 날마다 반복되는 훈련과 습관 덕분에 그들은 가파른 지형에서도 전속력으로 말을 달릴 수 있고, 번개같이 말을 세우고는 방향을 틀 수 있을 뿐만 아니라….[*]

– 기원전 55년 율리우스 카이사르가 브리타니아를 침공했을 때 목격한 전차에 대하여

청동기 후기인 기원전 1194~기원전 1184년 터키 다르다넬스 인근에서 벌어진 트로이 공성전은 신비에 싸여 있지만, 인간이 인간 스스로를 이해하기 위해 지어낸 이야기가 신과 인간 사이의 충돌과 어느 정도나 연관되어 있는지를 포착하고 있다. 트로이 전

---

[*]   율리우스 카이사르, 《갈리아 원정기》 4권 33장(율리우스 카이사르 지음, 천병희 옮김, 《갈리아 원정기》, 숲, 2012, 135쪽).

쟁에 대한 서사시인《일리아드》는 현존하는 가장 오래된 전쟁담 중 하나다. 이 이야기의 핵심 원동력은 명예인데, 이 명예는 한 여성―스파르타의 왕 메넬라오스의 아내였다가 트로이로 납치된 헬레네―에 대한 지배권의 형태를 띠기도 하지만, 이 이야기를 비롯한 여러 전쟁담에서는 남성 간의 관계라는 형태가 더 지속해서 눈에 띈다. 산스크리트어로 쓰인 고대 인도의 대서사시《마하바라타》와《라마야나》에서 왕가의 반목과 전투―특히 쿠루크셰트라 전투와 시왕(十王) 전투―가 하는 역할도 이와 비슷하다.

《구약성서》같은 종교적 내러티브에서도, 이스라엘 백성이 예리코를 점령한 이야기 등에서 볼 수 있듯이 전쟁은 중요한 구실을 했다. 전쟁 의례는 존속돼왔는데, 일례로 남서태평양의 전쟁 의례는 오늘날 관광객을 위해 재연되고 있다. 이런 의례는 다른 씨족이나 반수반신(半獸半神)의 요물에 맞선 투쟁을 묘사하는 경우가 많다. 내러티브와 의례에서 신은 대개 호전적으로 재현되며, 통치자를 신의 현신으로 여긴다. 일본에서는 제2차 세계대전이 끝날 때까지도 이러한 관계가 유지됐다.

이런 상황은 생래적으로 경쟁적인 시스템, 나아가 정복자와 피정복 영토를 영적으로 결합하면서 타 부족에 대한 승리를 신들끼리의 싸움이나 우주적 투쟁과 결부하는 과정의 일환이었다. 대다수 종교 체계가 지닌 다신교적 성격이 신들 사이의 투쟁이라는 내러티브를 강화한 반면, 유대교 같은 일신교에서는 '진정한 신'과 바알 신* 같은 이교 숭배 사이에 투쟁이 존재했다. 그래서 유대

인과 불레셋인**의 투쟁은 모든 차원에서 종교적 충돌로 묘사되었다.

별개로―하지만 이와 관련하여―종교 의식과 건물은 공동체를 보호하는 측면이 있었지만 방비를 요하기도 했다. 사원 보호 구역은 초기 도시의 핵심 요소였다. 메소포타미아(이라크)의 니푸르에서는 기원전 2100년경부터 사원에 방벽을 세웠다.

무력 충돌 이야기는 종교가 존재해온 유구한 시간과 연관될 뿐만 아니라 인류만큼이나 오래됐고, 사실 인류의 이야기이기도 하다. 이는 인간의 경험과 떼어놓고 볼 수 없다. 그 나름의 호전성을 지닌 수렵채집 사회가 계속해서 중요하게 존재하긴 했지만, 인류 발전의 전형적인 내러티브는 농경, 정착, 야금, 무역 이야기를 중심으로 펼쳐진다. 전쟁과 무기의 향상도 이 방정식의 일부를 이루어, 무기는 그 치명성과 사용 편의성 면에서 전투에 더 유용하게 발전했다. 석기 시대가―각기 다른 시기에―잇따른 금속 시대로 교체되면서 부싯돌과 흑요석을 다듬어 쓰던 석기 시대 무기 또한 서서히 대체됐다. 금속 무기는 더 사용하기 쉽고 가지고 다니기도 용이했다. 그 자체로 여러 단계의 작업과 조립을 거쳤음을 보여주는 부싯돌 무기는 비슷한 금속 무기보다 훨씬 예리했지만, 금속과

---

*   고대 가나인들이 숭배하던, 토지의 비옥함과 생물의 번식을 주재하는 신.《구약성서》에서 대표적 우상 중 하나로 나온다.

**   고대 팔레스타인 민족 가운데 하나. 이스라엘 민족의 강력한 적으로《구약성서》에 자주 등장한다.

달리 사용할수록 날이 쉽게 손상됐다. 또 더 무겁기도 했다.

기원전 7000~기원전 5000년 서아시아와 남동유럽에서는 열을 이용하면 광석이 함유된 광상에서 금속을 분리할 수 있다는 것을 알게 됐다. 그래서 불이 무기 발전의 중요한 일부가 됐는데, 전쟁이 애초에 전쟁 목적으로 전문화되지 않았던 기술에 의존한 사례다. 금속을 제련하고 가공하는 기술 없이는 금속 무기를 만들 수 없었다. 낮은 온도에서 녹는 부드러운 금속이 먼저 활용됐다. 좀 더 가공하기 어려운 철이 나오기 전까지는 가공이 쉬운 구리가 금속 기술의 근간이었다. 구리를 계승한 청동은 구리와 주석 합금으로, 순수한 구리보다 더 강하고 튼튼했다. 가장 오래된 청동 검은 기원전 3000년 이전에 오늘날 터키 지방에서 만들어졌다. 금속은―주로 주석의―교역과 제조업을 요했으므로 이런 무기의 변동에는 사회적 결과가 따랐다.

점차 칼싸움 기술이 발전하고 전투 양식이 개선됐다. 기원전 1300년경에는 유럽 전역에서 이런 검이 발견됐다. 이 같은 테크닉은 인간 기술의 전투 적응과 적용이 갖는 다면적 속성의 일환으로 무기의 종류와 상관없이 중요했다.

투석구* 또한 오래도록 사용된 무기로, 다른 무기보다 대체로 저평가됐지만 신석기인에게 알려져 있었던 것은 확실하다. 투

---

*　길이 2미터 정도의 끈이나 가죽끈 중간을 넓게 하고 거기에 돌을 싸서 끈의 양 끝을 모아 잡고 돌리다가 한끝을 놓아 돌을 날리는 옛날 무기.

석구는 사정거리가 활에 비해 상대적으로 짧지만 목표물로 정확히 날아가는 돌을 고를 줄 아는 전문가 손에 들어가면 위협적이었다. 투석구는 페루, 네바다, 이집트, 발레아레스제도, 아나톨리아 등 전 세계에서 발굴됐다. 게다가 투석 막대는 투척을 개선해주었다. 이는 투창기가 창을 던지는 팔의 길이를 늘려주는 것과 유사한 역할을 해준다.

요새 건축도 발전했다. 초기의 방어 시설은 높은 비탈 같은 지형적 특성에 주로 의존하거나 성벽을 동심원처럼 몇 겹씩 둘러서 요새 내부를 방어하는 형태였다. 여러 층으로 된 탑은 후대에 발전했는데, 동지중해 연안 등 선례가 있는 지역에서 배워온 것으로 보인다. 인상적인 유적으로 남아 있는 그리스의 미케네와 트로이 등 청동기 시대 주요 요새와 비교하면 그 대부분은 작은 규모였다. 기원전 2200~기원전 1550년경 에스파냐 동남부에서 번성했던 아르가르 청동기 문화에서는 산꼭대기에 정착지를 세우고 방벽을 둘렀다. 요새가 정교해지고 있었다는 증거가 고고학 조사를 통해 발견되었다. 일례로 2012~2013년 발견된 바스티다 유적은 공격해오는 적을 볼 수 있도록 출입 통로 양 측면에 석벽을 쌓았고 정방형의 견고한 탑 다섯 채를 돌출하는 등 상당한 솜씨를 보여준다. 탑 사이에 좁게 간격을 두어 적을 향해 투척물을 던질 수 있게도 했다. 테(tell)라고 하는 이런 언덕 위 요새는 널리 퍼져 있었다. 터키의 히타이트족에게도 언덕은 가시성과 방어를 둘 다 제공했다.

말은 일찍이 기원전 4000년경 흑해 북부에서 가축화되어 기원전 1700년경에는 새로운 무기 체계인 전차에 활용되고 있었다. 후대의 탱크와 내연 엔진이 그렇듯 전차 또한 새로운 동력원—이 경우에는 말—과 금속 가공 기술을 반영한다. 말이 없는 사회에서는 전차를 활용하지 못했는데, 이는 무기의 발전과 활용에 자연 환경이 갖는 중요성을 보여준다.

기원전 3500년경에는 바퀴로 움직이는 탈것이 서아시아에 존재했는데, 이는 전차 발전의 핵심 요소였다. 나중에는 속이 꽉 찬 바퀴가 아니라 바퀴살이 있는 바퀴를 써서 차의 무게를 줄였고, 고삐를 재갈에 연결하여 말을 통제하는 수단을 획득했다. 전차는 병사를 식별하고 전장을 조직하는 역할도 했지만, 궁수 등 전사를 위한 사대(射臺) 구실을 하며 기병과 보병 모두에게 도움이 됐다. 광범위한 여러 기술을 한데 모은 사례로서 합성궁*이 만들어진 증거는 기원전 2200년경 메소포타미아에서 처음 발견되는데, 그 구성과 형태 덕분에 압축력과 인장력을 높일 수 있었다. 전차와 비슷하게 합성궁도 유기질 재료를 구할 수 있는 환경에서 개발되고 상당한 기술력이 반영된 공학적 산물이었다.

말과 전차는 상징적 역할도 했다. 인도 베다 시대(기원전 1500~기원전 600년경)의 제사 의식인 아슈바메다(Aśvamedha)에서는 제

---

* 목재와 짐승의 뿔, 힘줄 같은 비목재 재료를 조합하여 만든 활. 아시아 유목민족의 몽고궁, 한반도의 각궁이 대표적이다.

물로 선정한 말을 풀어놓고 전사들이 그 뒤를 따라가게 한 다음, 말이 국경을 넘어가면 그 땅의 종주권을 선포하거나 전쟁을 일으키는 구실로 삼았다. 미케네 시대 그리스와 청동기 시대 브리타니아에서는 권력자가 죽으면 그의 전차와 함께 매장했다.

활과 같은 무기가 가장 큰 효과를 발휘하려면 훈련된 대규모의 병사가 다루어야 했다. 바로 이 점이 사용하는 무기와 더불어 전투 효율에 중요한 요소였다. 로마는 기원전 55년과 기원전 54년에 브리타니아를 침공했고 기원후 43년에 다시금 침공하여 마침내 정복했는데, 이때 켈트족은 효과적인 장병기(長兵器)와 갑옷 부족으로 어려움을 겪었다. 켈트족 전차는 가공할 도전을 제기했지만 로마 궁사들에게 취약했고, 메이든 캐슬 같은 산악 요새는 로마군의 포위술에 약했다. 하지만 로마군의 단검, 투창, 갑옷과 더불어 잘 다져진 전투 규율이야말로 로마군이 다양한 환경에서 거듭 승리할 수 있었던 핵심 요소였다.

적어도 일부 지역에서는 대규모 부대의 필요성이 전쟁의 성격을 변화시키는 데 기여했다. 병력을 전투에 잘 배치하려면 식량·식수·숙소·장비를 보급할 수 있어야 하기 때문이다. 이상의 주된 책무는 한편으로는 백성과 피정복민에게 부담을 지우고, 다른 한편으로는 병사와 선원을 쥐어짜는 편법과 임시변통을 통해 수행되는 것이 보통이었다. 대부분의 역사에서 후자의 이름이 없는 것은 개개인의 복무 사실이 기록되지 않았기 때문이다. 기록이 있다 하더라도 병사가 복무를 거부함으로써 자신들의 가치를 강제로 주지시키거나 대체하기 힘든 상황이 아니라면 병사가 자신들의 조건을 개선하기 위해 할 수 있는 일은 거의 없었다. 둘 중 첫 번째 수단이 가장 직설적으로 표출된 사례는 반란과 쿠데타인데, 이는 심지어 가장 과중한 체제와 가장 권위적인 이데올로기 아래서도 많은 군역이 조건부 성격을 띠었음을 보여준다. 두 번째 상황은 단지 어떤 부대의 특정한 전투 기술만이 아니라 병력의 대체가 어려울 정도로 한정된 인구 규모의 산물이기도 했다.

이는 군역과 군대 활용 기저에 항시 깔려 있었을 군대 내부―그리고 군대와 인적·물리적 환경 사이―의 암묵적 타협을 보여주는 것이다. 역사상 많은 시대, 특히 고대에는 이러한 타협의 성격―여기에 반영된 곤란이나 그로 인해 초래된 긴장―을 드러내는 증거가 없지만, 그렇다고 해서 이 점을 고려할 수 없다는 뜻은 아니다. 다른 분야에서처럼 군사사에서도 우리는 우리가 가진 한정된 연구 자료와 전쟁의 환경들, 인류학들, 사회학들, 경제학들에서 끌어온 가정들을 거듭 대조해보아야 한다. 여기서 복수형을 쓴 것은 의도적인데, 이런 분야가 하나씩만 있다고 가정하면 현재와 이후의 분석을 위한 선택지가 더더욱 한정되기 때문이다.

일례로 고대 그리스와 후대 앵글로색슨 잉글랜드에서는 특정한 장소에서 싸우는 관습이 오래 유지됐는데, 이는 무력 충돌의 상징적 요소가 띠는 중요성을 보여준다. 법적·정치적 그리고/또는 종교적 집회나 평화 유지를 위한 의식에 적합한 장소와 무력 충돌에 적합한 장소 사이에는 연관성이 있었다. 이런 장소는 흔히 강

건널목, 고갯길, 숲, 히스(진달랫과의 관목)가 무성한 황야 또는 고분 같은 기념물이 있는 특별한 중간 지점 또는 교통로에 접근이 용이하거나 눈에 잘 띄거나 많은 사람이 모이는 장소와 가까워서 병참 등의 실용적 이점이 있는 곳과 연관됐다. 하지만 신이나 다른 형상이 발현한 장소, 전설적인 조상의 고분과 같이 신성한 의미를 띠며 왕권과 노골적으로 결부되는 경우도 있었다. 이런 장소가 기념되고 거기서 벌어진 전투가 기록되면서 영토에 대한 지배와 집단 정체성을 전달할 수 있었다.

　고대에도 지도자는 이득과 자신이 믿는 운명을 추구하면서 다층적 배경에 대응해야 했던 만큼 지배나 영향력을 행사하는 어떤 단일한 방향이 있는 것은 아니었다. 이는 오늘날에도 마찬가지다. 인간은 변화의 동인이다. 이는 인간이 자기 지역의 상황에 적응하면서 무력 충돌의 양상도 인문 지리에 따라 큰 폭의 변이를 보였다는 뜻이다. 이는 지금도 마찬가지지만, 이동의 어려움으로 기술 발전이 느리게 확산됐던 전근대에는 더더욱 그랬다. 게다가 이렇게 생겨나게 된 독특한 지리적 패턴과 더불어 문화도 일종의 '피드백 고리'를 형성하여 독특한 변이를 한층 더 강화하는 데 한몫했다. 전쟁의 세계는 하나가 아니었다.

이집트,
아시리아,
페르시아

03

수사, 위대하고 신성한 도시, 그들이 모시는 신들의 거처, 그들이 감춘 신비의 영토를 내가 정복했노라. 내가 그 궁에 들어가 금은과 재화와 부가 축적된 금고를 열었노라. (…) 내가 수사의 신전을 파괴하고 구리로 된 그 빛나는 뿔을 산산이 부수었노라. 내가 엘람의 사원을 잿더미로 만들어 그들의 신과 여신을 바람에 흩뿌렸도다. 고금의 왕들이 묻힌 무덤을 내가 짓밟아 햇빛이 들게 했으며 그들의 유골을 아슈르의 땅으로 가져갔도다. 내가 엘람 지방을 폐허로 만들고 그 땅에 소금을 뿌렸도다.

– 기원전 653년, 아시리아의 아슈르바니팔왕이 페르시아 남서부 엘람 왕국의 수도였던 수사를 정복하고 남긴 기록

트로이를 공격한 그리스 세계는 더 강한 중동 제국들의 주변부에 오랫동안 머물러 있었다. 이들 지역은 국가 간 전쟁이 발달한 핵심 중심지였다. 이러한 발달은 비옥한 충적토에 하천을 이용한

관개 농업을 하여 많은 인구를 부양할 수 있어서 활동 규모가 컸던 데 크게 기인했다. 티그리스강과 유프라테스강 유역 메소포타미아(이라크)와 나일강을 낀 이집트가 특히 그러했다. 메소포타미아의 도시들은 일찍부터 서로 전쟁을 벌이고 육중한 요새를 쌓았다. 기원전 2000년대 말에 쓰인 《길가메시 서사시》의 배경으로 유력한 우루크*가 그 좋은 예다. 기원전 4000년대에 이 도시의 성벽은 길이가 약 9.5킬로미터에 달했다. 흙으로 경사로를 쌓는 것은 도시를 공격하는 데 반드시 필요한 수단으로, 메소포타미아의 전쟁에서 흔히 행해졌다. 많은 제국—특히 기원전 2300년경 아카드의 사르곤 대왕이 건설한 제국—이 메소포타미아를 근거지로 삼았고, 그들의 흥망에는 메소포타미아와 주변 지역의 무력 충돌이 반영되어 있었다.

전쟁은 일부분 제국이 서고 팽창을 추구하다가 무너지는 과정에서 일어났다. 부족 체제를 초월하여 발전한 국가 형태인 제국은 이집트, 중국, 인도 북부 등지에서 등장했다. 이들 지역에는 성벽 도시도 나타났는데, 일례로 이집트의 성벽 도시는 네켄(히에라콘폴리스)과 나카다를 시발로 하여 생겨났다.

이집트는 명문과 장식까지 포함하여 비교적 풍부한 기록을 남겼다. 이집트 군대는 북쪽으로 근동,** 남쪽으로 누비아(수단

---

*   이라크 남부에 있는 수메르의 도시 유적.
**   유럽 관점에서 유럽과 가장 가까운 아시아 서쪽 지역.

북부)까지 진격했다. 군대의 발전에 중요한 역할을 한 이 잦은 무력 충돌은 사원에 조각으로 묘사됐다. 중왕국(기원전 2040~기원전 1640) 말기에 팔레스타인의 힉소스족이 이집트를 정복했는데, 이집트인은 아마 그들에게서 전차 기술을 배웠을 것이다. 말이 끄는 가벼운 이륜 전차와 합성궁 조합은 기원전 17세기부터 시작된 것으로 추정되며, 신왕국(기원전 1550~기원전 1077)의 사원 부조에서 볼 수 있다. 기원전 1460년경 투트모세 3세가 메기도에서 시리아 연합군과 맞붙었을 때도 이 조합이 승리에 기여했는데, 그 속도와 타격력에 힘입어 포위 공격을 성공적으로 수행할 수 있었다.

이후 전차는 이집트와 그 라이벌인 근동의 튀르크 기반 히타이트 왕국에서 공히 중요한 역할을 했다. 기원전 1274년 카데시 전투에서는 양측 모두 대규모로 — 아마도 도합 5000~6000대 — 전차를 동원했다. 테베의 기념물에는 전차를 모는 이집트 통치자 람세스의 모습이 낮은 돋을새김으로 새겨져 있다. 람세스는 자기가 승리했다고 주장했지만 실은 간신히 패배를 면한 정도였다. 전차를 주로 활용한 히타이트인은 전쟁에서 태양신의 도움으로 자신들이 우위를 점했다고 주장했다. 히타이트의 수도인 하투샤에는 탑을 곳곳에 돌출되게 하고 성문 양옆에 쌍둥이 탑을 세워 보강한 튼튼한 성벽이 있었다.

청동기 시대가 끝날 무렵인 기원전 1200년경에는 히타이트 제국과 아마도 트로이를 비롯한 여러 나라가 멸망하고 '바다 민족'이 이집트를 침략했다. 히타이트는 일찍부터 철제 무기를 썼지만 활용은 아주 제한적이었고, 철기를 군사에 체계적으로 활용한 최초의 제국은 아시리아였다. 북부 메소포타미아에 근거지를 둔 이 제국은 기원전 911년부터 기원전 609년까지 가장 강대했다. 단호한 리더십과 군사주의 문화 그리고 신―주로 아슈르―의 가호를 받는다는 의식으로 무장한 아시리아인은 바빌론(기원전 689)과 페르시아 남서부 엘람(기원전 653~기원전 640) 등을 정복했다. 대규모로 잘 조직된 아시리아 군대는 작전과 전투에 둘 다 효율적이었고, 특히 기병술과 공성술에 능했다. 후자 때문에 적은 성벽 뒤에 있어도 오래 버티지 못했다. 아시리아 수도 니네베의 궁전에 새겨진 드라마틱한 석조 부조에는 기원전 7세기 공성전이 묘사되어 있다. 병사들이 공성추*를 엄호하는 공성탑 위에서 싸우고 있는 장면이다.

공성추와 공성탑처럼 성벽에 직접 접촉하는 장비 외에, 발사체를 쏘는 공성 병기―특히 투석기―도 있었다. 하지만 사거리와 명중률, 조준 능력의 한계로 근거리에서 발사해야 했다. 다른 병기와 마찬가지로 투석기도 다양한 목적에 쓰였고 다양한 플랫폼에서 발사할 수 있었다. 대형 투석기는 구조물에 손상을 가하게끔 고안된 무거운 돌을 던지는 무기였고, 중형 투석기는 석궁을, 손에 들 수 있는 가벼운 투석기는 수비병을 제 위치에서 흩어놓기 위해 고안된 작은 돌과 화살을 쏘는 무기였다. 이런 대인 무기는 전술적

---

* 공성전에서 성문을 부수기 위해 사용한 병기.

우위를 점함으로써 공성 병기를 성벽에 가까이 가져다 대고 쓸 수 있는 기회를 열어주었다. 방어에 공격을 저지하기 위한 단계들이 수반되는 것처럼, 이는 공성에도 방어를 제압하기 위한 단계들이 수반되는 양상의 한 측면이었다. 이러한 단계들은 다양한 측면에서 방어를 요했다. 성벽 위에—특히 성벽에서 가장 강한 구조물인 탑에—발사 무기를 배치하는 것도 그중 하나였다. 아시리아는 땅굴 작전도 활용했다.

아시리아 기병을 뒷받침한 것은 쓸 만한 말을 풍부하게 조달하는 능력이었다. 이는 기병을 기반으로 한 제국이라면 핵심적으로 고려해야 할 사항이었고, 1750~1790년 아프가니스탄이 인도를 침략했을 때 그랬듯이 18세기까지도 승리에 매우 중요한 요소였다. 아시리아는 말 두 마리가 아니라 네 마리가 끄는 중전차를 선호했는데, 이것은 두 명이 아닌 네 명이 탈 수 있어 화력을 크게 높여주었다.

아시리아는 기원전 671년 멤피스, 기원전 663년 테베를 점령하여 이집트의 도시를 점거하는 인상적인 능력을 보여주었지만 그 힘은 점차 약해지는 중이었다. 아시리아는 기원전 7세기 말 바빌로니아가 반란을 일으키고 메디아의 페르시아가 발흥하면서 멸망했다.

이 지역에서 분쟁은 키루스 대제(재위 기원전 559~기원전 530) 치하의 페르시아가 승리하면서 일단락됐다. 그는 기원전 550년 메디아 제국을 정복하고 기원전 539년 바빌로니아 제국을 무너뜨린 뒤 당시 기준으로 사상 최대, 세계 최대의 제국을 세워 '세계 네 모퉁이의 왕'이라는 칭호를 얻었다. 아시리아처럼 페르시아도 기병과 공성술에 특히 능했다.

　　기원전 547년 팀브라에서 키루스가 리디아 왕 크로이소스를 꺾은 것은 리디아군 말이 키루스 군대의 낙타 냄새에 겁을 먹고 달아났기 때문이라고 전한다. 키루스 휘하 장군 하르파고스는 그리스 세계의 주요 지역이었던 아나톨리아 해안 이오니아의 부유한 그리스 도시들을 점령했다. 페르시아군은 목표물을 성벽으로 포위하여 약화한 뒤 급습하여 점령했다. 이에 대응하여 그리스는 기원전 5세기에 더 높은 탑을 세우고 더 깐깐하게 다듬은 석재를 쓰는 등 방어를 강화했다.

　　여느 제국처럼 페르시아도 어떤 맥락에서 싸우느냐에 따라 힘의 차이가 나는 상황에 직면했다. 키루스는 중앙아시아를 정벌하러 갔을 때 유목민인 마사게타이족과 싸움에서 전사했다. 페르시아 군대에게 이곳은 너무나 위협적인 지역이었는데, 이는 18세기까지도 군사 작전에서 찾아볼 수 있는 패턴이다. 하지만 이 시기 사료는 제한된 경우가 많다. 기원전 539년 바빌로니아가 패배한 오피스 전투도 그 위치는 찾을 수 있지만 패배의 원인은 알려져 있지 않다. 기원전 525년 펠루시움에서 캄비세스 2세(재위 기원전 530~기원전 522)가 이집트에 거둔 승리도 마찬가지다. 페르시아는 여기서 승리한 뒤 멤피스 포위전에서도 승리했고, 결국 이집트 지배권뿐만 아니라 리비아 동부에 대한 종주권까지 확립했다. 이는 무력 투사의 인상적인 사례이자 이집트를 단시간에 연쇄적으로 정복한 첫 번째 사례로서, (훗날 알렉산드로스 대왕 앞에서 페르시아 또한 노출하게 되는) 놀라운 취약성과 명확한 정복 영토 경계선의 부재를 드러냈다.

변경 지역이 모든 제국의 문젯거리였던 것은 주로 이런 명확한 국경선의 부재와 팽창 의지의 결합 때문이었다. 강대한 페르시아 제국도 예외는 아니었다. 광범위한 지역에 걸친 이 제국은 일부분 승전국이라는 인상에 의존한 측면이 있었고, 그리스 세계의 반기를 꺾겠다는 결심도 여기서 유래했다. 기원전 513년 다리우스 1세(재위 기원전 522~기원전 486)는 보다 광범위한 팽창 과정의 일환으로 트라키아를 정복했다. 그리고 기원전 546~기원전 545년 페르시아에 정복됐던 에게해 동부 해안 이오니아의 그리스계 도시들이 기원전 499년 반란을 일으키자 기원전 494~기원전 493년 이를 분쇄했다.

다음으로 다리우스는 이 반란을 뒤에서 지원했던 아테네와 (에비아섬의) 에레트리아가 더 이상 준동하지 못하게 저지하기 위해 징벌하기로 결심했다. 기원전 490년 페르시아 원정대는 키클라데스제도를 점령하고 에레트리아를 파괴한 뒤 그리스 본토 마라톤에 상륙했다. 하지만 아테네의 기민한 대응 덕에 페르시아는 상륙 거점 너머로 군대를 제대로 전개할 새도 없이 패배해버렸다. 이 전투는 아테네인에게 특별한 운명을 타고났다는 의식을 심어준 결정적 계기가 됐다. 실패가 복수의 기회를 가로막는다는 데 수

궁할 인물이 아니었던 다리우스는 재침공을 계획했지만, 기원전 486년 이집트에서 반란이 터지는 통에 계획을 연기할 수밖에 없었다.

이어서 그의 후계자 크세르크세스(재위 기원전 486~기원전 465)가 기원전 480년 헬레스폰트(다르다넬스)해협*을 건너는 다리를 건설했다. 페르시아로부터 대규모 침공을 맞은 그리스의 국가들은 많은 경우 중립을 유지하거나 테살리아와 보이오티아처럼 크세르크세스와 동맹을 맺었다. 남진하는 페르시아군을 테르모필레 협곡에서 저지하려는 시도는 한 배신자가 적에게 우회로를 귀띔해주어 수포로 돌아갔다. 그리스군은 철수했고, 레오니다스왕이 지휘하는 스파르타군 위주의 소수 후위 부대만이 뒤에 남아 계속 싸우다 모두 전사했다. 페르시아군은 파죽지세로 밀고 내려와 아테네를 점령했다.

해상에서는 사뭇 다른 결과가 빚어졌다. 규모는 훨씬 컸지만 사나운 너울에 휩쓸린 페르시아군 함대는 배들이 너무 밀집되고 대형이 흐트러지자 살라미스해협에서 패전했다. 고전 시대 전쟁에 쓰인 갤리선인 삼단노선을 현대에 실물 크기로 복원하여 몰아보는 실험은 당시에 내려진 선택을 평가하는 데 큰 도움이 됐다. 갤리선 앞부분에 충각(쇠붙이)을 달 수도 있었지만, 흔히 쓰인 전술은 투석기, 궁수, 투창병을 동원한 포격을 퍼부어 저항을 약화한

---

*   터키 서부, 마르마라해와 지중해를 연결하는 해협.

후 적함의 갑판에 오르는 것이었다. 레판토 해전에서 기독교 군대가 오스만튀르크에 승리를 거둔 1571년까지도 많이 볼 수 있었던 전술이었다. 이런 배는 노를 저어 운용하려면 많은 인력이 필요했으므로 순항 거리는 제한적이었다. 물과 식량을 보충하기 위해 자주 기항해야 해서 연안 지역에 머무를 수밖에 없었다. 살라미스에서 패전한 크세르크세스는 그리스를 떠났고, 그의 사위인 마르도니우스 또한 큰 병력을 거느리고도 기원전 479년 육상전인 플라타이아이 전투에서 패했다. 기원전 480년 페르시아는 정복 지역에 대한 지배권을 상실했다.

퍼시 비시 셸리의 시 〈오지만디아스(Ozymandias)〉(1818)에서 한 여행자는 폐허가 된 석상을 마주친다. 그 석상 좌대에 새겨진 "내 이름은 오지만디아스, 왕 중의 왕/ 강대하다는 자들아, 내 위업을 보라, 그리고 절망하라!"라는 명문은 제국의 흥망에 대한 논평처럼 느껴진다. 실제로 셸리의 시에는 그 허무감이 포착되어 있다. "그 주위엔 아무것도 남지 않았소./ 퇴락해가는 거대한 폐허를 둘러싸고, 가없고 헐벗은/ 외롭고 평탄한 모래벌판만이 멀리멀리 펼쳐져 있다오." 당시 대영박물관은 이집트 람세스 2세(재위 기원전 1279~기원전 1213) 석상의 떨어진 조각을 입수했다고 발표했는데, 이것이 셸리에게 구체적인 영감으로 작용했을 가능성이 있다. 오지만디아스라는 이름은 람세스 2세의 즉위명 일부를 그리스어식으로 읽은 것이다. 이 시는 그로부터 불과 얼마 전 일어난 1815년 나폴레옹 보나파르트의 몰락을 반추하기에 적합한 전주

곡이었고, 실제로 역사의 순환적 특성을 포착해냈다. 전쟁은 역사의 산물을 집어삼키고 그 자긍심을 짓밟아왔다. 실로 이는 셸리와 같은 낭만주의적 인물이 문명의 과정과 산물―좀 더 구체적으로 말하자면 군사주의―을 직시했을 때 나올 것이라고 충분히 예상할 수 있는 대항 문화적 반응이었다.

　　하지만 고대 세계의 가치라는 맥락에서 볼 때는 이런 접근 방식에는 문제가 있다. 무력에 대한 의존은 그 시대의 필요와 가치를 반영한 것이었다. 땅과 자원과 신민을 통제하게끔 만드는 경제적 원동력이 존재했고, 여기에는 사회적 역할에 대한 압력과 위계와 남성적 이미지가 수반됐다. 나아가 무력 충돌은 자연스럽고 필요하고 불가피한 일로 여겨졌다. 이는 신의 질서 일부이자 신의 분노가 내린 재앙이며 원초적 폭력에 대한 대응물이었고, 문제를 올바르게, 명예롭게, 맞게 해결하는 방식이었다.

초기 중국에서의
전쟁

04

시안에 있는 진시황(재위 기원전 221~기원전 210) 능 부근에 묻힌 병마용은 수천 점에 달하는 실물 크기 병사와 말 모형을 통해 권력을 말없이 증언하고 있다. 이런 권력은 오랫동안 유지됐다.

메소포타미아와 이집트에서처럼, 기원전 7000년경 중국 북부에서 행해진 대규모 농경도 무력 충돌과 국가 건설에 자원을 제공했고 이 둘은 밀접하게 연결되어 있었다. 기원전 3000년대 중국 북부 평야에는 성벽을 두른 거주지와 금속 무기가 등장했고, 기원전 2500년경의 청쯔야(城子崖)처럼 인구 밀도가 높은 지역에서는 성벽 도시가 나타났다. 기원전 1800년경 황허강 유역에서는 상(商) 왕조의 도시 문명이 발전했지만, 이 문명권은 현대 중국 면적의 극히 일부만을 차지했고 상나라 핵심 영토 너머에 대한 통제권은 제한적이었다.

그럼에도 기원전 1550년경 세워진 정저우(鄭州)의 상나라 성벽은 높이 10미터, 둘레가 7킬로미터에 달하는데, 이 정도 성벽을 쌓으려면 작업 일수가 수백만 일이 걸렸을 것이다. 이는 그 시대 정치적 통제·사회적 응집력·조직력의 전반적 수준을 보여주며, 이런 성벽은 기계로 만들지 않았기에 풍부한 노동력이 존재했음을 암시한다. 중국사의 매우 초기 단계부터 시작된 이런 도시 성벽의 광범위한 발전은 기능적 목적으로 이루어졌지만 문화적인 '과시' 측면도 있어서, 무릇 자부심 있는 도시라면 성벽을 갖추어야 했다. 중국의 성벽 도시는 다른 지역의 비슷한 도시를 압도하는 규모였다. 흙을 다져서 단단하게 만들어 쌓은 벽은 지극히 두껍고 공성 병기 침투를 막아냈으므로 주요 공격 지점이 되는 성문에 초점을 맞추어 방어 시설이 추가됐다. 성문은 성벽에서 돌출되게 했으며 흔히 그 안쪽에도 성문을 겹겹이 설치하는 한편, 중정을 두어 사방을 둘러싼 성벽 위에서 궁수들이 화살을 쏘아대는 '살상 구역'으로 삼았다.

이런 요새화는 가공할 군사 시스템의 한 측면이었다. 중국에서 전차와 합성궁, 청동으로 창끝을 댄 극(戟)*과 창이 발달한 것은 기원전 2000년대로, 이 중 전차는 기원전 1200년경 중앙아시아에서 전래됐다. 이후 전차를 모는 귀족이 중국의 전투에서 결정적 역할을 했는데, 이렇게 값비싼 말과 전차와 사회 엘리트가 주력을 이루는 형태의 전투는 근동과 유럽에서도 찾아볼 수 있었다. 원래 서부 변경 세력이던 주나라(기원전 1050년경~기원전 256년경)는 전차를

---

*   갈고리 모양 무기인 과(戈)와 비슷한 고대 중국 무기. 갈래창이라고도 한다.

특히 잘 활용하여 상나라(기원전 1600년경~기원전 1050년경)를 무너뜨렸지만, 이후 전차와 기병을 다루는 변경 민족—특히 황허강 굽이로부터 북서부에 이르는 지역의 적(狄)과 험윤(獫允)*—의 공격을 받았다.

기나긴 전국 시대(기원전 403~기원전 221)에는 서로 경쟁하던 제후들이 이제 쇠약해진 주나라를 무시하고 결국 멸망시켰다. 그리고 석궁과 같은 무기가 발전하고 훈련된 대규모 보병 진형(陣形)이 활용되면서 그때까지 기록된 최대 규모 교전들이 벌어졌다. 보병의 다수는 창으로 무장했다. 하지만 좀 더 전반적인 패턴에 비추어볼 때 문헌 사료에 기록된 엄청난 대군과 사상자 수의 신뢰성에는 문제가 있다.

기원전 230~기원전 221년 진나라 왕 정(政)이 중국을 정복하고 시황제를 칭했다. 전국 시대 독립 제후 중에 가장 성공한 그는 전국 시대의 막을 내리게 된다. 이는 기원전 330년 마케도니아의 필리포스 2세가 그리스를 평정한 것, 1926~1928년 중국에서 장제스가 북벌로 군벌을 몰아낸 것에 비견할 수 있다. 이 시대에는 무력 충돌 규모가 확대되면서 전차가 보병에 비해 덜 중요해졌다. 하지만 여기서 핵심 요소는 군사 기술이 아니라 정치·제도적 발전이었다. 국가 권위가 농촌 지역까지 확대되고 그 결과 보병대의 대

---

* 적은 '오랑캐'라는 뜻으로, 예전에 중국에서 북쪽 지방에 사는 민족을 낮잡아 이르던 말이고, 험윤은 '흉노'를 이르던 말.

규모 징병이 가능해지면서 전차가 제공하는 이점을 보병대의 규모로 상쇄할 수 있게 된 것이다.

이런 조직력은 위나라, 조나라, 연나라가 쌓은 대규모 장성에서도 찾아볼 수 있다. 이는 중국 내 라이벌을 견제할 뿐만 아니라 북부 스텝 지대 유목 민족의 숙련된 궁기병으로부터 북중국을 방어하기 위한 것이었다. 진시황은 만리장성을 쌓도록 명하여 북부 변경을 요새화했다.

상나라·주나라가 화베이(華北) 지방에 한정된 느슨한 패권을 잡았던 것과는 매우 대조적으로, 진나라(기원전 221~기원전 206)는 그 힘을 이용하여 기원전 209년 양쯔강 이남으로 지배권을 확대했다. 하지만 많은 군사 시스템이 그러했듯이 진나라도 오늘날까지 이어지는 패턴을 고스란히 밟았다. 즉 황제 개인 성격에 과도하게 의존했고, 진시황이 죽자 왕가의 내분, 군대의 이반, 민중 봉기, 내전이 터지면서 결국 멸망하게 된다.

진시황의 병마용은 고대 중국의 유산으로서 큰 반향을 끼쳤지만, 진나라는 오래가는 체제를 만들지 못하고 내전으로 빠져들었다. 이 내전에서 승리한 유방이 한나라(기원전 206~기원후 220)를 세웠다. 이로써 정복을 위해 수립된 진나라의 사회·군사 체제는 통치를 위한 체제로, 국내 정치와 사회 구조는 나라의 응집에 이바지하는 체제로 전환되었다. 로마 제국처럼 한나라도 정부가 무력을 독점하고 자칫 반란을 일으킬 수 있는 국내 세력의 무장을 해제하는 데 주력했지만, 적대적인 외부—주로 유목 부족 연합인 흉노—의 도전에 직면하면서 변경 지역에서 문제가 불거졌다. 기원전 209년 통일하여 최초로 몽골 전역을 지배하는 제국을 건설한 흉노족의 다음 수순은 중국에 도전하는 것이었는데, 이러한 패턴은 18세기 중반까지 이어지게 된다. 한나라는 방어용 성벽을 쌓는 한편, 기원전 201~기원전 200년(이 정벌은 황제가 흉노군에 포위되어 굴욕적인 화친을 맺는 참사로 막을 내렸다), 기원전 129~기원전 87년 그리고 약 21만 대군을 동원한 기원전 97년의 대규모 정벌로 이에 대응했다.

흉노와 맞서기 위해 한나라는 기병을 증강해야 했다. 전차는 궁기병에 취약하여 더 이상 제 구실을 할 수 없었다. 중국에서 두 개의 등자(발걸이)가 묘사된 가장 오래된 토우는 기원전 322년경의 것으로 추정된다. 등자는 돌격 전술을 취할 때(중기병)와 마상에서 발사체를 쏘거나 던질 때(경기병) 움직임을 안정적으로 잡아주었다. 둘 다 등자에 의존하는 전술은 아니지만 등자를 쓰면서 효율성이 더 높아졌다. 여느 발전이 그렇듯이 이것도 점진적으로 개선됐다. 날이 있는 무기의 효율성 개선 또한 중요했다.

한 무제(재위 기원전 141~기원전 87)는 스텝 지대로 나가면 흉노와 싸우기 어렵다는 것을 깨닫고 병참상 이유로 후퇴할 수밖에 없었다. 동시에 중앙아시아를 비롯한 지역에 주둔군을 배치하고 주민을 정착시켜 흉노의 침입을 억제하는 한편, 흉노에 대항하는 데 활용할 수 있는 동맹 세력(과 말)을 획득했다. 한나라는 북쪽으로부터 침입에 대비하여 진나라 때의 장성을 수리하고, 일부분 영토 확장을 뒷받침하기 위해 그 남북으로 새로운 장성을 쌓았다. 나아가 페르가나(실크로드의 중요한 계곡)와 한반도 그리고 참파(베트남)에 주둔군을 배치했다. 기원전 104년부터는 기존의 한나라 말보다 우수한 페르가나산 말을 확보하기 위해 대대적으로 노력을 기울였다. 이후 페르가나산 말이 한층 향상된 기병대의 근간을 이루게 됐다.

무제의 뒤를 이은 소제(재위 기원전 87~기원전 74)가 흉노에 대한 전략을 방어적으로 전환한 것은 인간의 적응을 추동하는 시행착오 과정을 보여주는 또 하나의 사례다. 이는 공물을 듬뿍 제공하는 형태로 비용이 많이 들긴 했지만 유지하기가 더 쉬웠다. 여기에는 일부 부족을 다른 부족과 이간질하는 분할 통치 전략의 측면도 있었다. 장기적 관점에서 더 중요했던 사실은 무제가 남쪽으로 힘을 확대하는 데 성공한 것이었다. 이 지역의 경쟁 세력은 말에 대한 접근이 제한적이어서 기동성과 공격 시의 충격력이 미흡했다. 무제는 기원전 137년 남월 왕국*을 정복하고 기원전 109년 윈난 지역의 전(滇)을 복속시켰으며 이후의 반란도 진압했다. 진나라가 점령했던 남부 지역이 한나라에 의해 더 확장, 통합되면서 남부로의 이주 정착이 이루어졌다. 이는 토착민의 주기적인 봉기로 이어졌지만, 중국을 영구적으로 변화시킨 중요한 사건이었다.

이후 황제의 권력이 점차 약해지면서 한나라 정부는 애초에

---

* 　지금의 중국 광둥성, 광시성과 베트남 북부 지역에 걸쳐 있던 나라.

반란을 진압할 목적으로 지휘권을 이양했던 군벌 간 내분에 직면하여 붕괴할 수밖에 없었다. 그중 한 군벌에 의해 기원후 220년 한나라 황제가 퇴위되고 삼국 시대(220~280)가 시작됐다. 삼국은 결국 통일되어 진(晉)나라(266~420)로 이어졌지만 진은 세력이 약했고, 다시 일어난 흉노가 311년 서진의 수도인 뤄양(낙양)을 함락했다. 화베이 지방은 '16국'(304~439)으로 쪼개졌고 양쯔강 이남에서는 동진(東晉), 송(宋), 제(齊), 양(梁), 진(陳) 왕조가 장군들에 의해 차례로 섰다 몰락했다. 권력을 쥐는 데 결정적 요소는 군사력이었고, 군벌들은 지방 통제권을 놓고 다투었다. 중국은—많은 부분 진나라에 힘입어—개념으로서 존재했지만, 정치적 현실로서는 아니었다.

하지만 581년 양견(문제, 재위 581~604)이 화베이에 수(隋)나라를 세우고 588~589년 북부의 기마 군대에 힘입어 화난(華南) 지방까지 정복했다. 그러기 위해서는 화난 지방의 하천 기반 수운 체제에 적응(하고 그것을 채택)할 필요가 있었다. 남부 사람이 말을 타고 이동하는 것보다 북부 사람이 수로로 이동하는 편이 훨씬 더 수월했고, 이 점이 중국 남부와 북부의 군사적 격차를 만들었다. 스텝 지대 기마 군단은 유라시아의 많은 지역에서처럼 이곳에서도 불안정의 근원이었다.

중국과 스텝 지대 유목/반유목민 관계는 군사력과 다양한 외교 절차의 결합으로 유지됐다. 그중 하나인 '기미(羈縻)' 정책은 '고삐를 느슨하게 맨다'는 뜻으로 '오랑캐' 집단이 중국 지배 영역으로 편입되게끔 해주었다. 유목민 족장은 중국의 관직을 받았지만 자민족을 전통 방식으로 계속 지배할 수 있었다. 중국 국경 장벽의 위치가 변함없이 유지된 것은 지형과 그 가능성에 대한 실용적 이해 때문이지만 다른 한편으로는 우주의 구조에 대한 그리고 중국과 '오랑캐' 사이의 경계에 대한 믿음 때문이기도 했는데, 이는 이데올로기의 역할을 환기해주는 한 요소로 볼 수 있다.

중국이 거둔 성공에는 왕조별로 큰 편차가 있었다. 당나라(618~907)는 신장에서 쓰촨까지 이르는 지역에 요새와 군사 식민지를 세우며 팽창을 꾀했다. 737년부터는 기존 부병제 대신 상비군을 도입했고, 변방은 지방 지휘부인 번진으로 조직됐다. 당나라는 초기에는 중기병에 의존했지만 점차 경기궁병을 더 선호하게 된다. 그리고 보병도―그중 대다수는 창병이었지만 석궁병도 흔했다―점차 갑옷으로 무장하게 됐다. 하지만 751년 고선지가 지휘하는 당나라 군대는 발하슈호 인근 아틀라흐(Artlakh)에서 사마르칸트 총독 지야드 이븐 살리흐가 지휘하는 아랍 군대에 패배했다. 동맹 세력이던 튀르크계 카를루크족의 파견대가 고선지를 버리고 지야드 쪽으로 돌아선 것이 결정적 패인이었다. 보조군이 포함된 혼성 군대에서 이런 변절은 흔한 일이었고 아시아에만 국한된 일도 아니었다. 1485년 보즈워스 전투에서 잉글랜드의 리처드 3세가 패한 것도 그의 군대가 (나중에 헨리 7세가 되는) 헨리 튜더의 편에 붙었기 때문이었다.

아틀라흐 전투*는 당나라가 투르키스탄 서부로 팽창하는 것을 중단하게 만들고 중앙아시아의 이슬람화 촉진에 기여했기 때문에 진정 중대한 사건으로 여길 수 있다. 하지만 중국과 아랍 군대 사이에 벌어진 대규모 전투는 이것이 처음이자 마지막이었다. 아랍 세력이 동쪽 타림분지와 신장으로 더 밀고 들어가려는 노력을 하지 않았기 때문이다. 이는 러시아가 1690년부터 1857년까지 중국 진출을 꾀하지 않았던 것과도 비슷하다. 어떤 선택을 내리는가, 그러니까 의지와 인식 그리고 충돌의 지정학은 지리의 영향을 받았지만 지리에 의해 결정된 것은 아니었다. 연안 해군이 중국 국내 군사 작전에서 중요한 역할을 하긴 했지만, 대양 해군 활동에 대한 중국의 관심이 제한적이었던 것도 한 가지 변수였다.

아틀라흐 전투는 당나라의 위신을 떨어뜨렸지만 중국 북부에서 일어난 안녹산의 난(755~763)은 더 심각한 타격을 입혔다. 북송(960~1127) 대에는 중국의 또 다른 군사 지리가 관건이 됐다. 북송은 선형 방어 전략을 취했는데, 그중 하나가 취약한 허베이(河北) 지방을 보호하기 위해 깊은 수로와 소택지를 조성한 수방 네트워크였다. 징병이 아니라 자원병에 의존한 북송은 기록에 따르면 1041년 병력이 125만 명이었다. 유목민 기마병에 대항한 주된 방어 병력은 석궁병이었다. 송나라는 기병이 상대적으로 부족했다. 기름진 땅을 개간하여 새로 배치한 수비대와 새로 세운 도시를 부양하게끔 한 것은 지방민을 제국에 종속하는 전략의 고전적 사례

---

*   탈라스(Talas) 전투의 다른 이름.

였다. 이 점은—특히 19세기의—다른 팽창주의적 제국에서도 마찬가지였다.

송나라 지배가 끝난 뒤 13세기에 중국은 몽골에 정복된다. 몽골은 흉노보다 더 큰 성공을 거두었고, 많은 군사사의 주된 테마이기도 한 정착 농경 사회의 지속적 취약성을 드러냈다.

그리스와
마케도니아

기원전 480~기원전 479년 페르시아에 승리를 거둔 그리스의 주요 도시 국가들은 서로 경쟁하는 동맹 체제를 통해 영향력—실은 지배권—을 추구하다가 몰락하게 된다. 역사가 투키디데스는 아테네라는 경제·국가·사회가 해상 무역에 의해 탈바꿈하고 힘을 키웠으며, 아테네의 증대되는 힘이 특히 농업 국가인 스파르타에 위기감을 주어 그리스의 안정을 위협하는 요소로 작용했다는 견해를 제시했다. 투키디데스는 불안정을 야기한 상대적 힘의 변동과 분쟁 조정을 어렵게 만든 문화적 적대감이 두 나라의 이러한 차이에서 비롯됐다고 보았다.

현대의 평자들은 상대적 힘의 변동을 강조하는 경향이 있지만, 아테네와 스파르타 사이의 문화적 적대감도 매우 중요했다. 공통된 '그리스성'도 그리스 세계 내부의 중요한 정치·문화적 차이를 봉합하지는 못했다. 말기에 접어든 그리스 동맹 체제를 제1차 세계대전 직전 유럽 제국들에 빗대어보면, 이 상황을 1914년 세계대전이 발발한 배경과 비교해볼 수 있다. 좀 더 깊숙한 차원에서 보면, 오늘날과 마찬가지로 고전기 그리스에서도 자국 이익의 관념이 이데올로기 관념과 합치했고 두 관념의 편의적 일치가 전쟁으로 가는 길을 수월하게 만들어주었다고 할 수 있다.

투키디데스의 문헌이 현재 쇠퇴하는 미국과 떠오르는 중국 사이 충돌 가능성 내지는 확률을 둘러싼 논쟁에 활용되고 있는 것은, 역사의 역할이 시대를 초월한 교훈을 전달하는 것이라는 통념의 한 사례로 볼 수 있다. 이런 식의 문헌 활용은 문헌의—번역을 포함한—이해와 관련된 특수한 쟁점뿐만 아니라, 역사적 문헌이 시간을 초월한 교훈을 제공한다는—대단히 미심쩍은—관념이 과연 적절한지에 대한 좀 더 보편적인 질문 또한 하게 만든다. 또 저술가들이 쓰는 글이 과거에 대한 분석이자 미래에 대한 지침으로 동시에 활용되는 상황에서는 유추를 통한 논증에도 의문의 여지가 있다. '교훈'에 대한 이해만으로 과연 역사적 사례의 적용 가능성 자체를 변화시킬 수 있는지도 유의미한 질문이다. 이런 의문은 1938년 뮌헨, 1956년 수에즈, 1963~1975년 베트남 같은 지난 세기 사례들의 '교훈'이 논쟁적으로 활용되는 양태에서도 찾아볼 수 있다.

그리스 소국 체제의 핵심 측면으로서, 펠로폰네소스 전쟁은 결국 아테네에 대한 스파르타의 승리로 끝났지만 그것이 필연적인 결과는 아니었다. 먼 과거의 트로이 공성전에 대한 이야기와 비교할 때 펠로폰네소스 전쟁을 다룬 문헌에는 신의 개입에 대한 언급이 한결 적다. 전쟁의 잔인성은 기원전 416년 아테네의 밀로스섬 침공에서 목격할 수 있었다. 중립을 지킨 밀로스섬은 아테네와의 동맹 아니면 파멸 중 하나를 택하라는 통첩을 받았는데, 아테네가 승리한 후 모든 성인 남성이 살육되고 여성과 아이들은 노예가 됐다.

처음에는 스파르타가 아티카를 침공하여 아테네 인근 농경지를 유린했지만, 아테네는 기나긴 성벽으로 공격을 방어하며 해군력으로 보급을 충당했다. 아테네인은 전투를 대체로 피해가면서 펠로폰네소스반도에 상륙하여 공격을 가했다. 하지만 그다음은 아테네가 큰 타격을 입을 차례였다. 기원전 415~기원전 413년 시칠리아 주요 도시인 시라쿠사를 포위했다가 처참한 희생을 치르며 완패한 것이다. 트로이 공성전은 신화적 성격을 띠었고 오랜 세월이 흐른 후 기본적으로 구전을 통해 상기된 반면, 아테네가 시칠리아의 스파르타 동맹 도시들을 공격한 전쟁에 대해서는 투키디데스가 장문의 기록을 남겼다. 투키디데스가 분명히 밝혔듯이 그 핵심 요인은 그리스 측의 부실한 작전 운영이었다. 일례로 시라쿠사가 그리스군이 오는 것을 미리 알았을 정도로 보안이 허술했다. 시라쿠사에서 패한 아테네인은 당시 전쟁 포로가 흔히 겪는 운명에 따라 노예가 됐다. 아테네는 계속해서 싸우며 흑해로부터의 식량 공급선을 방어하려 했지만, 스파르타를 지원하러 온 페르시아군이 기원전 405년 아이고스포타모이 해전에서 아테네 함대를 대파했다. 아테네는 이듬해 항복했다.

그다음에는 스파르타가 예전 동맹국들을 힘으로 괴롭히면서 코린토스 전쟁(기원전 395~기원전 387)이 발발하는데, 이때 스파르타는 해상에서 큰 타격을 입었고 페르시아는 이 전쟁을 통해 그리스 정치에 개입할 수 있었다. 그 후 테베-스파르타 전쟁(기원전 378~기원전 362)이 일어났다. 테베는 우익을 강화한 사선진(斜線陣) 공격에 일부분 힘입어 레욱트라에서 스파르타를 격파했다(기원전 371). 이 전쟁에서 테베는 펠로폰네소스반도를 거듭 침공하고 만티네이아에서 대승을 거둔(기원전 362) 끝에 패권국으로 올라서게 된다.

하지만 이번에는 북부의 마케도니아가 그리스 독립의 위협으로 떠올랐다. 필리포스 2세(재위 기원전 359~기원전 336)가 군대를 새롭게 재편한 뒤 점차 남쪽으로 진군하여 기원전 338년 카이로네이아에서 테베와 아테네 연합군을 격파한 것이다. 고대의(그리고 비단 고대뿐만이 아닌) 많은 전투가 그렇듯이 그 세부 사항은 희미하고 남아 있는 기록은 상반된 해석이 가능하다. 그리스의 전쟁에서 중요한 구실을 한 동맹의 또 다른 사례로서, 이듬해 필리포스는 자신을 수장으로 한 코린토스 동맹을 결성하여 페르시아 침공의 근간으로 삼았다.

기원전 336년 필리포스가 암살된 후 이 계획은 결국 그의 아들인 알렉산드로스 대왕(재위 기원전 336~기원전 323)의 몫으로 넘어가게 됐다. 알렉산드로스는 지도자가 전투에 몸소 참여해야 한다는 기대와 더불어 개인의 리더십이 결정적 구실을 발휘할 잠재

력을 포착한 인물이었다. 아시아의 군주를 자칭한 알렉산드로스
는 페르시아 제국을 정복하고 서로 적대 관계인 그리스와 페르시
아를 하나의 새로운 제국으로 통합하고자 했는데, 이는 유사 신비
적 사명감의 발로인 동시에 신중한 판단의 결과이기도 했다.

기원전 334년 소아시아를 침공한 알렉산드로스는 그라니코
스강(기원전 334)과 이소스(기원전 333)에서 더 큰 규모의 페르시아
군을 격파했다. 그리고 남쪽으로 방향을 틀어 근동을 경유해 기원
전 332~기원전 331년 페르시아 지배하에 있던 이집트를 정복했
다. 기원전 332년에는 현재의 레바논에 위치한 요새 항구 도시 티
레를 포위하여 결국 점령하는 데 성공했다. 공성추로 성벽을 뚫고
그렇게 뚫린 구멍으로 배에서 다리를 놓은 다음 진입할 때는 속사
에 더 능한 궁병과 투석기가 엄호 사격을 했다. 후대에는 대포가
공성추를 대신해 근접 접촉 없이도 성벽을 부수는 힘을 제공하게
되지만 탁 트인 시야와 근거리를 요한다는 점에서는 여전히 투석
기와 비슷한 특성을 띠었다. 이는 전투의 변모를 상정할 때 주의할
필요가 있음을 일깨우는 지점이다. 알렉산드로스는 티레 전투에
서 배를 활용했지만, 주력은 기본적으로 육군이었다.

시리아로 돌아온 알렉산드로스는 동쪽으로 방향을 틀어 니
네베 인근 가우가멜라에서 페르시아 황제 다리우스 3세(재위 기원
전 336~기원전 330)를 격파했다(기원전 331). 이것이 페르시아의 결
정적 패배였다. 알렉산드로스의 병력은 7000명이었고 페르시아
병력은 4만 명이었지만, 페르시아군 상당수는 약하고 훈련도 제

대로 안 된 보병으로 전장에서 단련된 마케도니아군의 기백을 갖추지 못했다. 페르시아군 기병은 마케도니아군 투창병의 공격에 맞서 마케도니아군을 심하게 압박했지만, 오히려 알렉산드로스의 기병대가 페르시아군 좌익을 치면서 다리우스가 전사한 듯 보이자(실제로 희생된 사람은 그 뒤에 있던 전차병이었다) 페르시아군 다수가 도주하며 중심부의 응집이 무너졌다. 기원전 330년 알렉산드로스가 페르시아 수도 페르세폴리스를 불태우는 동안 다리우스는 그의 사촌 베수스를 위시한 역모자들에게 끌어내려져 죽임을 당했다.

알렉산드로스는 베수스 등이 일으킨 반란을 분쇄하기 위해 동쪽으로 출정했다. 베수스는 왕 중의 왕을 자칭했지만 그 역시 추종자들에게 배신당했다. 알렉산드로스는 페르시아 영토 변경(邊境)을 확보하는 데도 힘을 기울여 지방 사트라프(총독)와 페르시아 속국 지배자들을 격파했다. 나아가 알렉산드로스는 인도의 부를 획득했는데, 아마도 당시 알려진 세계의 끝까지 진출하고자 했던 것 같다. 그는 아프가니스탄에서 완강한 저항에 직면하여 힘겨운 전투를 치른 뒤, 인더스 계곡에서 코끼리 부대와 교전했다. 기원전 326년 펀자브 젤룸강 유역 히다스페스에서 알렉산드로스에게 패한 파우라바의 왕 포루스는 흔히 그렇듯이 항복하고 동맹이 됐다. 하지만 도무지 끝날 것 같지 않은 전쟁에 진력이 난 알렉산드로스 군대의 병사들은 인도를 떠날 것을 요구했다. 그는 결국 이 요구에 따라 바그다드로 돌아올 수밖에 없었고, 그곳에서 기원전 323년

후사 없이 사망했다.

알렉산드로스의 군대는 다목적으로 효율성을 갖추었다. 사리사(장창)로 무장하고 잘 훈련된 창병들의 팔랑크스* 대형과 중기병, 이 둘이 연합 전력을 제공했고 공성술까지 겸비했다. 이런 효율성이 늘 중요한 것은 더 다양한 형태의 적군에 대해 승리를 보장해주기 때문이다. 마케도니아군에는 현지인 부대도 — 처음에는 보조군에, 결국에는 보병대에 — 편입됐다. 알렉산드로스는 페르시아인과 더불어 스키타이인 기마병도 군대에 동원했고, 중앙아시아산 말을 활용해서 이득을 보았다.

하지만 알렉산드로스의 뒤를 이은 장군들은 인도 북서부에서 그가 확보한 입지를 유지하지 못했다. 또한 장군들은 알렉산드로스의 승계를 놓고 내분을 일으켜 이집트(프톨레마이오스 왕조), 시리아, 이라크, 페르시아와 터키 남부(셀레우코스 왕조), 마케도니아(안티고노스 왕조) 등 여러 왕국을 세워 서로 경쟁했다. 이 왕조들은 — 기원전 255년경 셀레우코스 왕조가 페르시아 영토를 잃기는 했지만 — 로마에 정복될 때까지 지배권을 유지했다. 그중 가장 큰 전투였던 입소스 전투(기원전 301)에서 셀레우코스 1세는 코끼리 부대로 적군 기병의 말에게 겁을 주어 승리를 거두었다. 이후 왕국 간 지리적 경계에 대한 인식이 희박해졌다. 특히 아시아 영토에 대한 통치권을 쥐고 있었던 셀레우코스는 기원전 281년 트라키아를

---

* 고대 그리스에서 전투 시 이용한 밀집 대형 전술.

침공했지만 그해 암살로 생을 마감했다.

헬레니즘 제국 군대는 소속된 왕국에 따라 서로 다른 자원 기반에 의존했지만, 그 핵심은 창병의 팔랑크스 대형에 의지하여 싸우는 유사한 방식을 취했고, 이러한 패턴은 서양의 전투에서 1500여 년간 이어졌다. 동시에 헬레니즘 세계에서는 보병 모집, 진형, 무기와 전술 또한 환경의 영향에 따라 변화를 겪으며 다양해졌다. 이에 따라 사리사의 길이는 더 길어졌지만 그래서 유연성이 제한된 측면도 있었다. 헬레니즘 시대에는 공성술을 다룬 필론(Philon)의 《폴리오르케티카(Poliorcetica)》 같은 군사 서적도 나왔고, 철갑을 두르고 굴림대 위에 장착하여 장갑차의 초기 형태라 할 수 있는 공성추 등 더 강력한 공성 병기도 발전했다. 기원전 305~기원전 304년 로도스 공성전에서 데메트리오스 '폴리오르케테스(Poliorcetes, 공성자)'는 거대한 철판을 두르고 투석기를 장착한 이동식 공성탑을 동원했다. 공성탑에 두른 철판은 공격 지점에서 날아오는 불화살과 투석을 막아내기 위한 것이었다.

알렉산드로스는 영웅적 지배자라는 강력한 이미지가 되어 널리 오래도록 반향을 불러일으키며 전쟁을 통해 얻는 영광에 정당성을 제공해주었다. 사실 전쟁의 토템적 특성은 지난날의 영광과 권력의 유산을 사수하려는 모든 문화권의 결의에서 찾아볼 수 있다. 군이 자신들의 기준에 부응하는 과거의 영광스러운 전투를 열거하는 데 열성을 다하는 모습은 고대와 현재를 막론한 모든 문화권에서 찾아볼 수 있다. 조반니 파니니가 그린 〈아킬레우스의 묘를 참배하는 알렉산드로스 대왕〉(1718~1719년경)은 스스로를 아킬레우스의 후손이라고 믿었던 알렉산드로스가 이 과거의 위대한 전사에게 경의를 표하고 그로부터 마법의 힘을 얻기 위해 트로아스에 있는 아킬레우스의 무덤을 열라고 명했다는 일화를 묘사한 그림이다. 알렉산드로스의 공훈을 묘사한 이미지가 인기를 끈데는 더 폭넓은 의미가 있었다. 이 세계에서 특별한 운명을 부여받았다는 유럽인의 인식에 정당성을 부여한 것이다. 이는 나폴레옹이 자신의 1798년 이집트 원정에 부여한 의미나 마르치오 디 콜란토니오의 회화 〈아시아를 정복한 알렉산드로스 대왕〉(1620년경)에서도 엿볼 수 있으며, 기독교 세계에서 매우 중요했던 '트라디티오 임페리(traditio imperii, 제국의 전통)', 즉 고전 시대 제국의 힘을 이어받았다는 의식의 한 단면이기도 했다.

이런 과정은 다른 문화권에서도—특히 중국에서 비한족계 왕조가 수립됐을 때—매우 중요했다. 기술적으로 아무리 미래를 지향하더라도, 많은 경우에 전쟁은 여전히 과거 이미지의 그림자 속에 머물러 있다. 이러한 패턴이 오늘날 우리에게도 여전히 존재하는 것은 특히 과거 사례와 무기가 현재 사고방식과 훈련 그리고 전력 구조에서 수행하는 역할 때문이며, 과거가 미래에 끼치는 영향 때문이기도 하다.

인도에서의 전쟁

우스타드 알리 쿨리는 전면에서 여러 차례 소총을 발사하여 훌륭한 성과를 거두었다. 중앙 좌측의 무스타파는 휘하의 포병대를 효과적으로 운용했다. 적을 포위하여 그 배후를 습격한 좌군과 우군, 중군과 측면 예비 부대는 이제 격전을 벌이며 바삐 화살을 퍼부어댔다. 적은 우리의 우군과 좌군을 향해 매우 엉성한 돌격을 한두 차례 시도했다. 나의 군대는 적의 활을 주워 그 활에 화살을 메겨 쏘아대며 적군을 중앙으로 몰아넣었다.

– 무굴 제국의 창건자 바부르가 델리의 로디 술탄조를 격파한 1526년 파니파트 전투에 대해 남긴 기록

여타 선진 농업 지역에서 찾아볼 수 있는 군사 활동 및 발전 패턴은 남아시아에서도 나타났다. 기원전 3000년대 중반에 이르면 거대한 성벽을 가진 (칸다하르 부근의) 문디가크와 같은 성벽으로 둘러싸인 농경 정착지가 발전했다. 이 고고학 유적은 엄청난 규모

의 요새로 확대되는데, 특히 기원전 2800~기원전 1600년경 인더스강 유역에서 일어난 하라파 문명 중심 도시인 하라파, 칼리방간, 모헨조다로의 성채는 주목할 만하다. 게다가 성채 밑의 일반인 거주 구역인 아랫마을은 구운 진흙 벽돌로 두껍게 벽을 쌓아 방어했다. 산스크리트어를 전파한 아리안족 침입자들은 발루치스탄에서 온 것으로 추정되는 약탈적 유목민으로《리그베다》에 따르면 '요새 파괴자'를 자처하며 기원전 2000년대 초기에 북인도로 확산됐는데, 이들이 하라파 문명의 멸망 원인이었을 가능성이 있다. 남인도에서는 철기 시대로의 이러한 전환이 그보다 느렸는데, 이는 인도가 사하라사막 이남 아프리카나 서유럽과 비슷하게 대단한 다양성을 품은 아대륙이었음을 보여준다.

다음으로 기원전 1000년대 초에는 국지적 방어 수단이자 발전하는 지역 국가들의 힘의 표현으로서 펀자브 지역에 요새화된 정착지들이 다시금 출현했다. 또한 남인도 전역 주요 도시들도 메소포타미아와 그리스를 연상하게 하는 치열한 경쟁을 치르며 요새화됐다. 갠지스강 중류에서도 마가다의 수도 라자그리하나 파탈리푸트라 같은 도시가 기원전 6세기 밧지 연맹에 대항하여 요새화됐다. 마가다 제국은 대규모 코끼리 부대, 기병대, 전차 부대를 거느렸다. 훗날 영국령 인도 북서변경주(그리고 오늘날의 파키스탄)에 해당하는 지역에서 기원전 327년 진군해오는 알렉산드로스의 군대와 맞섰다가 패배한 부족들도 아리가이온 같은 성벽 도시와 아오르노스 같은 암벽 요새에 의존했다.

하지만 결국 짧게 끝나버린 알렉산드로스의 원정보다 더 큰 영향을 끼친 것은 중앙아시아인의 북인도 침공이었다. 이 침공 집단은 사카, 월지(月氏), 스키타이, 쿠샨 등 여럿이었지만 이들의 정확한 정체와 그들 간의 관계는 민족지학적 악몽이며 초기 인도사에서 많은 부분의 연대기 역시 불확실하다. 세계 많은 지역 역사와 마찬가지로 인도사에도 문자 기록이 부족한 실정이다. 그 정확한 집필 연대를 알기 어려운 카우틸랴의 《아르타샤스트라(Arthaśās-tra, 실리론)》에서는 "왕의 승리는 주로 코끼리에게 달려 있다"라는 주장이 나온다.

인도 북부와 중부 여러 지역은 4세기 굽타 왕조에 의해 통일됐지만, 중앙아시아에서 오는 침입자들에게 극심한 압박을 받았다. 에프탈족(백훈족)은 480년 대규모 공격을 개시한 이후 500년대와 510년대에 광범위한 지역으로 진출했다. 이는 굽타 왕국의 힘을 크게 약화해서 500년경부터 인도는 많은 지방 패권으로 분열되기에 이르렀고, 이 분열은 13세기까지 지속되었다. 중국에서와 비슷하게, 말의 번식과 사육이 용이한 지역과 가까운 북부 지역의 군대는 대규모 기병대를 전투에 배치할 수 있었다. 남부 지역은 말에 대한 접근이 제한적인데다 말의 건강을 유지하기도 힘들어서 북부 지역 군대가 갖춘 기동성과 공격 시의 충격력이 부족했다.

그 후 초기 이슬람이 급속히 팽창하던 시기에 무슬림 군대는 페르시아를 꺾고 —알렉산드로스 대왕이 했던 것처럼— 7세기 말 인더스강으로 진격했다. 711~713년에는 인더스강 유역 자체까지 팽창했고, 724~743년에는 강 너머로 대규모 공격을 감행했다. 무슬림 군대가 인도에서 더 효율적이었던 것은 그보다 북쪽에 있는 중국은 치기에는 거리도 멀고 더 만만찮은 적수였기 때문이다. 무슬림 세력은 이 지역에 뿌리를 내리고—특히 노예를 얻기 위해—멀리까지 기습을 벌였다. 노예사냥은 이 시대에—실은 인류사의 상당 기간에—일어난 무력 충돌의 주요 원인이자 결과이기도 했다. 카불 남서쪽 가즈니를 근거지로 한 가즈니 왕국은 11세기 초 페르시아, 아랄해, 인더스강 유역으로 팽창했고 인도 깊숙이까지 공격했다. 이 왕국은 11세기 말까지 그 입지를 유지하다가 역시 아프가니스탄계 왕조인 고르 왕국에 의해 멸망했다. 고르 왕국은 1194년 아그라 인근 찬다와르에서 승리를 거둔 후 갠지스강 유역까지 점령했다. 북인도는 1290년대에 몽골로부터 공격을 받았지만 몽골 지배하에 들어가지는 않았다. 대신 델리 술탄국이 인도 북부와 중부의 많은 지역을 직간접적으로 지배했다. 하지만 1398년 결국 티무르 왕국에 정복되는데, 인도 입장에서 티무르는 몽골보다 가까이 있는 위협이었고 티무르 입장에서는 중국보다 인도가 더 중요했던 까닭이다. 하지만 티무르 왕국도 북인도의 지배권을 오래 유지하지는 못했다.

인도 북부는 기병 공격에 취약했지만, 남부와 북동부는 이런 공격을 막아줄 울창한 아열대숲과 습지대 환경을 갖추었고 지형과 더불어 질병도 일정한 역할을 했다. 이런 지역에서는 코끼리가 특별히 중요한 역할을 지속해서 수행했다. 인도코끼리는 육중하면서도 아프리카코끼리보다 길들이기 수월했다. 코끼리는 그 압도적 인상에 비해 실제 효과는 떨어졌지만 노련한 장수의 손에 들어가면 단지 겁을 주는 수준을 뛰어넘는 전술을 수행할 수 있었다. 실제로 코끼리는 후대의 탱크가 갖는 특성 일부를 갖추고 있었다. 일단 기수가 몰고, 기수가 사용할 무기를 탑재했으며, 코끼리 자체도 갑옷으로 무장했다. 그리고 적의 전선을 분쇄하고 적군을 뒤쫓는 데 활용됐다.

북동부 브라마푸트라강 유역 밀림 지대 아홈 왕국은 지형에 잘 적응한 전투 기술과 더불어 야간 기습 같은 유연한 전술을 발전시켰고, 대나무 방책으로 요새화된 진지를 재빨리 구축하여 요새 공격을 많은 희생이 따르는 어려운 과업으로 만들었다. 그들은 17세기 무굴 제국의 만만찮은 적수였다. 인도는 주로 지리적 한계로 인해 중국과 같은 방식으로 전쟁을 할 수 없었다. 경작 지대가 원시림에 가로막혀 잘게 쪼개져서 인도 내부 곳곳에 국경이 형성됐기 때문이다. 그래서 소국들은 그리스와 비슷한 '다국가 체제'를 이루어 제국을 건설하려는 시도에 저항하거나 제약을 가할 수 있었다.

인도가 여러 나라로 분열된 것은 일부분 이러한 물리적 환경이 반영된 결과였지만, 영토를 아우르는 응집력이 전반적으로 부재한 탓도 있었다. 이런 응집력은 기본적으로 통치자의 군사적 기량과 지속적 승리를 통해 지지 세력을 획득하는 역량에 좌우되는 것이었다. 그리고 이렇게 수많은 나라가 할거했기 때문에 정복은 단발성 사건이 아니라 오랜 시간이 걸리는 과정에 더 가까웠다. 이는 16세기에 무굴 제국이 절감한 사실이기도 했다.

대포가 보급되기 이전 인도의 요새화는 도시의 경우 성벽과 성채가 관건이었고, 시골 지역은 주로 산꼭대기에 요새를 짓는 식으로 이루어졌다. 특히 수도의 성채에는 지대한 공을 들였는데, 북인도에서 핵심 권력의 중심지인 델리는 더 그랬다. 이곳의 성채는 주거지이자 정치적 중심지, 군사 거점이자 모스크와 영묘를 보호하는 방벽이었다. 통치자는 자신만의 성채를 짓거나 선대 통치자의 성채를 개축했다. 인도 전역에서 유력 가문이 할거하는 도시와 시골의 본거지가 개별적으로 요새화되어 성벽과 관문을 갖춘 성안 구역이 도시의 주된 특징을 이루게 됐다.

인도의 많은 통치자는 궁기병이든 중기병이든 기마병에 중점을 두었고, 특히 북부에서는 속사에 능한 궁기병을 중시했다. 이와 대조적으로 서유럽에는 보병의 화력에 도전할 수 있는 궁기병 부대가 없었고 궁수는―장궁으로 무장하든 석궁으로 무장하든―말에서 내려와 싸웠다.

북인도에 무굴 제국을 창건한 정력적이고 유능한 통치자, 자히르우드딘 무하마드 바부르(재위 1526~1530)는 1494년 부친의 뒤를 이어 현재의 우즈베키스탄에 위치한 페르가나의 영주가 됐다. 1497년에는 사마르칸트를 점령했지만 1501년 사르에폴에서 우즈베키스탄에 패해 두 영토를 모두 잃었는데, 이는 유라시아 역사에서 아주 중요한 기병전 중 하나가 됐다. 이후 그는 북인도를 침공하여 1526년 파니파트 전투에서 델리의 로디 술탄조를 무너뜨렸다.

하지만 막상 정복의 지반을 다지기란 지극히 힘겨운 일이었고, 심각한 저항에 직면했다. 전세가 크게 역전된 시기도 있었다. 결국 무굴 제국이 성공을 거둔 것은 잇따른 전투에서 승리한 덕분도 있었지만, 상당 정도는 현지의 이익 집단—특히 다수의 라지푸트족[*]—과 맺은 정략적 동맹의 산물이었다. 사실 제국의 정복은 이런 식으로 이루어지는 경우가 더 일반적이었다. 무굴 제국이 인도 중남부 데칸 지방까지 지배하게 된 것은 17세기 후반에 가서였다. 무굴 제국은 밀림이 우거진 습기 많은 브라마푸트라 계곡—이들이 아홈 왕국과 싸운 지역—과 열기 가득한 적도 지방에서 중앙아시아의 건조한 평원과 눈 덮인 산악 지대에 이르기까지 다양한 지역을 두루 갖추고 있어 변화무쌍한 환경에 대한 적응력을 과시할 수 있었다. 무굴 제국의 군대, 군사 제도, 전투 지휘, (전반적인) 병참 능력은 비록 늘 성공하지는 못했어도 이러한 도전을 감당해낼 수 있음을 입증했다. 이런 적응력이 군사력의 중요한 척도임에도 저평가되는 경향이 있는 것은 프리드리히 대왕, 나폴레옹, 대(大)몰트케 등의 지휘로 서양에서 명성을 떨친 많은 군대가 주로—또는 오로지—한 가지 유형의 전투 환경에서 운용됐던 데 크게 기인한다.

---

[*] 북인도의 힌두교도 부족 집단으로, 이 지역의 지배층이었다.

그럼에도 무굴 제국은 마라타 동맹의 도전에 직면하여 서부 인도에 대한 지배권을 내주어야 했고, 온갖 노력을 했지만 그들을 꺾지 못했다. 사실 무굴 제국은 마라타 제국이 1810년대 영국에 의해 비로소 멸망할 때까지 그들을 몰아내지 못했다. 남아시아 영토 통일을—많은 인도인의 협조를 얻어—비로소 이룩한 장본인은 영국이었다. 하지만 1947년에 인도는 다시금 분열되었다.

로마와 한니발

히타이트인과 아시리아인처럼 로마인도 가공할 전사였다. 특히 훈련과 규율 면에서 탁월하여 무서운 속도로 진군하고, 공성전에 쓰이는 '테스투도(testudo, 귀갑)' 등 다양한 대형을 구상하고 전개할 뿐만 아니라, 전장에서 복잡하고 효율적인 기동을 수행할 수 있었다. 로마군은 물리적·군사적으로 광범위한 환경에서 전개·운용이 가능했고, 요새와 도로를 건설하여 오래가는 군사 인프라를 구축할 수 있었다.

실제로 게르마니아에서 싸우고 아르메니아를 정복한 장군 그나이우스 도미티우스 코르불로(7~67)는 '곡괭이야말로 적을 무찌르는 무기'라는 말을 남겼다. 로마에 있는 트라야누스 원주에는 땅을 파는 로마군 병사들 모습이 부조로 새겨져 있다. 로마군은 행군하다가 멈추어 쉬는 곳마다 숙영지를 건설하는 훈련을 받았고, 이에 능숙했다. 이런 숙영지를 1개 군단의 하루 평균 행군 거리인 25킬로미터 간격마다 한 곳씩 지었다. 로마군 숙영지는 동일한 패턴을 따랐고, 행군하는 부대의 모든 병사는―오늘날이라면 에스오피(SOP, 부대 예규)라고 불렀을 교범에 따라―건설 과정에서 자기 분대가 맡은 역할을 숙지하고 있었다. 이런 숙영지는 전초선에서의 방호와 훌륭한 연락망을 제공했다. 많은 숙영지가 이후 정착촌의 기반을 이루었다.

원래 이탈리아 중부 작은 정착촌이던 로마는 먼 곳이든 가까운 곳이든 무력 충돌을 통해 힘과 권력을 키워갔다. 로마는 타민족을 동맹으로 만든 뒤 복속시켜 이탈리아를 통일했다. 북쪽에서 켈트족이 쳐들어왔을 때는 저항하고, 기원전 280년 그리스 에페이로스의 왕이자 유능한 장군인 피로스가 이탈리아의 그리스계 도시들을 보호한다는 명분으로 코끼리 부대를 몰고 침공했을 때는 맞서 싸우기도 했다. 이러한 설명은 수백 년 역사를 단 몇 줄로 요약하며 현실에서는 아주 힘겨웠던 과정을 순조로운 과정처럼 묘사한 것이다. 실제로 로마는 상당한 저항에 부딪혔다. 이탈리아 내에서 로마의 주된 경쟁자였던 남부의 삼니움족은 알고 보니 만만찮은 적이었다. 로마는 기원전 343~기원전 341년, 기원전 328~기원전 304년, 기원전 298~기원전 290년 삼니움과 전쟁을 치르고 나서야 기원전 295년 결정적 승리를 거두었다. 그 결과 삼니움은 강제로 로마의 동맹이 됐다. 로마는 핵심 지역에 라틴계 시민 식민지(정착지)를 세우고, 특히 기원전 312년 로마에서 아펜니노산맥을 건너 카푸아까지 잇는 아피아 가도, 기원전 220년 로마와 리미니를 잇는 플라미니아 가도를 건설함으로써 그 입지를 다졌다. 이런 기반 시설은 대단히 중요했다.

로마는 이제 이탈리아 남부 그리스계 도시 — 특히 타렌툼(타란토) — 를 압박할 수 있게 됐다. 피로스는 헤라클레아(기원전 280)와 아스쿨룸(기원전 279)에서 승리했지만 기원전 275년 말레벤툼(여기서 로마가 승리한 이후 베네벤툼으로 이름을 바꾸었다)에서 패한 뒤 에페이로스로 돌아갔다. 그 결과 로마는 타렌툼을 점령했고(기원전 272) 그 밖의 그리스계 도시들은 로마와 타협했으며, 더 많은 라틴계 식민지가 세워지고 아피아 가도가 연장됐다. 그래서 기원전 250년경에는 이탈리아 대부분이 로마의 수중에 들어가게 된다.

끊임없이 전쟁을 치르면서 로마의 문화, 공적 기억, 공공장소, 종교적 숭배, 사회, 정치 체계는 군국주의적 성격을 띠게 됐고, 시민권은 병역과 결부됐다. 실제로 여러 면에서 로마는 이탈리아의 스파르타였다. 그들은 군사적 가치를 칭송했으며, 이에 따라 정치인을 예우했다.

그리스에 승리를 거둔 로마는 이제 카르타고와 경쟁하게 됐다. 현재의 튀니지 부근에 건설된 페니키아계 도시들은 기원전 3세기경 서지중해에서 강대한 해상 제국이 되어 있었다. 로마와 카르타고가 세 차례 치른 포에니 전쟁은 이탈리아 본토, 시칠리아, 이스파니아, 북아프리카에서의 전투를 포괄하는 광범위한 싸움이었다. 1차 포에니 전쟁(기원전 264~기원전 241)에서 로마와 카르타고의 싸움은 주로 시칠리아 지배권을 놓고 펼쳐졌다. 당시 시칠리아는 문명이 충돌하는 장소로서 거듭 고난을 겪어야 했다. 전쟁 초반에 해군력 부족으로 큰 타격을 입은 로마는 급속히 해군을 발전시킨 끝에 결국 시칠리아 앞바다에서 카르타고 함대를 격파할 수 있었다. 해전에서 로마군은 일단 적의 배를 들이받은 뒤 널빤지 비슷한 코르부스(corvus)를 이용해 배 사이에 다리를 놓았다. 코르부스 끝에 달린 뾰족한 송곳을 적함에 박아 고정하고 재빨리 적 배에 옮겨 탐으로써 해전을 물 위에 뜬 육상전으로—로마군에 유리하게—전환한 것이다. 하지만 코르부스는 단 한 차례의 전쟁에서만 신병기로서 위력을 발휘했을 뿐 더 이상은 쓰이지 않은 듯 보이는데, 아마 이것을 탑재한 많은 로마군 전함이 폭풍에 유실된 것과 무관하지 않을 것이다.

로마는 해군력으로 획득한 결정적 우위에 힘입어 시칠리아를 정복하고 더 멀게는 북아프리카에—비록 이곳에 파견한 원정대는 일부분 카르타고가 동원한 전투 코끼리 부대에 밀려 패했지만—힘을 투사할 수 있게 됐다. 시칠리아는 로마의 첫 번째 속주가 됐고, 전쟁에 패해 시칠리아를 넘겨준 카르타고는 자체 용병들의 반란에 직면했다. 이 반란을 기화로 로마가 기원전 227년 코르시카와 사르데냐를 합병할 수 있었던 것은 로마 제국이 뜻하지 않은 기회를 활용해가며 팽창한 방식을 보여주는 사례라 할 수 있다. 폴리비오스는《역사》에서 "로마는 바다로 눈을 돌린 순간부터 사르데냐를 차지하려는 속셈을 품기 시작했다"라고 기록했다. 로마인의 지평이 말 그대로 확장된 것이다.

이후 카르타고와 로마는 두 열강이 영향력을 다툰 지역인 이스파니아 남부와 동부를 놓고 경쟁하게 됐다. 2차 포에니 전쟁(기원전 218~기원전 201)을 촉발한 이 경쟁에는 지중해 너머로 점점 더 확대되는 로마의 야심이 반영되어 있었다. 실제로 로마로서는 이 방향으로 확장이 알프스 너머 북쪽으로 확장보다 더 중요했다. 카르타고의 핵심 장군으로 1차 포에니 전쟁 패배의 복수를 맹세한 한니발(기원전 247~기원전 183)은 이스파니아에서 좋은 전과를 거두자 이탈리아 본토 로마의 세력 기반을 공격함으로써 카르타고군의 공적을 확실히 다지기로 했다. 그리고 이를 위해 현재의 프랑스 남부를 거쳐 알프스를 넘어 행군하여―기원전 218년에 이는 만만찮은 과업이었다―이탈리아 로마를 공격했다. 비록 살아서 알프스를 넘어간 코끼리는 단 한 마리였고 그마저도 이내 죽었지만, 한니발이 코끼리 부대를 거느리고 알프스를 넘은 일화는 후대 사람들이 이를 장대한 서사시적 투쟁으로 바라보게 하는 데 기여했다.

한니발이 당도하자 로마는 심각한 위기를 맞았다. 그가 거느린 고도로 전문적인 군대는 유능한 지휘를 받으며 전투 분위기를 장악했다. 트레비아강(기원전 218), 트라시메노호(기원전 217), 칸나에(기원전 216), 헤르도니아(기원전 210)에서 로마 주력 부대들이 줄줄이 패했다. 특히 칸나에 전투는 고대 그리스·로마 시대 전투 가운데 매우 크게 패배한 전투 중 하나로 서양의 군사사에 지대한 영향을 끼쳤다. 카르타고군은 로마군 측면을 밀어붙여 포위한 뒤 한데 밀집된 희생자들을 서서히 체계적으로 학살했다. 로마군 사상자는 약 5만 명이나 됐다. 이 패배로 로마의 일부 동맹국이 이탈했고, 로마는 심각한 정치적 압박 아래 놓였다. 절박하게 해결책을 찾아 헤매는 과정에서 여러 지휘관이 등장해 갖가지 전략을 제시했다. 그중 핵심은 교전에 임할 것인지 말 것인지를 결정하는 것이었다. 지휘관 퀸투스 파비우스 막시무스는 교전을 피해야 한다고 주장하여 '쿤크타토르(Cunctator, 미루기 대장)'라는 별명을 얻었고, 이런 식의 지연 전술을 훗날 '파비우스 전법'이라고 부르게 됐다. 트라시메노호에서 한니발이 승리한 후 전면에 나서게 된 파비우스는 평원 전투를 피하고 산지에서 벌이는 소모적 충돌을 택했다. 산지에서는 카르타고 기병에 비해 로마 보병의 가치가 특히 빛났기 때문이다. 하지만 대중의 조급성 때문에 그의 전략은 폐기됐고, 이것이 칸나에서 재앙으로 이어졌다. 그 후 파비우스는 다시 임명됐다.

여기서 한니발이 패배한 것은 이탈리아의 전투에서 졌기 때문이 아니라, 전투 승리를 자신이 의도한 결과―로마와 그 영토 체제의 멸망―로 이끌지 못했기 때문이다. 한니발의 군대는 규모가 작고 공성 장비가 부족했다. 로마는 기습하기에는 너무 강했고 로마의 동맹 세력도 대부분 굳건히 남아 있었다. 한니발을 지원하기 위해 이스파니아에서 달려온 하스드루발의 군대는 메타우루스에서 로마군에게 패했고(기원전 207), 로마 해군은 이탈리아에 있는 한니발의 군대에 대한 해상 보급을 효과적으로 차단했다. 게다가 로마의 재빠른 조치로 풀려난 많은 노예가 로마군에 입대할 수 있었다.

대신에 본국인 카르타고의 체제가, 처음에는 로마군이 이스파니아에서 거둔 승리에 의해—스키피오가 일리파 전투에서 승리한 것이 결정적이었다—다음으로는 기원전 204년 전장이 북아프리카로 이동하면서 무너지고 말았다. 한니발은 스키피오의 위협에 대처하기 위해 본국으로 돌아가야 했다. 로마군은 1차 포에니 전쟁 때도 북아프리카를 침공했지만 이번 침공은 그때보다 더 성공적이었다. 기원전 202년 스키피오가 자마에서 한니발에게 결정적 승리를 거둔 것은 일부분 로마군이 카르타고군 코끼리 부대를 물리치는 법을 터득한 덕분이었다. 이후 스키피오는 아프리카누스라는 칭호를 얻게 된다. 자마 전투 이후 카르타고는 로마의 가혹한 강화 조건을 수용했고 한니발은 망명길에 올랐다.

2차 포에니 전쟁에서 승리한 로마는 이스파니아 동부와 남서부를 포함한 서지중해의 패자가 됐다. 이후로는 그렇게 광범위한 영역에 걸친 적을 상대할 일이 없었으므로 적을 겨냥하여 자원을 더 효율적으로 동원할 수 있었다.

로마 공화정은 이탈리아 민족들에게 다양한 시민과 동맹의 지위를 주어 대규모 군대로 조직했고 그들 모두 로마군에 복무해야 했다. 중국의 한족 통치자처럼 로마도 농경민 성인 남성을 기반으로 한 대군을 신뢰했다. 이들이 제공한 대규모 예비 인력은 카르타고에 대항하는 데 활용됐다. 기원전 31년경에는 이탈리아인 25만 명이 로마군에 복무했는데, 이는 징집 연령대 남성 인구

4분의 1에 가까웠다.

찌르기에 특화된 철제 단검과 무거운 투창과 방패로 어깨를 맞대고 함께 싸우는 로마 군단은 한니발을 격파한 뒤 더 멀리까지 가서 전투를 벌였다. 그들은 우월한 인력·자원·의지력·조직력에 힘입어 30년경에는 동지중해, 이집트, 갈리아(프랑스), 이스파니아에서 지배권을 장악했고 100년경에는 브리타니아의 대부분과 발칸까지 손에 넣었다. 율리우스 카이사르는 갈리아 정복의 핵심 인물로, 기원전 52년 자신의 주된 적수인 베르킹게토릭스를 격파한 것이 이 정복 전쟁에서 가장 극적인 순간이었다.

카이사르는 기원전 55년과 기원전 54년 브리타니아 원정 또한 개시했다. 기원전 55년 원정 때는 켄트의 위태로운 해안 교두보를 벗어나지 못했다. 로마군은 전투에서 승리했지만 추분 무렵 강한 바람에 배들이 파손되고 대규모 저항에 부딪히는 바람에 현지 부족들과 타협을 볼 수밖에 없었다. 기원전 54년 그는 적의 해군력이 영국해협 통과를 막지 못할 정도로 약하다는 것을 이용해 더 많은 병력을 이끌고 다시금 침공했다. 이번에는 해안 교두보를 벗어나 현지 부족장들을 격파하고 강제로 협정을 맺었다.

카이사르는 갈리아에서 대승을 거두었고 브리타니아에서도 전공을 노렸다. 그나이우스 폼페이우스는 이스파니아에서, 또 지중해에서 해적을 상대로 승리를 거두었다. 마르쿠스 리키니우스 크라수스도 시리아에서 전공을 노렸지만 성공하지는 못했다. 전공을 세운 지휘관들은 이렇게 얻은 명성을 로마에 돌아와 야심을 추구하는 데 이용했다. 이는 본질적으로 불안정한 과정이었다. 그 자체로 정치적 행위자가 된 군부는 파벌로 쪼개졌고, 타협에 무관심한―아니, 타협하면 체면이 깎인다고 믿는―사람들의 야심을 중심으로 파벌이 형성됐다. 군의 파벌주의로 적대가 지속되는 가운데 수십 년간 경쟁이 펼쳐졌다. 기원전 83~기원전 81년 벌어진 내전에서 리키우스 코르넬리우스 술라는 자신을 지지한 폼페이우스(기원전 106~기원전 48)를 시칠리아와 아프리카에 파견하여 마리우스파를 소탕하게 했다. 폼페이우스와 마르쿠스 리키니우스 크라수스는 율리우스 카이사르와 함께 1차 삼두정치(기원전 55)를 수립했다. 이는 원로원(과두 지배층)을 밀어내고 평민을 지지하며, 특히 로마의 군사 권력을 나눠 갖기 위한 합의였다.

하지만 이 합의는 오래가지 못했다. 크라수스는 기원전 53년 카르하이에서 파르티아군에 패한 뒤 살해됐다. 그리고 카이사르는 기원전 49년 갈리아키살피나에서 군대를 이끌고 (리미니 인근의) 루비콘강을 건너 이탈리아로 들어왔다. 이제 원로원 대변자로 나선 폼페이우스와 카이사르 사이에 전쟁이 벌어졌다. 카이사르는 그리스 파르살루스에서 폼페이우스에게 결정적 승리를 거두었다(기원전 48). 폼페이우스가 살해된 후에도 내전은 계속됐다. 폼페이우스의 아들들 편에 가담한 세력은―특히 이스파니아와 북아프리카에서―계속 싸웠지만 결국 패배했다.

이렇게 해서 새로운 상황이 조성됐지만 이 또한 불안정했다. 그 자신은 귀족이지만 민중파(popularis)를 이끌었던 카이사르는 평민층과 긴밀한 연관을 맺고 있었던 반면, 브루투스와 카시우스를 위시한 그의 정적은 벌족파(optimates)를 이끌며 귀족정으로 통치하는 공화국을 추구했다. 이 분열로 말미암아 카이사르는 기원전 44년 3월 15일 로마에서 암살됐고, 뒤이어 터진 내전에서 삼두정치를 수립한 카이사르파가 그리스의 필리피 전투에서 그의 암살 모의 세력을 격파했다(기원전 42).

결국에는 이 삼두정치도 붕괴했다. 우선 셋 중 가장 약체인 레피두스가 밀려났고, 마르쿠스 안토니우스는 이집트의 지배자 클레오파트라와 동맹을 맺었지만 기원전 31년 그리스 서해안 악디움에서 벌어진 대규모 해전에서 삼두정치의 세 번째 인물이자 카이사르의 후계자로 역시 카이사르라는 이름으로 불렸던 옥타비아누스의 군대에 패했다. 옥타비아누스에게 쫓겨 기원전 30년 이집트로 돌아온 마르쿠스 안토니우스와 클레오파트라는 둘 다 자살로 생을 마감했다. 로마의 이집트 정복은 고대 세계의 중요한 지정학적 전환을 가져왔다.

로마 제국과
그 멸망

그러자 아그리콜라는 바타비족 세 개 보병대와 퉁그리족 두 개 보병대로 하여금 정렬하여 백병전을 벌일 것을 독려했다. 이 노련한 병사들에게 이런 백병전은 익숙한 전투 방식이었지만 적군에게는 자신들이 갖춘 무장의 성격에 비추어볼 때 난처한 방식이었다. 거대하고 끝이 뭉툭한 브리타니아인의 검은 한정된 공간에서 접전을 벌이는 데 적합지 않았기 때문이다.

— 83년경 로마군이 스코틀랜드의 몬스그라우피우스에서 칼레도니아군에게 거둔 승리에 대해 타키투스가 남긴 기록

103~105년 트라야누스 황제(재위 98~117)는 다키아(루마니아)를 정복하기 위해 ─ 이 정복은 106년에 완수됐다 ─ '철의 관문' 협곡 인근에 다뉴브강 하류를 최초로 가로지르는 다리를 건설했다. 길이 약 1135미터인 이 다리는 당대의 경이로운 기술력 집약체였다. 이 다리 상부 구조물은 후대에, 아마도 북부 '야만인'의 침

략을 저지하기 위해 파괴된 것으로 추정된다.

아우구스투스(재위 기원전 27~기원후 14)는 군대를 정치적으로 무력화했지만 이는 일시적이었다. 군사적 명성 획득의 중요성은 43년 클라우디우스(재위 41~54)가 브리타니아 침공에 성공한 뒤 개선한 것이나, 그 후계자인 네로(재위 54~68)가 군을 등한시하여 68년 반란과 군 지휘관들 간의 경쟁을 초래한 것을 보아도 알 수 있다. 특히 69년에는 네 명의 황제가 난립했고, 결국 최후 승자인 베스파시아누스(재위 69~79)가 새로운 왕조를 창시했다. 야심적인 장군들이 포진한 정복 공화국으로서 대단히 유능했던 로마는 120년까지도 가공할 정복자였고, 그 성공의 비결로서 신들을 거듭 소환했다. 로마가 정복을 완수한 지역으로는 아르메니아, 이베리아, 이스라엘 등이 있었다.

전사로서 가치가 지배자의 요건으로 전면에 부각됐다. 군사 경력이 없다는 것이 약점이었던 늙은 황제 네르바(재위 96~98)는 노련한 장군인 트라야누스를 자신의 아들이자 후계자로 입양했다. 트라야누스는 113년 로마에 트라야누스 원주를 세우면서 그 봉헌 날짜를 기원전 2년에 건립된 마르스 신전 봉헌 기념일에 맞추었는데, 페르시아에 근거지를 둔 파르티아 제국과 벌일 새로운 전쟁에 복수의 신 마르스에게 가호를 빌기 위해서였다. 그는 이 전쟁을 통해 마케도니아 알렉산드로스를 모방하고자 했을 수도 있고, 단지 변경 지대의 방어를 좀 더 안정시키고자 했을 수도 있다.

로마의 지배는 또한 지중해에 최초로 평화를 가져다주었다.

특히 기원전 36년 아우구스투스가 시칠리아 전쟁에서 승리한 결과로 해적이 소탕됐다. 이로써 로마는 지중해를 중요한 무역 시스템으로—아주 저렴한 방어 비용만을 치르면서—활용할 수 있었다. 지중해 전역이 단일한 군사·경제 권력의 수중에 들어간 이런 특수한 상황 덕에 로마에 대한 식량 공급은 물론이고 대규모 해외 무역이 가능해졌다. 나폴리 인근 미세눔과 라벤나에 기지를 둔 함대가 이집트의 알렉산드리아, 갈리아의 프레쥐스, 시리아의 셀레우키아 등 제국 곳곳에 배치된 소함대의 지원을 받아 평화를 유지했다.

동시에 로마는—여느 제국과 마찬가지로—정복뿐만이 아니라 피보호국을 포함한 이웃 나라 및 종속 민족과 협력에도 의존했다. 피정복 국가 지배층에게는 흔히 로마인이 될 기회가 주어졌으므로 많은 지역 엘리트가 충성스러운 동맹이 되어 보조군을 제공했다. 이러한 협력은 정치·군사적일 뿐만 아니라 경제·문화적 성격도 띠었으며, 정복이 일회성 사건으로 끝나지 않게 해주었다. 일례로 현재의 모로코에 위치한 마우레타니아는 기원전 46년 로마에 정복돼 기원전 40년 속주로 바뀌었고, 기원전 30년에는 유바 2세가 통치하는 종속 왕국이 됐으며, 기원후 44년에 합병됐다.

제국은 내부의 종속민과 협력할 뿐만 아니라 외부 세력—변경 너머 '야만인들'—과도 함께 일해야 했는데, 여기서는 상호 이익을 고려한 신중한 정치력과 일체감을 창출하는 능력이 둘 다 유용하게 작용했다.

하지만 로마는 라인강 동쪽으로 무리한 팽창을 추진하다가 기원후 9년 게르만족에게 참패하기도 했다. 그리고 비록 116년에 트라야누스가 페르시아만까지 진출하기는 했으나, 파르티아에 가로막혀 110년대 말부터는 유프라테스강 동쪽에서 영토를 유지하지 못했다.

이런 무리한 팽창 경험은 제국의 역사에서 거듭 관찰되는 것으로, 결국에는 고정된 방어적 국경선을 안정화·공고화하는 정책으로 전환되는 것이 보통이었다. 방어 거점과 공격 기지를 둘 다 제공하기 위한 대규모 성벽과 요새망이 고안됐다. 로마는 브리타니아에 수많은 요새를 건설했다. 그중에는 데비(체스터), 에부리쿰(요크), 이스카아우구스타(카리언) 등지의 군단 기지처럼 크고 튼튼한 것도 있고, 이스카둠노니오룸(엑서터)과 비로코니움(락시터) 등지의 군단 기지처럼 짧은 기간만 쓰인 것도 있었다.

로마는 추가로 보조 요새도 건설했다. 하드리아누스 방벽의 일부인 하우스스테즈도 그중 하나다. 하드리아누스 방벽은 브리타니아에서 동서로 가장 짧은 구간인 타인강에서 솔웨이퍼스(강어귀)까지 길이 110킬로미터에 이르는 요새화된 석벽으로, 122년경부터 건설됐다. 타인강의 월스엔드는 과거 장벽이었던 것의 동쪽 끝을 의미하는 지명으로 현재까지 남아 있다. 단단한 화산암을 토대로 삼아 높이를 더하는 등 지형적 특성을 잘 활용한 방벽이다. 하드리아누스 황제(재위 117~138)는 제국을 통합하고 공고화한 인물이었다. 그는 게르마니아에 방벽을 건설했으며, 메소포타미아를 정복하려던 트라야누스 계획을 포기하고 파르티아와의 국경을 유프라테스강으로 확정했다. 그리고 다키아 일부 지역에서도 철수했다.

후에 로마는 브리타니아의 더 북쪽에 안토니누스 방벽을 쌓았다. 돌 기단 위에 흙으로 벽을 쌓고 요새를 배치하여 수비했지만 오래 유지하지는 못했다. 게르마니아에 국경선을 전진 배치한 것도 안토니누스 피우스 황제(재위 138~161) 때였다. 이곳에는 방책을 치고 돌로 지은 감시탑과 요새로 수비했다.

이런 방벽과 요새는 공격을 막기 위한 것이라기보다는 작전 기지에 가까웠고, 또 로마의 통치 영역으로 수송되는 모든 것을 통제하는 기지이기도 했다. 하드리아누스 방벽의 빈돌란다 요새는 군단 작전 기지로 사용된 대규모 요새의 좋은 예다. 영구 진지든 임시 진지든 도랑을 파서 방어하는 것이 로마군 수비 방식이었다. 이는 비탈지거나 뾰족한 V자형 구덩이로, 경사가 급하고 바닥이 푹 파여서 공격군이 건너기 힘들었다.

2세기 말부터는 제국 바깥에 있는 '야만인'으로부터 공격이 긴급한 문제가 됐다. 167~170년에는 마르코만니족과 콰디족이 이탈리아 북부를 침략했고, 170년대부터는 베르베르 부족민이 이스파니아를 습격하기 시작했다. 로마 세계는 외부인에게 군침 도는 목표물이었고, 250년대에는 특히 혹독한 침략 위기를 겪었는데, 이를 방어할 자구책을 지역별로 강구하면서 제국 영토가 분열되기도 했다.

하지만 야만인의 침략은 장기간에 걸친 과정이었던 반면, 페르시아에 기반을 둔 제국들과의 경쟁은 비록 군사사에서 과소평가되는 경향이 있어도 로마 입장에서는 더 중요할 때가 많았다. 224년 파르티아가 호르모즈간에서 아르다시르(재위 224~242)에게 패하여 멸망한 뒤 사산조 페르시아 제국이 들어섰다. 아르다시르의 아들인 샤푸르 1세(재위 241~272)는 244년 미시케에서 로마 황제 고르디아누스(재위 238~244)에게 승리를 거두었고, 260년에는 에데사에서 발레리아누스(재위 253~260) 황제를 격파하고 사로잡았다. 고대의 많은 전투가 그렇듯 이들 전투에 대한 믿을 만한 세부 사항 또한 전해 내려오는 것이 없다. 샤푸르는 252년 알레포 인근 바르발리소스에서도 로마군을 대파했다. 하지만 로마는 번번이 공격의 여파를 딛고 회복하며 장기간 버텼다. 260년 샤푸르는 자신이 거둔 승리를 이용하여 아나톨리아까지 진출하려다 로마에 패했다.

로마는 기동 야전군을 기반으로 한 종심 방어*에 점점 더 의존하게 됐다. 기동 야전군은 침략군에 맞서기 위해 고안됐지만 주기적으로 권력을 다투는 장군들의 정치적 목적에 동원되기도 했다. 기병은 더욱 중요해졌고, 일부분 이러한 목적으로 게르만족 보조군이 활용됐다. 로마가 중앙에 보병, 양 측면에 기병, 후방에 예비대를 배치하여 단일 전열을 이루는 전통적 대형을 어느 정도나

---

*   방어선을 한줄로 배치하는 선방어의 결점을 막기 위해 이중, 삼중으로 진지를 배치하여 적을 차단하는 방어.

유지했는지는 불분명하지만, 후기 로마군 보병은 팔랑크스 대형으로 배치됐을 것으로 보이는데, 이는 시스템의 변화 역량을 보여주는 한 단면이었다. 로마의 전쟁 방식이라는 지칭이 유용하지 않은 이유는 로마군 전략과 작전과 전술적 방식이 계속 변화했기 때문이다.

로마의 방어 전략은 ─ 정부 형태를 포함하여 ─ 다양했다. 아우렐리아누스 황제(재위 270~275)는 다키아를 포기하는 한편으로 복구 조치를 취했고, 270년대 로마시에 여러 개의 탑을 갖춘 성벽을 새로 쌓았으며 다른 여러 도시도 요새화했다. 군인 출신이라는 점에서 전형적인 전사 황제였던 디오클레티아누스(재위 284~305)는 위임형 리더십을 도입하고자 했다. 동료들을 선임하여 두 명의 정황제와 두 명의 부황제가 나누어 통치하는 체제를 수립한 것이다. 하지만 이 체제는 결국 제국을 동부와 서부로 영구히 분열하게 만든다. 권력의 중심은 330년 콘스탄티누스 1세(재위 306~337)가 세운 새로운 수도인 비잔티움(나중에는 콘스탄티노폴리스)으로 옮겨갔다. 그는 312년 밀비우스 다리 전투에서 경쟁자인 막센티우스(재위 306~312)를 물리친 뒤 기독교로 개종했고 그 후 이교의 위상은 격하됐다. 19세기 말 일본이 서구화됐을 때와 비슷하게 이 개종에도 상당한 긴장이 수반되며 로마의 연속성이라는 관념에 큰 균열을 냈고, 이로 인해 빚어진 불화는 외부 위협에 집중해야 할 시기에 제국의 힘을 약화했다. 비잔티움은 튼튼한 방벽과 반도라는 입지 덕에 장군들의 반란 위협에서 안전할 수 있었고, 로마 제국 수도가 되어 5세기의 위기를 무사히 넘기게 된다.

그보다 덜 부유하고 인구가 적었던 서로마는 '야만인' 공격에 그만큼 제대로 대처하지 못했는데, 이는 특히 동로마가 서로마를 불신하여 지원을 꺼렸기 때문이다. 라인강과 다뉴브강 국경을 사수하는 데 실패한 결과는 378년 하드리아노폴리스 전투 참패와 발렌스 황제(재위 364~478)의 전사로, 그리고 이탈리아에 대한 압박으로 이어졌다. 이에 대처하기 힘들었던 건 너무 많은 병력이 변경 지대나 다른 속주로 파견 나가 있었기 때문이다. 이 위기는 지중해에서 멀리 떨어진 곳부터 시작됐지만 '야만인' 집단들이 부유한 목표물 ─ 특히 도시 ─ 을 찾아 해안으로 이동하면서 결국 이곳도 큰 타격을 받았다.

멀리 동쪽에서 훈족으로부터 압박에 밀려 이동해온 서고트족은 알라리크(재위 395~410)의 지휘로 401년 이탈리아를 침략했다. 로마는 성벽 뒤에서 한동안 버텼지만 결국 굶주림을 못 이겨 항복했고 410년 약탈당했다. 이탈리아는 고트족, 훈족, 반달족 등 침략자에 의해 광범위하게 유린됐다. 그중 반달족은 현재의 프랑스와 에스파냐를 거쳐 이동한 게르만 부족으로, 알제리와 튀니지 해안을 정복한 후 455년 로마를 약탈하고, 468년에는 시칠리아를 점령했다. 로마령 브리타니아도 침략자 ─ 주로 앵글족과 색슨족 ─ 에게 희생됐지만, 로마인 엘리트와 로마화된 엘리트도 이에 맞서 ─ 특히 5세기에 ─ 대대적인 항쟁을 벌였다. 그중 한 인물이 전설 속 아서 왕의 모델이었을 수도 있다.

로마는 정복 과정에서 일정 부분 게르만족 보조군의 지원에 의지했는데, 여기에 참여한 게르만인은 제국 내 토지를 하사받고 더 큰 권력을 갖게 됐다. 실제로 제국 내에서는 통합을 통한 이행과 과도기적 통합이 지역에 따라 다양한 정도로 진행됐으며, 이 과정에서 많은 '야만인'이 후기 로마 세계에 동화—특히 기독교로 개종—됐다. 그리하여 갈리아(프랑스)에서 로마인은 프랑크족 일부를 포함한 특정 '야만인' 집단과 협정을 맺었고, 원래 게르만족 일파인 이들은 침략 세력에 맞서는 군대를 제공하여 로마를 지원했다. 하지만 사실상 이는 더 장기적인 '야만화'로 이어지는 과정이었다. 이 관계의 조건은 늘 불안정한 기반 위에 놓여 있었지만 5세기 들어 갈리아 북부와 중부에서 로마 정부의 존재가 희미해지기 시작하자 확연히 바뀌었다.

하지만 협력적 상호작용 또한 지속됐다. 일례로 프랑크족은 451년 아틸라(재위 434~453)가 이끄는 훈족이 쳐들어와 메스와 랭스 등지를 약탈하자 로마군과 함께 맞서 싸웠고, 카탈라우눔 평원 전투에서 그들을 무찔렀다. 갈리아가 5세기에 게르만족 침입자에게 굴복했다고는 할 수 없지만, 결국에는 그들에 의해 변형을 겪게 됐다.

'암흑시대'

60

교부 성 아우구스티누스(354~430)가 《신국론》(426) 제19권에서 마케도니아의 알렉산드로스 대왕을 도적 떼에 빗댄 것 ― "정의가 부재하면 알렉산드로스의 제국도 도적 무리와 다를 바 없다" ― 은 규모가 아니라 의도가 중요한 문제임을 논증하려는 도덕주의자의 헛된 시도였다. (특히 로마가 예수와 초기 기독교를 박해한 사례에 대한) 기독교 역사와 가르침에 따르면, 통치권은 살육을 정당화할 수 없었다. 그 대안으로 바람직한 동시에 교회에 의해 정의될 수 있는 현상으로서 '정의로운 전쟁'이 제시됐다.

이와 별도로 '인간의 타락한 상태'와 악의 작용 산물인 무질서의 세계가 존재했다. 예를 들어 도적질에 대한 이 언급은 약탈이 도적질 동기 부여에 핵심 역할을 한다고 제시했는데, 이는 ― 병사 개인 차원에서 보나, 자원을 장악하고자 하는 국가 그리고/또는 지휘관 관점에서 보나 ― 어떤 경우에는 현재까지도 적용될 수 있다.

정치 평론가나 다른 분야의 평자를 막론한 후대의 작가들도 아우구스티누스와 비슷한 논점을 지적했다. '국가'의 윤리와 '범죄 집단'의 윤리를 비교한 사례는 셰익스피어의 〈안토니우스와 클레오파트라〉 중 해적을 언급하는 대목이나, 프리드리히 실러의 1781년 희곡 〈군도〉에서도 찾아볼 수 있다. 특히 에리히 치겔 감독이 1921년 무대에 올린 연극 〈군도〉에서는 현대식 총을 소품으로 쓰고 산업화에 대한 암시를 넣고 배우에게 현대식 군복을 입히기도 했다.

하지만 로마 멸망 이후―14세기부터는 '암흑시대'라고 일컬어지게 되는― 시대에 윤리는 전면에 부가되지 못했다. 통치권은 장악해야 할 대상이고 정당성은 성공의 산물로 주어지는 상황에서―물론 이것이 새로운 일은 아니었지만―국가는 승리에 의해 규정됐다.

정착 국가를 공격했던 사람들을 '야만인'으로 간주하는 경향이 있을 수 있지만, 이는 군사 체제의 조직을 과소평가하거나 역으로 정착 국가의 군사 체제 조직을 과대평가한 견해다. 그리고 이 두 체제 유형 사이 중첩과 상호작용을 확실히 과소평가한 견해이기도 하다. (정착 국가가 행하는 공격과 마찬가지로) 이러한 공격에는―특히 흉작에 대한 대응으로 공격이 행해질 때는―약탈적 성격이 있었지만, 그렇다고 해서 '야만인' 측 조직이 부재했던 건 아니었다.

서로마 제국과 한나라 멸망 이후 약 500년간의 군사 체제가 얼마나 조직적이었는지는 대체로 불분명하다. 관련된 수치도 불확실하고, 기록에 남은 무력 충돌 사건들이 준비·실행·마무리된 과정도 상세히 알 길은 없다. 많은 전투에서는 그 장소와 날짜도 논의할 여지가 있다. 또 지도자에 의해 조직된 전투들이 첫째로 다른 형태의 계획적 무력 충돌과 비교할 때, 둘째로 기억이나 기록의 일부가 되지 못한 사회 집단 간 자연 발생적 폭력과 비교할 때, 그리고 이와 별개로 어떤 무력 충돌로도 이어지지 않은 동화나 공존과 비교할 때 상대적으로 얼마나 중요성을 띠었는지도 논의할 여지가 있다.

하지만 비록 이 시기 전투가 로마 시대로부터의 연속성이 있었고 일정 정도 고도화되었다고 주장하기 위해 동원되는 자료와 분석이 비판받기는 해도, 병력을 배치하고 작전을 전개하며 이에 따라 군대를 생산하고 유지하기 위해 체제를 발전시키고 유지하는 역량은 확실히 존재했다. 게다가 10세기 독일처럼 공성전을 위해 큰 병력을 집결시킨다는 건 병참 면에서 감당할 수 있는 부담을 짊어진다는 뜻이었다. 다만 이 경우를 포함한 여러 경우에 지역 농민으로부터 식량을 빼앗아 저항을 초래하는 문제가 있을 수는 있었다.

'야만인'의 침략은 중국에서 서유럽에 이르기까지 유라시아 전역에서 찾아볼 수 있었다. 서유럽에서 마지막 로마 황제는 476년 라벤나에서 게르만족 지도자 오도아케르에 의해 축출됐다. 일착으로 몰려온 공격 세력은 프랑스의 메로빙거와 에스파냐의 서고트 같은 국가들을 세웠고, 그들끼리 경쟁으로 유럽은 로마 시대의 대부분 시기보다 더 불안정해졌다. 여기에 더하여 새로운 '야만인'으로부터 도전이 제기됐다. 중국은 6세기 아바르족에 이어 튀르크계 민족에게 위협을 받았다.

이와 매우 다르게 이탈리아에서는 6세기에 비잔틴 제국(동로마 제국)이 상당한 기반을 복구하면서 상황만 적절하다면 로마 후기 군사 시스템에 맞먹는 잠재력을 보여주었다. 비잔틴 제국은 533~551년 반달 왕국을 무너뜨리고 동고트와 서고트를 몰아내며 북아프리카, 이탈리아와 에스파냐 남부의 상당 지역을 탈환했고, 이 승리로 교황권을 통제하에 두게 된다. 벨리사리우스 장군이 핵심에서 이끈 이 군사 작전들은 폭넓은 전투 기술의 필요성을 드러냈다. 상륙 작전 능력은 비잔틴 제국이 수행한 군사 행동의 전제 조건이었고, 브리타니아의 '야만인' 침략자에게도 방식은 다를지언정 이는 마찬가지였다. 또한 팔레르모(535)와 라벤나(539)에서 드러났듯이 공성술도 필요했다. 전투에서 이기려면 주도권을 장악하고 적에 대한 압박을 유지하는 능력이 필요했다. 일례로 반달족과 싸운 트리카마룸 전투(533)에서는 비잔틴 제국군 기병대 돌격이 결정적 승리 요인이었다.

하지만 비잔틴 제국이 이탈리아에 세운 입지는 568년부터 또 다른 '야만족'인 롬바르드에게 도전받기 시작했고, 624년에는 서고트가 에스파냐에서 비잔틴 세력을 몰아냈다. 비잔티움 또한 사산조 페르시아의 압박 아래 놓였다. 사산조 페르시아는 3세기 샤푸르가 시도한 침공에서도 볼 수 있듯이 오래전부터 노려왔던 시리아를 611년에 정복했고, 616년에는 이집트를 정복했다. 그다음은 정복자들이 밀려날 차례로, 사산조 페르시아가 628년 헤라클리우스 황제(재위 610~641)에게 패하여 629년 이집트가 수복됐다.

하지만 아라비아에서 — 그다음에는 아라비아 밖으로 — 급속히 팽창 중이던 초기 이슬람의 관습과 이데올로기에 의해 무력 충돌 성격과 규모가 변했다. 630년 마호메트의 군대가 메카를 점령했다. 그리고 칼리프로 일컬어진 그의 후계자들은 아라비아를 통일하고 아마도 636년에 비잔틴 제국과 사산조 페르시아 군대를 모두 격파했으며, 642년에는 서남아시아와 이집트를 정복했다. 특히 640년 이집트 헬리오폴리스에서의 결정적 승리는 예로부터 거듭 언급되며 중요하게 여겨지지만 실은 매우 유럽 중심주의적 전투들 목록에 밀려 대체로 도외시되어온 많은 승리 중 하나다. 아랍의 이집트 점령은 북아프리카 정복으로, 다시 711년에는 에스파냐 침공으로 이어졌으며, 또 다른 아랍 세력은 페르시아를 정복했다. 사료의 성격 때문에 이들 세력의 구조와 규모, 무기와 전술에 대해 권위 있는 설명을 하기는 어렵지만, 아랍은 그전의 비잔틴-사산조 페르시아 전쟁으로 적들의 힘이 쇠약해진 덕을 보았고 궁술, 기동성, 사기에서 앞섰다. 역병과 사산조 페르시아와의 길고 쓰라린 분쟁으로 약화된 비잔티움은 아랍의 진출을 막는 데 충분한 자원을 투입할 수 없었다. 콘스탄티노폴리스 자체도 674~678년과 717~718년에 아랍의 수륙양면 공격으로 포위됐다. 하지만 그들에게는 튼튼한 성벽과 '그리스의 불'이라는 비장의 병기―화염 방사 무기로 내뿜는 가연성 화합물―가 있어서 도시가 함락되지는 않았다.

이집트와 페르시아를 정복할 때까지는 아랍인 병사가 절대 다수를 이루었지만, 더 먼 곳으로 이동하기 위해 가장 최근에 정복한 지역의 개종자들을 활용하는 것이 아랍 지도자들의 관례가 됐다. 그렇게 페르시아인은 중앙아시아로, 이집트인은 튀니지로, 튀니지인은 모로코로, 베르베르인은 에스파냐로 들어갔다. 아랍 군대는 710년대에 에스파냐와 포르투갈의 대부분 지역을 신속히 ─로마가 침공했을 때보다 더 빠른 속도로─ 정복했고 계속해서 남프랑스까지 밀고 들어가 719년에는 나르본을 점령했다.

하지만 아랍의 진출은 732년 투르 전투에서 카롤루스 마르텔(Carolus Martel, 689~741)에 의해 중단됐다. 이 전투의 세부 사항─특히 장소, 이동 경로, 결과─은 분명치 않지만, 프랑크 군대는 고지대에서 팔랑크스 대형을 취해 아랍 기병대 공격을 막아냈으며, 아랍 군대는 지휘관이 전사하면서 퇴각한 듯하다. 프랑크 군대의 효율적인 검과 창 조합이 중요한 역할을 한 것으로 보이지만 전투의 우연도 중요했다. 지도자의 죽음은 언제나 핵심적인 요소였다. 224년 파르티아의 마지막 왕이 전사한 224년의 호르모즈간 전투와 1066년 잉글랜드의 해럴드가 전사한 헤이스팅스 전투가 그 좋은 예다.

투르에서 물러난 무슬림 세력은 다시는 그렇게 북쪽으로 진출하지 않았지만, 무슬림이 진출했다가 밀려난 지역은 이베리아, 지중해의 섬들, 이스라엘, 볼가강 유역 정도로 비교적 적었기 때문에 전체적으로는 현대 세계 형성에 큰 영향을 끼쳤다.

또한 카롤루스 마르텔은 작센족과 알라만족*을 정벌하고 아키텐, 부르고뉴, 프로방스를 프랑크 왕국의 영토로 수복했다. 그의 아들인 피핀 3세(재위 751~768)는 프랑크 왕국 메로빙거 왕조의 마지막 왕을 축출하고 카롤링거 왕조를 세웠으며 독일, 이탈리아, 남프랑스에서 전역(戰役)을 벌였다. 피핀의 아들인 카롤루스 대제(샤를마뉴, 재위 771~814) 치하에서 프랑크 왕국은 서유럽의 핵심 강대국이 됐다. 그는 773~774년 롬바르드 왕국을 격파하여 롬바르디아를 정복하고 북독일도 정복하여 서양 기독교 세계의 대부분 지역을 통일했다. 카롤루스 대제가 장기간에 걸친 정벌 끝에 작센족을 완전히 복속한 것은 과거 로마 제국이 라인강 너머를 정복하는 데 실패한 것과 극명한 대조를 이룬다. 또 그는 헝가리의 아바르족도 정벌했다. 이들 무력 충돌에서는 종교가 중요했는데, 800년 교황 레오 3세에 의해 황제로 등극한 카롤루스 대제가 이교도—특히 작센족—에 맞서는 기독교 전사로서 내세워졌기 때문이다. 프랑크 왕국이 거둔 성공은 인상적인 군사 체제와 과단성 있는 지도력을 반영하는 것으로, 둘 다 결정적인 중요성을 띠었다. 이와 달리 8세기 잉글랜드를 주로 통치했던 머시아 왕국의 앵글족 지도

---

*　게르만 부족 연맹체.

자―특히 오파―는 브리타니아에서 그에 비견할 만한 성공을 거두지 못했다.

무슬림 세계가 8세기 중반부터 파편화된 것과 비슷하게, 이미 쪼개진 카롤링거 세계 또한 베르됭 조약(843)에 따라 카롤루스 대제의 손자들에게 셋으로 분할되어 각각 프랑스, 중프랑크 왕국, 독일이 됐다. 또한 카롤링거 세계는 마자르족과 바이킹족의 심한 압박 아래 놓이기도 했다. 두 민족은 모두 꽤 큰 성공을 거두었지만 결국에는 모두 실패하게 된다.

마자르족은 중앙아시아에서 서진하여 유럽으로 이동한 마지막 유목 민족이었다. 동프랑크 왕국(후대의 독일)의 지배자 오토 1세(재위 936~973)는 휘하의 귀족이 이끌고 온 중기병을 이용하여 955년 레히펠트에서 마자르족에게 결정적 패배를 안겨주었다. 전투가 흔히 그렇듯이 이 전투 또한 오토와 그 왕조의 위신을 높여준 핵심 자원이 됐다.

바이킹 군대는 상륙 작전 능력을 유리하게 활용하여 보급이 풍부한 장소, 특히 수도원을 집중 공략했다. 그래서 793년에는 노섬브리아 해안의 린디스판, 799년에는 루아르강 하구의 누아르무티에가 공격 목표물이 됐다. 또 바이킹은 보급품으로 쓸 물자를 보관할 수 있는 숙영지나 기지를 세우기도 했다. 그 덕분에 864년과 872~873년의 앙제 점령, 885년의 루앙 점령 그리고 결국 성공은 하지 못했지만 885~886년의 파리 포위 같은 대규모 작전에서 큰 병력을 움직일 수 있었다. 다만 여기서 그들에게 큰 병력이란

3000~4000명 정도여서 그 정도의 병참 부담만 짊어지면 됐기에 유리했던 면도 있었다. 8세기 말까지만 해도 소규모 공격에 치중했던 이들 바이킹은 9세기 말에는 대규모 작전군으로, 10세기 말에는 덴마크, 노르웨이, 스웨덴 등의 국가가 조직한 정복 군대로 성장했다. 이러한 전환은 정치적 발전을 반영한 것이었고, 유럽에서 좀 더 일반적으로 찾아볼 수 있는 용병대와 근위대가 활용되기 시작한 것도 일부분 이런 정치적 발전으로 인해 바뀐 환경의 산물이었다.

바이킹은 웨섹스 앨프레드 대왕(재위 871~899)에게 패퇴한 것을 시발로 9세기 말부터 10세기 초까지 잉글랜드에서 패배했다. 그러다 새롭게 대대적 침공을 감행하여 1016년부터 1042년까지 잉글랜드에 바이킹 지배자들의 왕조를 수립했다. 이후에도 침공은 있었으나 1066년 스탬퍼드브리지에서 격퇴됐다. 프랑스에서 바이킹이 자리 잡을 수 있었던 곳은 노르망디뿐이었고, 그 후에도 프랑스 왕의 봉신으로만 머물렀다.

장기적으로 바이킹 왕조는 스칸디나비아 국가들이 됐다. 이들은 표트르 대제 재위기(1689~1725) 러시아가 강국으로 부상할 때까지 발트해 연안을 지배했지만, 스웨덴이 1630년부터 1710년대까지 독일 일부 영토를 지배했을 뿐 유럽의 다른 지역에 대한 영향력은 대체로 제한적이었다. 바이킹은 역사 속으로 사라졌다.

봉건 시대의
전쟁

9세기 말부터 서유럽 왕국들─특히 현재의 프랑스, 독일, 이탈리아─의 중앙 권력은 대토지를 소유한 세력가들로부터 도전을 점점 더 받게 됐다. 이들은 자기 영토와 성을 중심으로 왕이 자신의 영토에서 갖는 것과 유사한 정치·군사 시스템을 새로이 수립했다. 공공질서가 약화되고 귀족 가문이 더 중요해졌다. 이는 9세기 말 중국에서도 마찬가지로, 지방 군벌이 사실상 권력을 휘둘렀고 오대십국 시대(907~979)에는 지방 국가로 쪼개졌다.

협소하게 정의했을 때 봉건제는 봉신(충성을 서약한 추종자) 체제였다. 봉신은 군역을 제공하고 그 대가로 토지를 보유했으며 주로 기사─고용하고 유지하는 데 보병보다 더 많은 비용이 드는 중(갑)기병─형태를 취했다. 하지만 좀 더 광범위하게 보면 봉건제는 귀족 지배 체제라고 생각할 수 있다. 즉 세습 영주가 사회와 국가를 둘 다 지배하며, 그 일환으로─주로 지휘관으로서 복무하지만 부대 양성을 통해서도─군사의 핵심 요소를 제공하는 체제로 볼 수 있다. 군사주의와 전투를 중심으로 귀족이 공유하는 전쟁 문화는 정치의 확고한 본질을 이루었다. 이런 상황은 일례로 16세기 일본과 19세기 멕시코 등 다른 시대에서도 쉽게 찾아볼 수 있었다.

실제로 중세 유럽의 많은 성이 자리한 입지는 자기 영토를 통제하고 보호하려는 지방 영주의 고려에 따라 좌우됐고, 영주의 토지 소유 및 이에 대한 위협의 구체적 성격과 관련이 있었다. 15세기 초 영국군이 파리 성문 앞에 들이닥쳤을 때 파리시민이 귀족 간 반목 때문에 왕국이 약화되고 있다고 항의하자, 베리 공은 이렇게 대답했다고 한다. "우리가 마음 내키면 서로 싸우는 것이고 우리가 적절하다고 판단하면 화해하는 것이다."

이런 문화가 좀 더 근본적으로 정치적 문제를 일으키는 경우는 귀족이 왕위 자체 혹은 군주제에 대한 통제권을 놓고 경쟁할 때 왕위 계승 전쟁이 초래되는 것이다. 1337~1453년 프랑스에서 벌어진 백년 전쟁은 어느 정도 그런 측면이 있었고, 1450년대부터 1480년대까지 잉글랜드에서 벌어진 장미전쟁은 그런 양상이 좀 더 뚜렷했다. 일본에서도 15세기 말부터 17세기 초까지 같은 패턴을 찾아볼 수 있었다.

다음으로, 유럽에서는 '사적' 군사 체계와 '공적' 군사 체계 사이에 긴장이—물론 현실에서는 두 체계가 늘 어느 정도 중복됐지만—존재했다. 카롤루스 대제의 땅인 프랑크 왕국 통치자는 자신의 개인 수행 부대에 의존했고 자신을 후원하는 주요 귀족의 수행 부대로 군사력을 보완했다. 이러한 패턴은 계속해서 매우 중요한 구실을 했는데, 이를 봉건제의 군사적 본질로 볼 수 있다. 이런 무장 수행단은 전사 엘리트로 구성됐다. 각 지방에서 자유민을 민병대식으로 동원한 잉글랜드의 퓌르드(fyrd) 보병과는 매우 달랐고, 이슬람 주요 강대국 노예 병사나 비잔틴 제국 바랑기아 친위대처럼 몇몇 주요 국가에서 중앙 정부 지휘하에 있던 직업 부대와도 달랐다. 중국에서는 장군 출신으로 송나라의 초대 황제가 된 태조(재위 960~976)가 독립된 지방군인 번진을 폐지하여 지방의 최정예 부대들을 자기 휘하의 중앙군으로 편입하고 지방 군벌인 절도사를 문신(文臣)으로 교체했다.

봉건제는 훗날 중세 기사의 토대를 이루는 중기병의 부상과 결부되기에 이르렀다. 등자 전파로 기수의 안정성이 높아져서, 또 기독교 군대가 에스파냐와 프랑스에서 무슬림 기병을 만나 대적했을 때 중기병이 부상했다는 전통적 해석에는 오래전부터 의문이 제기됐다. 그 대신에 제시되는 주장은, 기병은 로마 멸망 이후 내내 중요했고 로마 시대로부터의 연속성이 어느 정도는 이어졌다는 것, 그뿐 아니라 중기병의 중량과 충격력과 돌격력이 더 중요해진 것은 십자군전쟁에서도 볼 수 있듯이 11세기부터라는 것이다.

봉건 체제와 기병은 둘 다 흔히 제시되는 것만큼 지배적이지도 않았고 정형화된 형태도 아니었다. 이는 처음부터 다양한 형태로 나타났을 뿐만 아니라, 특히 11세기에 화폐봉(군역의 대가로 토지가 아니라 돈을 지급하는 것)이 발달하고 군사 조직이 점점 더 제도적 성격을 띠게 되면서 영주로서 지위와 전사로서 능력 사이에는 연관성이 희박해졌다. 게다가 유럽에서는 보병이 작전―특히 공성전―에서 주된 역할을 했으며, 기사가 흔히 말에서 내려 교전을 벌였다―이는 일본 기병도 비슷했다―는 설이 이제는 훨씬 널리 인정받고 있다. 따라서 백년 전쟁에서 영국이 거둔 승리에는 장궁병뿐만 아니라 중무장 보병도 기여했다고 할 수 있다.

인상적인 내구성을 자랑한 제국인 비잔티움 또한 제병연합(諸兵聯合)* 군사 체제였고, 이는 잇따른 도전을 잘 이겨내는 데 한몫했다. 예로부터 중기병을 강조하는 한편으로, 충격력을 전달하는 쐐기 공격 전술에 강조점을 두면서 경기병(輕騎兵)과 중보병의 필요성이 인식됐기 때문이다. 이슬람의 주요 세력인 아바스 칼리파국(750~1258) 역시 보병과 경기병뿐만 아니라 검, 곤봉, 도끼로 무장한 중기갑병에도 의존했다. 다른 경우와 마찬가지로 이 두 사례에서도 군사 체제는 광범위한 전투 지역에서 많은 적과 싸우는 과정에서 매우 다른 인문·자연 환경이 반영된 다양한 양상을 띠었다.

병력을 일으키고 유지하는 데는 돈이 중요했기 때문에 여러 나라에서는 정부 발전과 군사 능력 사이에 밀접한 연관성이 있었다. 게다가 중세 국가들은 군사적 비효율과는 거리가 멀었다. 1212년 이베리아의 기독교 군대가 라스나바스데톨로사에서 알모아데 칼리파국을 기습으로 격파한 전투처럼 중세 국가들은 역사의 향방을 영

* 여러 전술적 병과나 군대를 서로 결합하는 일이나 그런 편성체.

구히 바꾼 승리를 이끌어낼 수 있었다. 동시대인들은 그 시대의 일반적인 관례에 따라 이 승리를 신의 가호라는 관점에서 설명했다.

역사의 방향을 바꾼 또 하나의 승리는 1314년에 일어났다. 로버트 1세 브루스(재위 1306~1329)[*]가 지휘한 스코틀랜드 군대가 배넉번에서 미숙한 통솔력의 잉글랜드군을 대파하여 스코틀랜드 독립에 결정적인 이정표를 놓은 것이다. 이 전투에서 스코틀랜드 창병대는 유리한 고지를 점하고 잉글랜드 기병대를 유도했다. 그보다 앞선 1296년 스털링 전투에서도 스코틀랜드는 같은 체제를 기반으로 승리를 거두었다. 잉글랜드는 이듬해인 1297년 폴커크에서 궁병과 중무장병을 성공적으로 결합하여 승리했지만, 이와 대조적으로 배넉번에서는 궁병이 제압당했다. 스털링에서 패배한 뒤 신속한 반격을 가하긴 했어도 배넉번에서와 같은 압승은 없었던 것이다. 실제로 이는 결정적 전과를 수립하는 데 너무나 중요한 순서를 단면적으로 보여준다. 일례로 미국 독립 전쟁 때 영국군은 새러토가 전투(1777)에서 패하고도 전력을 회복할 수 있었지만, 요크타운 전투(1781)에서 패했을 때는 그러지 못했다.

보병은 유럽 많은 지역―스코틀랜드뿐만 아니라 플랑드르, 스위스 캉통, 롬바르디아, 체코 공화국―에서 주된 역할을 수행했고, 그 중요성 또한 점점 더 커졌다. 호엔슈타우펜가의 신성 로

---

[*]　배넉번 전투를 비롯한 제1차 스코틀랜드 독립 전쟁을 이끌어 영웅으로 불리는 스코틀랜드 왕.

마 황제들에게 맞서 저항한 롬바르디아 동맹이 바르바로사(프리드리히 1세) 황제군을 격파한 레냐노 전투(1176)는 보병의 승리였다. 스위스의 미늘창(도끼창)과 창은 1315년 모르가르텐과 1386년 젬파하에서 합스부르크(오스트리아) 기사들과 맞붙었을 때 큰 효과를 발휘했고, 포병대로 보강한 보헤미아 보병은 15세기 초 후스 전쟁 때 기병 공격을 효과적으로 물리쳤다. 사회 변화와 기술 혁신은 유럽의 전쟁 지역들 간 융합으로 이어졌지만―일례로 스칸디나비아의 전투 방식은 13세기부터 다른 지역의 전투 방식과 닮아가기 시작했다―분기(分岐)하거나 적어도 대조되는 방향으로 이어지기도 했다.

보병 공격은 잉글랜드가 궁수와 중무장병을 결합·협력하게 하려는 노력의 일환으로 장궁 역량을 발전시키면서 대폭 개선됐다. 길이 약 2미터에 장력이 37~84킬로그램인 장궁은 쓰는 데 상당한 노력을 요했기에 많은 연습이 필요했다. 그래서 훈련이 의무화됐다. 갑옷으로 화살을 어느 정도 방어할 수 있었지만 취약한 부분―특히 팔다리와 말―이 있었다.

잉글랜드 궁수들은 백년 전쟁(1337~1453) 때, 특히 크레시(1346), 푸아티에(1356), 아쟁쿠르(1415)에서 프랑스의 공격을 성공적으로 막아냈다. 또한 이들은 아비스의 주앙(주앙 1세, 재위 1385~1433)이 포르투갈을 침공한 카스티야군을 알주바호타에서 격파(1385)하여 포르투갈의 독립을 유지하는 데도 기여했다. 하지만 잉글랜드 장궁병들은 중앙아시아 궁병과 같은 작전·전술적 유연성이 부족했다. 이는 그들이 비록 전투 중에 이동을 위해 때때로 말을 타기는 했어도 마상에서 활을 쏘지는 못했고 적 공격에 맞춰 방어적 태세로 싸우는 경향이 있는데다 지휘관의 자질 여부에도 크게 좌우됐기 때문이다.

따라서 보병은 화기를 쓰기 이전부터 이미 효과를 발휘했고, 서유럽 기병은 중앙아시아에서만큼 대세가 아니었는데, 이는 서유럽에서는 경기병이 표준이 아니었던 것과 관련이 깊었다. 이런 환경 차이는 적어도 봉건제 관점에서 기술한 토지 소유 구조만큼 중요한 변수였다. 하지만 각각의 경우에 기회와 수요가 중요했기에 이 모두가 군사력의 성격에 일정한 영향을 끼쳤다.

승리에는 단지 무기와 전력 구조만이 아닌 훨씬 많은 요소가 개입된다. 백년 전쟁 때 잉글랜드의 헨리 5세(재위 1413~1422)가 아쟁쿠르에서 승리하는 데 지대한 도움을 준 것은 부르고뉴 공작과의 동맹이었다. 백년 전쟁이 프랑스에서 잇따라 터진 내전의 국제적 측면이었던 만큼, 이 전쟁에서 잉글랜드 국왕들이 거둔 승리는 상당 부분 프랑스 측 동맹 세력 덕분이었다. 그래서 이런 지원 세력의 상실은 1453년 잉글랜드의 최종적 패배로 이어진다.

성과 요새화된 도시는 힘을 과시하는 강력한 수단이자 전력을 인상적으로 배가하는 요소였고, 많은 전쟁이 이런 지점의 점령 또는 방어를 중심으로 이루어졌다. 유럽, 근동, 극동 등지에 아직까지 남아 있는 성은 이것이 어떻게 말 그대로 우뚝 솟아서 주변의 시골 지역을 물리적·상징적으로 호령했는지에 대해 풍부한 실례를 보여준다.

철기 시대에 무수히 세워진 산성과 달리 성은 피신처가 아닌 주거지였다. 물론 산성의 쓰임은 논의의 여지가 있는 문제이고, 모든 산성이 같은 유형이거나 비슷한 환경에 있는 것도 아니다. 이 점은 성도 마찬가지지만, 많은 성은 공적 방어 수단이 아니라 개인 소유 구조물이었다. 성은 방어뿐만 아니라 공격 기능도 갖추고 있었는데, 이는 공격을 개시할 수 있는 피신처를 제공하기 때문이었고, 이런 면에서 군사 시스템의 일환이었다.

초기 성은 대개 흙과 나무로 된 단순한 구조물이었지만, 목재는 불에 취약한 반면 석재는 그렇지 않았다. 게다가 강력한 방어는 공격군에게 전술·조직적 문제를 제기했다. 특히 포위 병력에 보급을 제공하는 것이 어려운 문제였다. 서유럽 국가는 석재를 더 중시하는 경향이 있었던 반면, 중국·인도·동남아시아·동아시아에서는 대개 흙이나 목재 그리고/또는 벽돌의 활용에 더 중점을 두었다. 동시에 이른바 석성(石城)에도 나무 자재가 기반 구조 일부로 많이 들어가므로 적이 성벽 밑에 땅굴을 파고 그 속에 불을 피우는 식으로 방어 시설을 밑에서부터 잠식하면 성벽이 무너질 위험도 있었다. 나무 버팀목이 불에 타 무너지면 그 위의 육중한 석벽이나 탑이 붕괴하면서 뚫고 들어갈 틈이 생기는 것이다. 거대한 석조 구조물 무게 자체가 땅굴 공격에 대한 구조적 취약성을 높일 수 있었다.

힘과 과시라는 관점에서 보면 요새화 규모─특히 요새화된 도시 규모─도 중요했다. 공격군의 머릿수가 상대적으로 적은 경우가 많았기 때문에 밀라노, 안티오크, 콘스탄티노폴리스, 바그다드, 시안 같은 대규모 도시는 힘겨운 목표물이었다. 이런 상황은 공격이 성벽보다 성문에 집중되는 패턴으로 이어지기 쉬웠다. 하지만 이렇게 공격 초점이 집중되면 포위군은 방어군의 반격에 취약해졌다.

공성전은 일부분 구원군의 작전으로 인해 흔히 야전으로 비화되곤 했다. 1097년부터 1098년까지 이어진 십자군의 안티오크 공성전 중에는 세 번의 대규모 전투와 무수한 소규모 충돌이 벌어졌다. 3차 십자군 원정 때 십자군이 벌인 아크레 공성전은 1189년부터 1191년까지 이어졌다. 공격군은 해상에서 지원과 보급을 받으며 의지를 불태웠고, 공성군을 상대로 작전을 벌인 무슬림 야전군은 방어군의 사기를 북돋았다.

일부분 공성에 소모되는 시간과 자원, 또 보급 유지 어려움 때문에 일부 지도자들은 공성전을 벌이려 하지 않았고 장기전은 확실히 피하려 했다. 그럼에도 요새화된 진지를 점령하는 것은 가치 있는 일이었다. 중세의 많은 전략이 이 목표를 중심으로 돌아간 것은 특히 이를 달성하는 것이 우위의 표시로서 전쟁의 수행과 결과에 중요했기 때문이다.

따라서 요새화와 공성은 이전 시대와 마찬가지로 중세 유럽의 무력 충돌에서도 중요했으며, 또한 이전 시대와 마찬가지로 보병이 전쟁에서 주된 역할을 수행하게끔 하는 데 기여했다. 요새가 늘 그렇듯이 여기에는 요새 그 자체를 넘어서 훨씬 많은 것이 걸려 있었다. 전 세계의 다른 요새도 그렇지만, 성은 통합 군사 시스템 일부로 기능할 때 특히 효과적이었다. 11~13세기 유럽의 군사사는 통치자가 기사, 보병, 성, 공성술 발전을 이용하여 국내의 적과 변경을 향해 세력을 확장한 과정을 주로 다루고 있다. 이런 변경으로 세력을 확장하는 것에 위협을 느낀 리투아니아, 프로이센, 스코틀랜드, 웨일스 등 주변 지역 통치자는 그들 나름의 성을 쌓을 수밖에 없었다. 일본에서도 성은 복합적인 체계의 일환이었다.

보다 일반적으로 볼 때 성곽 건축은 영토 확장의 한 측면이었다. 11세기 잉글랜드 북부에 닻을 내린 노르만군은 더럼(1072), 뉴캐슬(1080), 칼라일(1092)에 성을 쌓았다. '새 성'이라는 뜻의 뉴캐슬(Newcastle)은 독일어로 노이부르크(Neuburg), 프랑스어로 뇌프샤토(Neufchâteau)인데, 이런 지명과 그와 유사한 지명을 도처에 쓴 것은 새로운 요새 건설이 중요했다는 증거다. 에드워드 1세(재위 1272~1307)도 자신의 웨일스 북부 정복을 확인하고 공고화하기 위해 보매리스, 카나번, 콘위, 할렉 등지에 성을 세웠다. 프랑스도 비슷하게 14세기 초 플랑드르에서 이익을 도모하기 위해 성을 축조했다. 그중에서도 릴의 요새화된 진지는 오늘날까지도 중요하게 남아 있다.

하지만 유럽에서 공격이나 방어용으로 세운 성의 세력이 미치는 반경은 약 25킬로미터에 불과했다. 이는 한 사람이 말을 타고 말이 지치지 않는 범위 내에서 순찰 돌기에 적당한 거리였다. 기복이 심한 땅이나 산지에서는 이 세력권이 더 줄어들 것이다.

비기독교도를 몰아내고 기독교의 팽창을 공고히 하기 위해 성을 세우기도 했다. 십자군이나 8세기부터 15세기까지 무어인과 기나긴 전쟁을 벌인 에스파냐와 포르투갈이 그런 경우였다. 재정복 시기에 무어인 또한 진출해오는 기독교도의 성에 맞서기 위해 성을 쌓았다. 기독교 측이 성을 올릴 때마다 이슬람 측도 어김없이 이에 대응하여 성을 올렸고 그 반대도 마찬가지였다. 일례로 에스파냐 우에스카주에 있는 로아레성은 11세기에 주변 땅을 재정복하고 세운 것인데, 대립하는 무슬림 측 성에서 불과 10킬로미터 떨어진 지점에 자리해 서로 상대편 성을 내다볼 수 있었다.

'북방 십자군'이 행해진 발트해 연안 지역에도 ─ 특히 독일 기사단 영토에 ─ 성이 지어졌다. 말보르크는 1309년 독일 기사단장의 근거지로 선정된 후 성과 그 이웃 마을까지 에워싼 인상적인 성벽과 요새를 갖춘 드넓은 복합 단지로 개조, 강화됐다. 물리적 환경도 방어에 중요했다. 말보르크에서는 강이 중요한 역할을 했다. 1410년 그룬발트/타넨베르크에서 독일 기사단 야전군을 격파한 폴란드 공성군도 이 성 앞에서는 돌아서야 했다. 타넨베르크라는 지명은 1914년 이곳에서 러시아 침공군을 격퇴한 승리감을 고취하여 독일인의 의식에 깊이 새겨진다.

권력을 확인하고 재확인하는 성의 역할은 도시 안에 성을 짓는 경우에 찾아볼 수 있다. 이런 성은 런던탑이나 엑서터성처럼 흔히 도시 성벽의 독립된 일부분을 이루는 성채 형태를 띤다. 이탈리아 북부 베로나의 카스텔베키오는 1350년대 칸그란데 2세가 지은 성으로 도시에 대한 자기 권력을 과시하고 있는데, 총안이 있는 흉벽으로 가득하며 아디제강을 따라 지어 방어에 유리했다. 실제로 성의 힘은 지형적 특성과 안전한 공격 지점의 결합을 반영하는 것이었다. 높은 위치를 유리하게 이용하고자 한 성도 있었다. 일례로 독일 남부 메어스부르크성은 험준한 곳 위에 지은 성인데 14미터 깊이 해자로 방어했다. 이 해자는 1334년 교황의 천거로 콘스탄츠 주교후에 새로 임명된 프라우엔펠트의 니콜라스가 루트비히 4세(재위 1314~1347)의 공성에 대비하기 위해 판 것으로, 28미터 깊이

의 우물과 콘스탄츠호로 이어지는 지하 통로도 이때 같이 지은 것
이다. 이 공성은 14주 동안 이어졌지만 결국 실패로 돌아갔다.

어느 시대나 그렇지만 공성전은 일반 전투보다 더 흔했고 실
제로 군사사에서 불균형적으로 큰 주목을 받곤 한다. 프랑스 남부
를 토벌한 알비 십자군 때 십자군은 최소 45건의 공성전에 참여했
지만 야전에서 싸운 것은 1209년부터 1218년까지 고작 네 번뿐이
었다. 공성 목표물이 된 진지는 툴루즈 같은 평원 성곽 도시로부터
산꼭대기의 고립된 성에 이르기까지 매우 다양했다. 몇몇 성은 특
정 장소의 연속성을 반영하여 역사적 현장에 지어졌다. 일례로 입
지가 인상적인 퓔로랑스성은 과거 서고트족의 성채가 있던 자리
였다.

공성전에서 승리하려면 공성 기계와 기술자보다 운, 결연한
의지, 공격성 그리고 공포가 더 중요했다. 특히 1204년 가야르성
을 점령하는 데는 운과 결의와 공격성이 중요했다. 센강 강둑에서
지금 봐도 인상적으로 높은 위치에 우뚝 솟은 이 성은 1196~1198
년 사자심왕 리처드 1세(재위 1189~1199)가 세운 것인데, 결연한
의지로 뭉친 프랑스의 존엄왕 필리프 2세(재위 1363~1404)의 군대
는 리처드의 흐리멍덩한 동생인 잉글랜드의 존왕과 노르망디 공
작으로부터 이 성을 빼앗아 점령하는 데 성공했다. 일개 성이 제아
무리 난공불락이더라도 더 광범위한 정치 및 병참 지원 체계로부
터 고립되면 속수무책일 뿐, 필리프 2세의 공성군은 센강을 차단
하고 구원군이 당도하지 못하게 막음으로써 성을 고립되게 한 것

이다. 가야르성은 결국 기아에 내몰려 함락됐다. 이 함락으로 노르 망디는 프랑스의 신속한 정복에 취약해지게 됐다. 1449~1450년 잉글랜드가 노르망디에 보유하고 있던 다른 성들도 같은 일을 겪 었지만, 여기서는 프랑스의 대포가 일정한 역할을 했다. 수비군에 게는 항복하든지 계속 싸우다 목숨을 빼앗기든지 둘 중 하나를 선 택할 기회가 주어졌다. 다른 많은—일례로 인도의—공성전처럼 알비 십자군의 공성전도 대부분 공격보다는 협상으로 종결됐으며 방어력과 공격력이 둘 다 협상 조건에 중요한 영향을 끼쳤다.

한편 요새화 기술이 발달하여 특히 13세기부터는 성 규모 와 높이와 복잡성이 증가했다. 대포 이전 시대에는 벽을 기어 올 라오는 적군 병사, 궁수, 투척 무기가 땅굴과 더불어 주된 위협이 었으므로 성벽 높이를 올리는 것이 중요했다. 높이를 올리면 이런 모든 위협을 줄일 수 있었고, 성안에서 투척하는 무기의 공격력을 (공성에 참여한 병사 등에게) 더 치명적으로 만들 수 있었다. 대포는 석벽의 아랫부분을 때려 부수어 구멍을 냄으로써 상황을 바꾸어 놓았다.

읍성(邑城)도 개선과 확장을 거쳤다. 3세기 말 프랑스 그르노 블에 세워진 로마 시대 방벽은 13세기에 더 확장되고 16세기 말 에 추가로 확장됐다. 보다 작은 규모로는 13세기 프랑스 남서부에 바스티드라는 새로운 형태의 성곽 도시가 건설됐는데, 교회, 시장, 가정집, 성문 방어 기능을 갖춘 자족적인 구역이었다. 그중 현존하 는 많은 사례는 아직까지도 상당 부분 변함없는 모습을 유지하고 있다. 이런 바스티드를 가장 활발히 건설한 인물로는 툴루즈 백작과 아키텐 공작 등을 들 수 있다. 프랑스 루이 9세(재위 1226~1270)의 동생인 알퐁스 드 푸아티에는 1249년부터 1271년까지 툴루즈 백작으로 지내면서 57개 읍성을 건설했고, 잉글랜드 국왕으로 아키텐 공작을 겸임한 에드워드 1세는 자기 공작령 북쪽 경계에 대한 지배를 공고화하기 위해 바스티드를 세웠다. 보다 일반적으로 산성 도시는 자연 방벽을 강화하는 수단으로서 계속 중요성을 띠었던 반면, 토스카나주 산지미냐노 등지에서 볼 수 있는 도시 내 탑은 귀족 간 반목의 일환으로 세워졌다.

성은 이 시대를 다룬 후대의 이야기─소설, 텔레비전 프로그램, 영화─에서도 핵심적인 구실을 한다. 일례로 월터 스콧의 소설《케닐워스》(1821)와 베토벤의 오페라 〈피델리오〉(1814)에서, 로빈 후드와 셔우드 숲을 둘러싼 갖가지 전설에서, 그리고《반지의 제왕》이나《왕좌의 게임》등 좀 더 최근에 중세를 배경으로 상상력을 발휘한 픽션에서 성은 이야기의 중심 무대이자 지배 그리고/또는 억압의 이미지였다.《반지의 제왕》(1954~1955) 중 한 권은 제목이 〈두 개의 탑〉이고 여기서 벌어지는 결정적 전투 중 하나는 헬름 협곡 공성전이다. 이와 비슷한 양상은 온라인 워게임 등 다른 매체에서도 찾아볼 수 있다.

하지만 많은 요새들은 규모 면에서 큰 차이를 보였다. 14세기 파리 근교 퐁텐블로 숲 남쪽에는 1050제곱킬로미터가량의 면적 안에 요새화된 장소가 55개나 있었다. 대충 19제곱킬로미터마다 한 개씩 있었던 셈이다. 그중 요새화된 교회가 스물일곱 곳, 요새화된 탑이 다섯 곳, 요새화된 저택이 네 곳이었다. 보다 평범한 요새가 흔히 더 중요했던 건 널리 퍼져 있었기 때문이다. 게다가 이런 요새가 널리 확산됐다는 사실은 공식적 무력 충돌―지배 세력 간 반목―에서 오는 위험과 '비공식적' 무력 충돌―범죄―에서 오는 위험이 어느 정도 서로 중첩됐음을 말해준다.

이런 요소는 강화 유리, 잠금장치, 비상벨, CCTV, 기타 보안 장비로 요새화된 현대 주택과 사무실에도 시사점을 준다. 실제로 방어 장비 확산은 예로부터 무력 충돌로 이해했던 방어가 한층 더 광범위한 의미를 띠게 된 현실을 반영한다.

십자군

십자군은 이슬람의 침략에 대한 기독교의 반격에서 가장 중요하고 극적인 부분이었다. 또한 이는 장기간에 걸친 과정이었다. 비잔틴 제국은 그렇게 해서 이미 10세기에 주도권을 재탈환했는데, 특히 960~961년 크레타 탈환은 말 수송을 위해 특수 건조한 함선을 비잔틴 제국 함대에 포함했다는 점에서 대단한 성과였다. 좀 더 구체적으로, 교황이 예루살렘 수복을 위한 원정을 제안한 것은 서유럽이 팽창하며 더 번창하게 된 시점이었다.

이와 별개로, 그전까지 비잔틴 제국은 이슬람의 약화된 상황을 잘 이용해왔지만 11세기 중반부터 스텝 지대에서 튀르크가 침공해 들어오며 전세가 역전됐다. 셀주크튀르크의 성공은 극적이었고, 특히 1071년 동로마의 만지케르트(현재의 터키 말라즈기르트)에서 대승을 거두며 황제 로마누스 4세(재위 1068~1071)를 포로로 잡았다. 하지만 교황 그레고리우스 7세는 지원군을 보내주지 못했다. 그 후 1095년 교황 우르바누스 2세가 비잔틴 제국이 피아첸차에서 보내온 호소에 응답하면서 이것이 십자군으로 이어졌다. 십자군은 성지를 탈환하고 그다음에는 유지하기 위해 부단히 노력했다.

1095년 우르바누스 2세가 선포한, 기독교 세계를 인도하라는 요구를 일부분 실현시킨 1차 십자군은 1097년 아나톨리아를 힘겹게 돌파한 뒤 오랜 공성 끝에 1098년 안티오크를 점령했고, 1099년에는 예루살렘을 공격했다. 특히 막강한 중기병 돌격과 공성에 힘입어 두 전투를 모두 승리로 이끈 능력은 초기에 십자군이 주둔 세력으로 자리 잡는 데 결정적 구실을 했다. 그리고 이후에도 주로 해군의 우위에 힘입어 아크레(1104), 티레(1124), 아스칼론(1153)을 점령하는 등 승리를 거두면서 십자군의 영토는 더 확대됐다. 하지만 십자군이 대단한 노력을 기울였음에도 알레포, 다마스쿠스, 카이로 같은 이슬람의 핵심 중심지는 손에 넣지 못했다.

십자군 원정 결과로 이 지역에는 안티오크 공국, 에데사 백국, 예루살렘 왕국, 트리폴리 백국의 네 기독교 국가가 세워졌고, 추가로 정치적 성격을 띤 신종 군사 조직인 기사 수도회가 창설됐다. 성전 기사단과 구호 기사단(성 요한 기사단)은 종교 서약을 한 전사 집단으로, 군대와 성을 소유했으며 드넓은 영토 방어 임무를 수행했고, 때로는 그 영토의 주권을 위임받기도 했다. 다른 기사단도 있었다. 특히 독일 기사단은 성지 예루살렘에서 시작됐지만 13세기 중반부터는 발트해 동부 연안에 집중했고, 에스파냐에는 칼라트라바·알칸타라·산티아고 기사단이, 다른 국가에도 비슷한 기사단이 있었다. 기독교 세계를 방어한다는 것이 이런 기사단이 존재하는 이유였다.

위태로운 군사 환경에서 십자군은 규모가 더 큰 무슬림 군대와 그들의 효율적인 공성술로부터 스스로를 방어하기 위해 활발히 요새를 지었다. 성의 건축을 보면 요새 건설 전문가들이 수행한 역할을 짐작할 수 있다. 현재의 시리아에 있는 크락데슈발리에는 십자군 성 중에 가장 유명한 것으로, 원래 트리폴리와 하마를 잇는 도로를 경비하기 위해 지은 것이다. 십자군이 트리폴리 백작 치하에서 이 요새를 짓기 시작했지만, 현존하는 성은 구호 기사단이 1142년 백작으로부터 인수한 뒤 완전히 개축한 것이다. 1188년에는 살라딘을 막아내는 데 성공하여 1190년까지 남은 극소수의 십자군 성 중 하나가 됐다. 13세기 초 강력한 지진을 겪은 후 방어를 더 강화했다. 특히 거대한 테일러스(성벽 사면)를 건설하여 성 내벽을 강화해 또다시 지진이 일어나도 견딜 수 있게 만들었다. 외벽은 반원형 탑들을 돌출시켜 보강했다. 이 장소의 성격상 성벽 밑으로 땅굴을 파는 것도 힘들었을 것이다. 겹겹 방어로 맞물린 힘 때문에 공격군이 외벽을 돌파해 들어온다 해도 위에서 내려다보이는 회랑과 경사로를 따라 전진해야 했고, 따라서 사격과 매복에 노출될 수밖에 없었다. 외벽에는 사격대와 박스형 마시쿨리(물체를 밖으로 떨어뜨릴 수 있는 구멍)와 보도를 내성 벽에는 가는 틈새를 꼭대기에는 큰 투석기 형태의 대형 무기를 쏠 수 있는 구멍을 냈다.

무슬림은 1140년대부터 승기를 잡기 시작했다. 1144년 십자군 국가 중 하나인 에데사를 점령했고, 1148년에는 다마스쿠스를 점령하려 기도한 2차 십자군을 꺾었으며, 1167년에는 알렉산드리아를 점령하려 한 예루살렘 왕국의 아말릭 1세(재위 1162~1174)를 돌려보냈다. 결국 1169년 이집트 재상에 오른 살라딘이 이집트의 파티마 왕조를 접수하고 시리아 남부와 이라크 북부를 정복했다. 사실 이는 이집트 지배자들의 오랜 숙원이었는데, 다른 이념을 가지고 나중에 들어선 정권들도 지정학 영향으로 유사한 동기를 품을 수 있음을 보여준다.

실제로 1187년 지하드를 선포한 살라딘과 그가 능란하게 전개한 경기병은 수적으로 열세인데다 지휘가 미숙한 십자군을 하틴의 뜨거운 7월의 열기 속에서 전술로 압도하여 예루살렘 기독교 왕국을 격파했다. 야전군이 전멸하자 요새 수비대 대부분은 저항하기에 너무 취약한 처지에 놓였다. 성벽이 무너지고 뚫리자 예루살렘은 항복했다. 요새들이 맞은 운명은 성의 일부 취약점―특히 야전군을 편성하기 위해 성안의 병력을 비우는 일의 위험성과 그렇게 해서 내보낸 군대가 패배했을 때 심리적 영향―을 보여주었다.

하틴에서의 패배를 만회하려는 기독교 측 노력은 중요한 승리로 이어졌다. 특히 1191년에는 3차 십자군 지도자인 잉글랜드의 리처드 1세와 프랑스의 존엄왕 필리프 2세가 아크레를 점령했다. 리처드 1세는 여세를 몰아 같은 해 아르수프에서 살라딘을 격파했지만 예루살렘을 탈환할 만한 처지는 아니었다. 11세기 말 셀주크튀르크와 파티마 왕조의 경쟁에서 이득을 취했던 것처럼, 십자군의 입지는 무슬림 세력의 분열—특히 1193년 살라딘이 죽은 뒤 이집트와 시리아의 분열—에 크게 힘입은 면이 있었다. 게다가 십자군은 1260년 시리아 아이유브 왕조의 통치자들을 무너뜨린 몽골과 동맹을 맺기 위해 심혈을 기울였고, 튀르크계 위주 엘리트 전사 집단으로 1250년 이집트에서 권력을 장악한 맘루크를 상대로 싸웠다.

하지만 이 상황은 1260년 나사렛 인근 아인잘루트에서 맘루크가 몽골에게 대승을 거두며 종결됐다. 그해 이집트에서 권력을 장악한 바이바르스(재위 1260~1277)는 효율적인 군대를 건설하고 남아 있는 십자군 진지를 대부분 점령했다. 크락데슈발리에도 1271년 공성을 시작한 지 겨우 한 달여 만에 함락했다. 구원군이 오지 않을 것임을 알리며 항복을 권유하는 위조 서한이 이 성의 수비군에게 전달됐다고 전한다. 아크레는 1291년 포격과 땅굴로 성의 방어가 약해진 후 결연한 공격에 의해 함락됐다.

(십자군과 맘루크 같은) 침입자와 그 후손들이 토착민에 대한 지배권을 놓고 싸우는 것은 장기적으로 이어져온 패턴인데, 십자군은 이러한 패턴에 합치하는 사례였다. 장기간 팽창 압력 아래 놓여 있던 튀르크 유목민 세계는 십자군보다 더 큰 군사 자원을 보유하고 있었고, 더 부유한 땅을 점령하여 이득을 취하면서부터는 특히 더 그랬다. 실제로 십자군은 유목 세계 내부와 그 주변부에서 펼쳐진 투쟁의 영향 아래서 싸웠다.

이 싸움은 흔히 매우 그리고 모든 측면에서 잔인했다. 1차 십자군 때 십자군은 안티오크와 베이루트와 예루살렘 주민을 무차별로—무슬림뿐 아니라 시리아인 기독교도와 유대인까지 나이와 성별을 가리지 않고—살육했다.

십자군은 북아프리카에서도 성공하지 못했다. 시칠리아의 노르만인은 자신들이 정복했던 북아프리카에서 1158~1160년에 밀려났다. 프랑스의 '성왕' 루이 9세도 이집트와 튀니지에서 둘 다 실패했다. 그는 1244년 중병을 앓았는데, 이 병을 이기고 살아나면 십자군 원정에 나서겠다는 서약을 했다고 한다. 교황이 루이 9세를 지원했고 원정 비용이 어마어마했으므로 프랑스 교회가 자금을 댔다. 그는 1248년 프랑스를 출발하여 1249년 이집트를 침공했지만 1250년 알만수라에서 대패했고, 포로로 잡혔다가 몸값을 지불하고야 풀려났다. 루이 9세는 1270년에도, 이번에는 (이집트로 가는 길목에 있는) 튀니지를 상대로 또다시 십자군을 일으켰지만, 당시만 해도 치명적이었던 이질에 걸려 현지에서 사망하고 말았다.

하지만 지중해 나머지 지역과 이베리아에서는 대조적으로 큰 성공을 거두었다. 십자군은 크레타, 시칠리아, 몰타, 발레아레스 제도를 점령했다. 많은 경우에 이는 중요한 성과였다. 11세기 시칠리아 재정복은 20년이 걸렸다. 무슬림 영역이 정복되며 교회가 세워지고 지명이 바뀌는 등 기독교화가 이루어졌다. 톨레도와 세비야에서는 모스크가 있던 자리를 기반으로 삼아 성당을 세웠고, 코르도바에서는 모스크 한가운데 성당을 지었다. 승리는 기념의 대상이자—일례로 카스티야의 알폰소 10세(재위 1252~1284)에 의해—정치적 도구로 이용되기도 했다. 무슬림 중에 계속 자유민으로 남은 이들도 있긴 했지만, 일부는 추방됐고 일부는—13세기 초에 정복된 발레아레스제도처럼—노예가 됐다.

하지만 십자군의 실패로 비잔틴 제국은 이슬람의 공격에 더 많이 노출되기에 이르렀다. 실제로 베네치아의 입김이 강하게 작용한 4차 십자군(1202~1204)은 무슬림을 공격하기는커녕, 우선 1202년에는 베네치아의 무역 경쟁자로 헝가리 편에 붙은 가톨릭 도시 차라를, 그다음에는 콘스탄티노폴리스 자체를 공격했다. 축출된 비잔틴 제국 황제 이사키오스 2세(재위 1185~1195, 1203~1204)의 아들 알렉시우스 앙겔루스가, 자기 큰아버지를 황위에서 몰아내주면 십자군에 자금과 병력을 지원하고 (1054년 이후 분열되어 있던) 정교회를 로마 가톨릭으로 합병하겠다고 제안한 것이다. 십자군은 이 제안을 받아들여 1203년 그의 요구대로 해주었지만, 새로 황제가 된 알렉시우스 4세는 약속을 지키지 못했고 서방 세력에 반대하는 봉기가 일어나 축출되고 만다. 이에 십자군은 1204년 도시를 공격하여 플랑드르 백작 보두앵을 황제 보두앵 6세로 추대하고, 군사력과 그 결과를 극적으로 과시하는 조치로서 비잔틴 제국을 분할하여 자기들끼리 나누어 가졌다.

하지만 이 새로운 상황은 안정과 거리가 멀었다. 1261년 그리스가 콘스탄티노폴리스를 탈환하여 짧았던 라틴 제국의 종지

부를 찍었다. 동시에 이 사건은 가톨릭 기독교와 정교회 기독교 사이 강한 이데올로기적 경쟁의식을 한층 더 부추기게 됐다. 국력 약화로 오랫동안 시름시름 앓던 비잔틴 제국이 1453년 마침내 멸망하고 콘스탄티누스 11세(재위 1449~1453)가 도시를 방어하다 전사하면서 기독교 세계 유럽은 추가 침공에 노출되기에 이르렀다. 1500년경에는 오스만 제국이 현재의 터키, (크레타를 제외한) 그리스, 알바니아, 불가리아, 세르비아, 마케도니아, 코소보 지역을 지배하게 된다. 게다가 1480년에는 1만 2000명의 오스만 병력이 이탈리아 오트란토를 점령하고 개종을 거부하는 사람을 죽이거나 노예로 삼다가 1481년 십자군에 의해 축출된 일도 있었다. 화가 알브레히트 뒤러가 〈묵시록의 네 기사〉(1492~1502) 중 한 명을 튀르크인으로 묘사한 것은 놀랄 일이 아니었다.

십자군은 이단 그리고/또는 불순종으로 단죄된 기독교도를 상대로 전쟁을 선포하기도 했다. 프랑스 남부 알비파를 상대로 벌인 전쟁은 결국 성공했지만, 1419~1434년 현재의 체코 공화국에서 벌인 후스 전쟁 때는 그리 성공적이지 못했다. 후스 전쟁 때 얀 지슈카가 지휘하는 후스파가 비셰흐라트(1420)와 네보비디(1422) 전투에서 거둔 승리는 분쟁의 지속에 결정적 역할을 했고, 보병과 포병을 지형을 고려하여 잘 쓸 줄 아는 혁신적인 적과 대결할 때 기병대가 갖는 한계를 보여주었다. 이들 전쟁은 훗날 프로테스탄트 개혁에 대응하여 시작되는 전쟁―교황의 입장에서는 십자군의 관념에 의거한 투쟁―을 한 세기 앞서 예견한 것이었고, 십자군의 맥락에서 무슬림 세력 간 경쟁을 통해 이미 목격한 종교적 내분의 치명성을 일깨워주었다.

동시에 이교도를 겨냥한 십자군은, 오스만튀르크가 1529년 빈을, 1565년 몰타의 발레타를 포위하는 등 전례 없는 진출을 시도한 16세기에 새로운 동력을 얻게 됐다. 특히 구호 기사단이 발레타를 성공적으로 방어했을 때, 1571년 레판토에서 오스만 함대를 격파했을 때, 1683년 다시 포위된 빈을 구해냈을 때는 기독교 측 대응이 십자군 운동의 언어로 표출됐다. 실제로 십자군 운동은 갈등 상황에서 협력 논리를 제공하기도 했다. 오스만의 종교적 이데올로기와 상징과 열성도 이 점에서는 마찬가지로 여러 차례 비슷한 역할을 했다. 이슬람을 전파함으로써 신의 의지를 실현한다는 것이 그들의 논리였기 때문이다.

몽골과 티무르

스텝 지대의 군대와 사회는 비농경지에서 생계를 도모하기 위해 형성됐다. 말은 풀을 먹었고, 병사들은 필요하다면 말의 피와 젖을 마셨다. 유목민으로서 그들은 끊임없이 이동하며 생존 수단을 가지고 다녀야 했다. 그들의 문화는 본질적으로 이동이었고 말, 양, 염소 떼를 데리고 다니는 군대의 일부라고 할 수 있었다. 스텝 지대의 동물은 모두 강인한데다 가혹하고 황량한 지형에서 무거운 짐을 싣고 장거리를 이동하는 데 잘 적응했다. 유목민 문화와 생활 양식은 대규모 경무장 기동전에 필수적인 모든 병참 요건을 충족했다. 효율적인 수송, 수송 수단의 유지 관리, 식량 공급, 심지어 장비 재보급까지 — 그들이 쓰는 합성궁은 동물의 뼈와 힘줄로 만들었다. 숙박 설비는 접을 수 있어서 신속히 해체하고 그만큼 신속히 세울 수 있었다. 몽골의 병참 지원이 고도로 효율적이었던 건, 제국 정복 초기 단계까지 그것이 유목민의 정상 상태를 그대로 반영하여 이루어졌기 때문이다. 실제로 중앙 스텝 지대의 군대에 내장된 종합적 군수 지원 체계는 당대에 타의 추종을 불허했다.

또한 스텝 지대에서 나고 자란 전사들은 강인하게 훈련받아서 정착·도시 생활에 익숙한 적이 ─ 특히 이에 수반되는 병참 문제 때문에 ─ 불가능하다고 여기는 동계 작전 수행도 해낼 수 있었다. 북방 러시아의 대공들을 상대로 승리를 거둔 몽골군 원정은 1237년 12월에 시작해서 눈이 녹아 땅이 진창이 되는 이듬해 봄에야 중단됐다.

유목 사회 군대는 대규모인 경우도 있었지만 농경 사회 군대보다는 규모가 작았다. 일부분 그러한 결과로 병력 보존은 유목민 군대에서 주된 목표였다. 그래서 지진해일처럼 한꺼번에 몰이치는 방식의 정복에서는 넓은 지역을 침략하고 초토화하지만 그 후에는 영토의 작은 일부에만 주둔하고 대부분 철수했다. 그래서 부대가 수비 임무에 얽매이지 않았다. 게다가 초토화로 생겨나는 완충 지대는 몽골군에 대한 공격을 불가능하게 만들고 적의 자원 또한 약화했다.

그럼에도 13세기 중국을 정복하는 데 장기간의 포위전이 요구되는 등 과업이 변화하면서 몽골은 다른 방식을 도모해야 했다. 이때는 자원의 밀도가 문제여서 이에 맞추어 병력을 전개해야 했다. 몽골군이 말에 의존한다는 것은 지속 가능한 사료원이 생산되지 않는 환경에서는 제약을 받는다는 뜻이었다. 특히 13세기에는 ─ 1260년부터 시리아에서 맘루크와 전쟁을 벌였을 때는 물론이고 1240년대 초 발칸반도의 디나르알프스에서도 ─ 이 문제가 거듭 불거졌다. 하지만 몽골군의 전쟁 수행에는 근본적인 유연성이 있었다.

이런 유연성은 몽골군이 도시 점령전으로 방향을 전환한 과정에서도 나타났다. 1212년 대단한 재능을 가진 지도자 칭기즈칸(재위 1206~1227)이 통일한 몽골은 거칠 것이 없어 보였다. 그들은 서하를 정복한 뒤 여세를 몰아 낙타 부대를 거느린 두 개의 군대를 이끌고 북중국 여진족의 금나라(1115~1234)를 침공했다. 낙타에는 현장에서 조립할 수 있는 중국의 공성 병기가 실려 있었다. 하지만 몽골군은 장기 공성전을 원치 않았으므로 1214년 전역(戰役)에서 칭기즈칸은 금나라 수도인 중도(베이징)를 처음에는 공격하지 않고 봉쇄하는 편을 택했다. 공격군에게는 중요한 선택이었다. 하지만 그다음에 재개된 공세에서는 공성 병기와 기술자의 지원을 받아가며 수도에 집중했다. 구원 노력이 수포로 돌아간 중도는 1215년에 항복했다.

몽골군은 금나라—금나라는 1232~1234년에 결국 멸망했다—와 남중국의 송나라를 정복하기 위해 무수한 전역을 치러야 했고, 이 과정에서 주로 중국 전문가를 활용해 공성전 기술을 습득했다. 이는 13세기에 병력의 가장 인상적인 활용을 보여준 전역이었다. 그 속성상 장기간이 소요되는 공성전을 치러낼 수 있었던 건 몽골군의 조직력과 끈기 덕분이었지만, 공포와 위협을 동원하여 협력을 (강제로) 이끌어내는 능력도 중요했다.

1219년 중앙아시아 호라즘 제국을 침공한 몽골은 부하라와 사마르칸트 같은 주요 도시도 점령했다. 현지 주민이 요새 도시로 내몰리면서 피난민이 홍수를 이루고 공포가 확산됐다. 1232년 금나라의 새 수도 카이펑을 포위하여 함락했을 때는 해자를 잔해로 메우고 공성 병기에 인원을 배치하기 위해 현지 주민을 공성에 동원했다. 도시의 보급을 끊는 일도 중요했다. 중국의 지배자 쿠빌라이가 1262년 몽골 내전 때 수도인 카라코룸을 점령하면서 썼던 방법이다. 칭기즈칸이 세운 제국은 네 개의 나라로 분할됐다. 몽골군은 도시를 점령하면 그 도시를 계속 취약한 상태로 남겨두기 위해 성벽을 파괴했다.

아르메니아와 조지아의 산악 요새처럼 독립된 요새도 있었는데, 이 요새들은 1238년 몽골의 침략을 늦추었지만 중단시키지는 못했다. 이들 요새가 띠는 중요성의 상당 부분은 그 입지에 기인했다. 이 요새들은 진격하는 군대의 이동 통로를 지키는 역할을 했으므로 산지라는 입지의 전술적 의의에 작전상 중요성이 부여된 것이다. 1256년 칭기즈칸의 손자 훌라구가 지휘하는 몽골 군대가 아사신파의 성들을 점령했다. 이란 북서부 산악 지대에 위치한 이 성들은 사방을 내려다볼 수 있는 높고 험준한 바위 위에 지어졌다. 셀주크튀르크가 이들의 주요 성 중 하나인 람브사르를 8년이나 포위하고도 함락하지 못한 전력이 있었다. 하지만 몽골군의 흉포한 명성은 아사신파까지도 설복하여 항복하게 만들었다. 대체로 몽골은 저항하는 자에게는 바그다드와 알레포성 밖에 두개골로 산을 쌓을 정도로 의도적인 절멸 정책을 취했지만, 싸우지 않고 항복하는 자에게는 관대했다.

기술도 일정한 역할을 했다. 트레뷰셋*의 경우 인력으로 밧줄을 당겨 투석을 날리던 것이 12세기부터는 평형추를 다는 방식으로—다는 아니었지만—바뀌었다. 이러한 발전은 아마 중동에서 시작된 듯하지만 누가 착안했는지는 불분명하다. 1220년대부터 페르시아 기술을 받아들인 몽골군은 이 혁신을 도입했고, 1258년 이 트레뷰셋으로 아바스 왕국 수도 바그다드를 포격하여 1주일 만에 항복하게 만들었다. 이 사건으로 이슬람 역사에서 오랜 세월을 이어온 아바스 왕국은 종말을 맞게 된다. 평형추를 이용한 트레뷰셋은 이 공성전에 대한 페르시아 측 기록에도 삽화로 뚜렷이 묘사되어 있다. 1260년 (십자군이 끝내 점령하지 못했던) 알레포에서 몽골군은 모든 트레뷰셋을 한 지점—이라크 쪽을 향해 난 성문—에 집중해서 그곳을 뚫고 들어갔다.

중동으로부터 혁신이 전파됐다. 일례로 페르시아 지역을 지배한 일한국의 아바카 칸(재위 1265~1282)은 두 명의 기술자를 삼촌인 쿠빌라이에게 파견하여 (남)송 정복을 돕게 했다. 이 기술자들은 그때까지 중국에 알려지지 않았던 평형추 트레뷰셋 일곱 대를 건조했는데, 대당 수백 파운드 무게의 돌을 날릴 수 있었다. 이런 투석 효과는 성벽 두께와 구조 건전성에 좌우됐다. 1273년 남송의 양양성과 번성이 함락됐다. 뒤이어 1274년에 사양보가, 1275

---

*   지레 원리를 이용해 돌을 던져 성을 공격하는 공성 무기.

년에는 상주가 함락됐는데, 몽골군은 화약을 넣은 포탄을 트레뷰셋으로 발사해서 파괴력을 높였다.

몽골군의 유연성은 공성뿐만 아니라 전투에서도 드러났다. 광범위한 진출로 몽골은 다양한 적과 접촉하게 됐다. 몽골군이 항상 승리한 것은 아니었다. 같은 유목민을 상대로는 패하기도 했다. 몽골 내전에서 그랬고, 이집트의 맘루크에게도 ─ 특히 1260년 아인잘루트와 홈스에서, 1281년 다시 홈스에서, 1303년 마르즈알사파르(샤크하브)에서 ─ 패배했으며, 1298년, 1305년, 1306년에는 델리 술탄조를 침공했다가 패배했다. 그럼에도 몽골군은 고도의 적응력을 발휘하여 1241년 한 해 동안에만 폴란드, 헝가리, 독일 군대를 격파하는 등 서로 전혀 다른 적을 상대로 승리를 거두는 인상적인 능력을 보여주었다. 모히 전투에서 몽골군이 공성 무기를 부분적으로 이용해가며 헝가리군을 셔요강 다리 방어 진지로부터 뒤로 밀어붙이자, 헝가리군은 마차를 연결하여 구축해둔 요새로 후퇴했다. 몽골군은 교활하게도 헝가리군에게 마차 요새에서 탈출할 길을 터주었고, 퇴각하던 헝가리군은 개활한 평원에서 궤멸됐다. 몽골군은 여세를 몰아 인근 도시인 부다와 페스트를 습격했다.

이런 유연성은 중앙유라시아 유목민에게서 일반적으로 나타나는 것으로, 튀르크계 민족과 지도자들도 마찬가지였다. 특히 티무르(1336~1405)는 자신의 성공에 중요한 주춧돌이 된 잇따른 전쟁을 벌이며 인도에서 에게해까지 이르는 전역을 성공적으로 치렀다. 티무르는 칭기즈칸의 몽골 제국을 복원하고자 했고 자신이 칭기즈칸의 후손이라고—이는 정통성의 중요한 근거였 다—주장했지만, 사실 그는 칭기즈 가문 사람이 아니었다. 티무르 는 이 칭호를 얻기 위해 칭기즈 가문의 공주와 결혼했다. 그의 전 공을 일부 나열해보면 다음과 같다. 페르시아와 북인도, 델리와 다 마스쿠스, 바그다드를 점령했고, 1400년 시리아에서 맘루크를 격 파했으며, 1402년 앙카라에서 오스만 제국 술탄 바예지드 1세를 격파하고 생포했다. 긴 싸움 끝에 대부분 기병으로 이루어진 티무 르의 군대가 승리한 것은 특히 오스만군 기병 상당수가 변절하거 나 전장을 이탈했기 때문이었다. 이후 오스만 보병대가 결국 궤멸 된 것은 흔히 거듭된 패턴이었고, 이렇게 기병전이 모든 전투의 운 명을 결정짓는 경향은 기병의 중요성을 높여주었다. 당시 오스만 의 심한 압박 아래 놓여 있던 비잔틴 제국 수도 콘스탄티노폴리스 에서는 이 전투 결과를 크게 경축했다. 실제로 오스만의 유럽 진출 은 티무르의 승리로 인해 늦추어졌는데, 이는 특정한 전투의 더 광 범위한 전략적 맥락을 보여주는 사례였다.

　기습 성격을 띤 전투도 일부 있긴 했지만, 철저한 정찰을 포 함한 신중한 계획이 티무르가 벌인 전역의 특징이었다. 사실 역사 에서 이 둘은 자주 중첩됐으며, 기습이 목표 그리고/또는 수단 면 에서 반드시 투박하다는 가정은 어폐가 있다. 보급은 행군 중에 충 당했지만, 정복한 지역을 단순히 파괴하기보다는 사업자 명부와 과세 대장을 토대로 공물을 징수하는 식으로 기존 구조를 이용하려고 노력했다. 점령한 도시에서는 무질서한 약탈보다는 물품을 징발하려는 체계적인 시도가 이루어졌다. 실제로 칭기즈칸과 달리 스텝 지대의 유목민이 아니라 도시 출신이었던 티무르는 도시를 설득하여 항복하게 만들고 몸값을 바치게 하는 편을 선호했다. 그리고 이러한 시도가 실패로 돌아갔을 때만 쳐들어갔다. 1395년 킵차크한국에 승리를 거두고 수도인 사라이베르케를 약탈한 뒤, 티무르는 중앙아시아의 무역로를 바꾸어 물품이 자기 제국의 수도인 사마르칸트로 수렴되게끔 만들었다.

티무르는 명나라를 침공하러 가던 길에 오트라르에서 사망했다. 중국의 취약성은 13세기 중반 몽골의 공격과 17세기 중반 만주족의 정복으로 드러났지만, 티무르는 기지가 더 멀리 떨어져 있다는 훨씬 큰 문제에 직면했을 것이다. 게다가 만주족이 중국을 정복하기까지는 수십 년간 전쟁을 치러야 했고, 13세기에 몽골도 마찬가지였다.

어쨌든 티무르의 제국은 장기간 존속하지 못했다. 그의 아들이자 후계자인 샤루흐(재위 1405~1447)는 부친과 같은 패기와 공격성이 부족했고 헤라트를 기반으로 한 그의 치하에서 티무르 제국의 조정은 점점 더 몸이 무거워졌다.

이라크와 현대 이란의 대부분 지역에서는 티무르 사후에 빚어진 혼란을 틈타 결국 아크 코윤루(백양 왕조) 부족 연맹의 투르크멘 기병대가 권력을 장악했다. 그들 군대는 활과 검과 방패로 무장한 전형적인 중앙아시아 군대였고, 주로 양익 기병 대형으로 전장에 배치됐다. 1469년에는 백양 왕조의 사절이 부하라와 사마르칸트의 티무르 제국 지배자 아부 사이드(재위 1451~1469)의 잘린 목을 창에 꽂아 들고 카이로에 가서 맘루크 술탄에게 바치기도 했다.

호라산이라고 알려진 이란 북동부 지역은 티무르의 영토로 남았지만 1507년 우즈베크인에게 정복됐다. 1490년대와 1510년에 우즈베크가 중앙아시아에서 거둔 광범위한 승리는 기병대의 변함없는 활력이 반영된 성과였다. 하지만 우즈베크는 1510년 메르브 인근에서 사파비 제국에 패했다. 두 세력 간 경쟁은 200년 동안 계속됐지만, 어느 쪽도 멀리 떨어져 있는 상대 세력 중심지에 결정타를 가하지 못했다. 무굴과 사파비, 사파비와 오스만, 오스만과 합스부르크, 합스부르크와 프랑스 등 여타 두 경쟁 세력들도 비슷한 상황에 처해 있었다. 그런 면에서 볼 때 이들 열강은 몽골과 만주족이 거두었던 만큼의 성공을 이루지 못했다.

초기 일본에서의
전쟁

몽골의 힘도 한계에 부딪힐 때가 있었다. 일본이 그런 한계 중 하나였다. 몽골은 중국과 고려의 해군력을 장악했지만, 1274년과 1281년의 일본 원정이 상당 부분 태풍으로 인해 실패로 돌아가면서 일본은 중국의 지배를 받지 않게 됐다.

일본은 산지 위주의 지형 때문에 통일을 이루지 못하여 분쟁으로 점철된 역사를 이어온 터였다. 일본인은 기원전 1만 년경부터 사냥에 활과 화살을 이용하기 시작했다. 합성궁이 사용된 기원전 300년경부터는 활이 무력 충돌에서 주된 역할을 했다. 일본인이 기병과 최초로 조우한 것은 400년경 한반도에 침입하여* 고구려와 싸웠을 때였다. 그전까지 일본에서 말은 식량과 노동력을 제공하거나 종교 의식에만 썼기 때문에 이는 그들이 예상치 못한 충격이었다. 650년경에는 일본에서도 기마 궁술이 잘 발달했지만 검과 창을 쓰

*   백제·가야·왜 연합군.

는 보병이 여전히 중요했다. 일본의 말은 몸집이 작았기 때문에 일본의 전쟁에서는 기병 돌격 전술이 중요한 구실을 하지 못했다.

19세기 말 서양에 대한 개방을 한발 앞서 예시하기라도 하듯, 13세기 몽골의 도전이라는 외부 압박 또한 일본에 충격을 주었다. 사무라이(무사)의 눈앞에 더 세련된 전술을 구사하며 검, 활, 갑옷처럼 익숙하지만 형태가 새로운 무기와 폭탄처럼 전혀 몰랐던 무기를 쓰는 적이 나타난 것이다. 이 침공으로 몇 가지 변화가 촉발된 듯하다. 갑옷은 도보전에 더 적합한 스타일로 바뀌고, 검은 길이가 짧아지고 날이 더 무거워졌다. 그리고 더 조직적인 보병 기동을 활용하는 등 전술에도 변화가 있었다.

하지만 외부의 본보기만이 무사 계급과 문화를 정교하게 발달시킨 유일한 요인은 아니었다. 명문가와 다이묘(자치 영주)는 성을 지었다. 일례로 혼슈 북부의 쓰루오카는 사카이 가문의 성이었다. 그 주된 특징은 하기성에서 볼 수 있는 것 같은 넓은 해자였다. 석성(石城)은 15세기부터 지었는데, 오키나와 봉건 영주의 성인 나카구스쿠(1450년경)가 대표적이다. 성을 확장, 개축하는 과정도 있었다. 히메지성은 1333년 고베 서쪽 내해의 해안 도로를 굽어보는 전략적 고지에 세웠는데, 1467년 두 구역(마루)을 추가하여 더 강화했다. 성의 입지에는 다양한 변수가 반영됐다. 귀족 간 경쟁은 핵심 요소였지만 이것만으로는 충분한 분석이 될 수 없다. 일례로 오키나와에 있는 대부분의 성은 토양이 서로 다른 지역의 경계 근처에 있는데, 이는 물산 교역로를 통제해야 할 필요성이 있었음을 시사한다.

14세기부터는 실권이 없는 천황 대신에 정부의 수장인 쇼군이 주로 권력을 휘둘렀다. 하지만 일본 대부분 지역에 미치는 쇼군의 실질적 권력은 제한적이었다. 일본의 가장 큰 섬인 혼슈에서도 핵심 지역인 간토 지방 또한 다르지 않았다. 쇼군이 일본 각 지방에 파견한 슈고(守護, 군정 지방관)는 중앙집권을 수호하는 최후의 잔존 세력 중 하나였는데, 그들을 지방의 다른 유력 무사들과 차별화하는 주된 자산이 바로 슈고라는 직함이었기 때문이다. 이는 천황 지배가 계속된다는 맥락에서만 의미가 있었다. 그럼에도 슈고는 점점 더 자율권이 커지면서 재지(지방) 무사들의 반발에 의해 영향을 받게 됐다.

게다가 후계를 둘러싼 내분이 공공연한 전쟁으로 비화하면서 유력한 슈고 가문들이 타격을 입었다. 아시카가 쇼군가도 그중 하나로, 어떤 면에서는 장미전쟁 때의 잉글랜드나 16세기 말 프랑스와 유사한 상황이었다. 아시카가 가문 내분에서 비롯된 오닌의 난(1467~1477)은 이 내분에서나 유력 슈고 가문들 내분에서나 해당 가문과 경쟁 관계에 놓인 슈고의 역할로 인해 더욱 악화됐다. 경쟁 세력 간 싸움은 불씨가 되어 매우 파괴적인 전쟁으로 번졌다. 수도인 교토는 많은 전투에서 주 무대였던 결과로 극심하게 파괴됐지만 전투는 다른 곳으로도 번져 나갔고, 오닌의 난은 전국 시대(1467~1615)의 상당 기간을 특징짓게 될 국지적·지역적 분쟁으로 이어졌다. 아주 불안정해진 사회에서 가신제의 유대 관계가 무너져가는 총체적 무질서 가운데 아시카가 쇼군가는 권력을 잃고 슈고 연합체는 붕괴했다. 게다가 1485년부터는 농민군이 출현하기 시작했다.

천황이 존재함으로써 문화적 통합이 계속되는 한편으로 무사 호족이 출현했다. 이들 다이묘는 주로 슈고의 가신 출신이 많았다. 이전의 슈고와 비교할 때 다이묘는 쇼군으로부터 훨씬 더 독립적이었다. 다이묘의 권위는 전투에서의 승리에 달려 있었고, 이것이 가신으로부터 충성을 계속 받을 수 있는 길이었다. 가신이 세습 다이묘에게 충성해야 한다는 관념은 그 다이묘가 승리를 거두고 이에 딸려오는 영토와 위신을 얻지 못하면 의미가 없었다. 이렇게 승리를 획득해야 할 필요성 때문에 다이묘 간 분쟁의 정치는 배신을 중심으로 돌아갔고, 그 결과 전투나 요새 점령에서도 배반이 중요한 역할을 했다. 작전은 일부분 힘을 과시함으로써 항복을 유도하고 배신을 단념하게 하려는 목적으로 고안됐다.

15세기 말부터 14세기 내전의 경향성을 되풀이하며 전쟁 속도가 빨라짐에 따라 일본의 전쟁 양상에 중요한 변화가 잇따랐다. 군대 규모가 커지고 보병의 우위가 강화됐으며 세련된 전술과 지휘 체계가 도입됐다. 그리고 무기―특히 창과 갑옷―에도 변화가 있었다. 대규모 군대와 보병 중심 결합은 그전까지 대체로 각개 전투 방식을 따르던 것에서 벗어나 밀집 대형에 집중하고 이에 따라 지휘 기술의 중요성이 커지게 된 변화와 관련이 있었다.

창은 보병의 핵심 무기로 서유럽의 창(pike)과 유사한 역할을 했으며, 밀집 대형과 단위 부대의 전투 및 훈련이 반드시 화력―그 화력이 활이든 권총이든―과 결부되지 않는다는 것을 여실히 보여주었다. 갑옷은―이전에 화살에 대응하여 그랬듯이―창에 대응하여 유연성과 방어력 결합을 추구했지만, 화기 도입은 갑옷의 효율성에도 영향을 끼치게 된다.

16세기 전반부터 무역의 결과로 일본에 효율적인 총이 전래됐다. 서양에서 전해진 화기에 동남아시아에서 개량이 가해진 것이었다. 이 총은 일본 야금 산업에서 대량 생산할 수 있었기에 널리 급속히 복제되었는데, 신기술 확산이 변화에 대한 수용성 이외의 다른 변수에도 좌우됨을 보여주는 사례다.

시나노의 아사히산성 전투(1555) 이후 화기가 전쟁에서 중요한 역할을 한 것은 확실하지만, 이것이 전술을 얼마나 바꾸어놓았는지는 다른 지역 사례와 마찬가지로 신중하게 다루어야 한다. 여러 면에서 볼 때 화기는 활을 일대일로 단순 대체하는 데 주로 머물렀다. 총이 여전히 매우 비쌌고 공급이 상대적으로 부족했다는 사실은 전술이 전면적으로 바뀌었다는 견해를 반박할 수 있는 근거다. 하지만 총기 소유가 갖는 강점이 정치적으로 더 큰 단위로의 통합 추세를 촉진했을 가능성은 있다. 군소 다이묘는 총기를 구입할 여력이 없어서 사용하기에 충분한 수량을 확보하지 못했을 것이기 때문이다.

총기 사용으로 제병연합 작전에 새로운 요소가 추가됐는데, 총병이 재장전할 때 엄호를 요했기 때문이다. 그 결과로 총병은 창병 및 궁병과 연합을 이루어 총병이 화력을 유지하는 동안 창병과 궁병은 엄호를 제공했다. 그래서 무기 관점에서 볼 때 제병연합은 창병과 머스킷병이 연합을 이루었던 서유럽 상황과 다른 결과를 가져왔다. 총의 중요성은 전술뿐만 아니라 작전 면에서도 드러났는데, 일례로 1560년대 권좌에 오른 유력 다이묘 오다 노부나가는 주요 조총 산지인 사카이와 구니토모를 장악했다.

노부나가는 그 자신도 추진력과 야심과 기량을 겸비했지만, 다른 유력 다이묘들이 1550년대와 1560년대에 전역을 치르며 세력을 크게 소진하여 이득을 본 측면도 있었다. 노부나가가 두각을 나타낸 것은 상당 부분 1560년 오케하자마 전투에서 이마가와 요시모토에게 거둔 승리 덕분이었다. 전투에 동원된 병력은 대략 2만 5000명 대 5000명으로 노부나가가 열세였지만, 그는 자기 영토를 침공한 군대에 수세적으로 대응하지 않고 기습 공격으로 주도권을 잡았다. 일설에 따르면 폭우가 쏟아지는 틈을 타 이동한 뒤 기습을 개시했다고 하며, 요시모토는 여기서 전사했다. 이 승리는 지휘술과 교전 능력 그리고 전술적 공세의 가치를 보여주며, 노부나가의 명성을 높여주었다. 기습의 가치는 주도권을 쥐고 이용하는 능력에 달렸는데, 여기에는 전술적 유연성이 크게 요구됐다. 정해진 대형과 융통성 없는 전투 방식으로는 이런 유연성을 발휘할 수 없었다. 또한 노부나가는 부교를 건설하고 도로 체계를 개선함으로써 아군의 기동성을 증진하기도 했다.

여느 지휘관처럼 노부나가도 전투를 동맹과 배신이 교차하는 정치의 핵심 요소로 이용했고, 일부분 그랬기 때문에 손실이 클 것 같은 전투에는 뛰어들지 않으려 했다. 대신에 힘을 과시하고 이익을 증진하는 수단으로서 요새 점령을 더 선호했다. 하지만 유럽의 이탈리아 전쟁(1494~1559) 때도 그랬듯이, 이편에 붙었다 저편에 붙었다를 거듭한다고 해서 격렬한 전쟁을 피할 수 있는 것은 아니었다. 나아가 경쟁하는 다이묘 간의 치열한 세력 다툼은 비교 우위를 찾으려는 노력으로 이어졌다.

노부나가가 다케다 가쓰요리를 격파한 나가시노 전투(1575)는 군사사 서술 전반에 대한 수정주의의 영향을 보여주는 핵심 사례다. 종래의 서술에서는 다케다군 기병대의 거듭된 돌격을 일제 사격으로 격파해서 결정적 승리를 획득한 노부나가군 조총병 3000명의 역할을 강조했다. 조총병을 군대의 전면에 배치했다는 것은 전통적으로 가장 용감한―그리고 흔히 말을 탄―사무라이가 점했던 위치를 이들에게 주었다는 뜻이다. 하지만 이제는 노부나가가 총병대를 겹겹이 세워놓고 일제 사격을 하게 했다는 설명에 반박이 제기되고 있다. 이 생각은 전투가 있고서 100여 년이 흐른 뒤 제작된 병풍 그림에 근거한 것이었고, 당시의 전장 조건에서는 종래의 서술대로 하기가 불가능했을 것이라는 훌륭한 물증도 있다. 또한 다케다 측도 나가시노 전투에서 거의 노부나가만큼이나 많은 총병을 거느렸으며, 노부나가는 다케다군을 거의 2 대 1의 머릿수로 압도했고 상당히 정교한 야전 축성을 한 후 그 뒤에서 싸웠기 때문에 승리한 것이라고 지적한다. 때마침 거센 비가 내리는 바람에 다케다는 전투에 너무 깊이 몰두하다가 장애물을 거의 밟을 때까지 그것을 보지 못했다. 게다가 노부나가는 동맹군 중 하나가 다케다에게 투항할 의사가 있는 척 속여 넘겨 적의 한쪽 측면을 유인한 뒤 동맹군에게 포위하게 했다.

다이묘의 조직과 병참 능력을 개선한 결과로 군대의 규모가 커진 것은 아마도 무기의 변화보다 더 중요한 변화였을 것이다. 16세기 중반 조총병은 궁병과는 전혀 다른 방식으로 훈련·조직되고 있었지만, 초기의 전술적 변화는 제한적이었다. 이 점은 무기 변화로 혁명이 일어난 것처럼 여기는 일반적 경향에 제동을 다는 데 유용하게 쓸 수 있으며, 아울러 다른 지역의 서로 상응하는 발전이 갖는 가치를—특히 인과 관계를 신중하게 평가하기 위해—시사한다. 일본에서 화약이 가져온 가장 중요한 결과 중 하나는 대포에서 나온 듯하다. 비록 공급이 부족해서 많이 쓰지는 못했지만 축성 방식의 근본적인 변화를 가져왔기 때문이다.

16세기의 불안정과 내전 때문에 요새 건설과 정비가 활발해졌다. 일본의 성은 화약에 대응하기 위해 두터운 석벽을 쌓은 바위산 정상에 단단하게 세웠는데, 그럼으로써 요새를 높이고 땅굴 파기를 차단할 수 있었다. 모르타르를 쓰지 않고 석재의 아귀를 맞추어 쌓은 기단부는 공성뿐만 아니라 지진도 막아주었다. 1580~1590년대에 일본을 통일한 도요토미 히데요시는 1590년 오다와라성을 비롯하여 혼슈 동부에 있는 호조 가문의 요새들을 함락하는 등 공성전에서 승리를 거두었다. 1580년대부터는 대포가 더 중요해졌지만, 히데요시가 공성에 성공한 데는 다른 요소들도 큰 역할을 했다. 특히 도랑을 파거나 제방을 쌓아 성에 천연 방벽을 제공하는 호수와 강의 물길을 돌리는 것은 1258년 몽골이 바그다드를 상대로 써서 성공한 방식이기도 했다. 도랑이나 제방은 물의 수위를 올려서 요새를 수몰시키거나, 많은 성이 방어 수단의 하나로 의지하는 물을 말려버릴 수 있었다. 실제로 많은 요새가 물에 의존했는데, 요새가 강을 가로지르는 건널목을 방어하는 구실을 하기 때문이었다.

권력은 또한 영적(靈的)이기도 했다. 동양 문화에는 공간을 이해하고 사용할 때 풍수지리라는 영적 특성을 따져보는 경향이 있다. 일반 건축물과 마찬가지로 요새의 특수한 입지 또한 그 효율성에 중요한 영향을 미쳤다. 그래서 요새는 산을 대신하여 방어에 효과적인 풍수지리적 패턴을 조성하며 세워졌다. 자신을 방어하고 적에게 해를 입히기 위해 환경을 개선하는 일은 풍수와 군사 기술에서 핵심 요소로 간주됐다. 산과 물은 성공을 거두는 데 적합한 군사적 입지와 기의 순환을 보장하는 근본 요소였다. 그래서 일본에서는 지역의 풍수지리를 살펴볼 필요가 있다고 여겼다.

전쟁에서—특히 사기를 유지하는 데—상징이 중요한 의미를 띠는 것은 오늘날까지도 지속되는 일반적인 패턴이다. 보통 우리 편의 상징은 합리적인 것이고 남의 편의 상징은 괴상망측한 바람잡이라고 여기지만, 이것이 군사사학자가 취할 만한 유익한 태도는 아니다. 일본의 전쟁이 상징적 특성을 띤다고 해서 그것이 덜 치명적이거나 덜 합리적인 것은 아니었다. 이후 일어난 핵심적 변화는 일본이 1590년대 말부터 1870년대까지 해외 원정을 포기했다는 것이다.

1500년 이전
신대륙에서의 전쟁

아메리카에서의 전쟁에 대한 논의가 어려운 것은 광활하고 지리적으로 다채로운 영역인데다 지금까지 논의한 세계 여러 지역에서 찾아볼 수 있는 문헌 사료가 없어 고고학에 의존해야 하기 때문이다. 북극의 에스키모와 아마존의 수렵채집민으로부터 잉카와 아스테카 등 제국이라 할 만한 국가 시스템에 이르기까지 엄청난 다양성이 존재한 것은 확실하다. 하지만 공통적으로 전쟁에 말, 화약, 제철, 바퀴, 문자는 쓰지 않았다. 이런 한계는 있지만, 잇따라 들어선 제국들은 보병에 기반한 군대와 석기 기술을 가지고 어디까지 성취할 수 있었는지를 잘 보여준다.

아메리카의 대부분 지역에는 제국이 없었다. 인구 밀도가—많은 경우 극히—낮았고 정착지와 권력이 분산되어 있었다. 하지만 분쟁은 자주 일어났다. 캐나다 북부와 동북극 지역에 분포했던 고에스키모인의 도싯 문화는 기원후 1000년경부터 알래스카 북부 툴레인에게 밀려나기 시작했다. 툴레인은 카약과 부유식

작살, 동물 힘줄을 댄 활을 가지고 고래를 좀 더 효율적으로 사냥할 수 있었다. 그리고 육상에서는 개썰매로 기동성을 발휘했다. 도싯인은 죽임을 당하거나 동화됐다. 이와 달리 바이킹이 북아메리카에 끼친 영향은 미미했다. 10세기 그린란드에 세워진 바이킹 정착지는 그보다 오래 지속됐지만 15세기에 명맥이 끊겼는데, 원인으로는 이누이트의 공격, 근친혼, 기후 변화 또는 이런 몇몇 요인의 결합 등을 제시한다.

좀 더 남쪽으로 내려와 현재 캐나다에서 가장 인구가 많은 지역인 온타리오 남부에서는 작물을 재배할 수 있었다. 정착지가 확산되어 800년경에는 적의 침입을 막기 위해 방책을 두른 마을을 세웠고, 나중에는 마오리족의 요새형 마을인 파(pā)와 비슷하게 이중으로 방책을 설치해서 침입자를 몰아넣을 수 있는 막다른 골목을 만들기도 했다. 이 농경 사회들은 서로 싸움을 벌였다. 1300년경에는 피커링 사람들이 글렌메이어의 주민들을 정복하고 동화되게 만들었다. 15세기에는 휴런족이 세인트로렌스 이로쿼이족을 정복했다. 북아메리카에는 부족 간 분쟁 형태를 띤 '공적' 전쟁뿐만 아니라 '사적' 전쟁도 있었는데, 이는 특별한 제재를 받지 않는 공격으로 흔히 남성성을 입증하기 위해 행해졌다.

요새 건설에 들인 노력은—1490년대 유럽인이 영구 도래하기 이전에—분쟁에 대한 우려가 어느 정도였는지를 보여준다. 일부 요새에는 정교한 방어 시설의 흔적이 남아 있는데, 페루의 수도 쿠스코 인근에 1440년경 지은 잉카 요새 삭사이우아망이 그중 하나다. 브라질, 멕시코, 페루에서는 능보*가 발견됐다. 북아메리카의 경우 1100년경 일리노이 커호키아에 세운 요새는 궁수가 공격자를 측면에서 사격할 수 있게끔 돌출된 능보를 갖추고 있었다는 견해가 제시됐다. 또 미주리강 근처 가파른 절벽 위에 있는 크로크리크 유적에서도 능보를 갖춘 목책을 두르고 전면에는 호를 파서 방어했다. 더 남쪽의 미시시피 문화에 속한 에터와는 54에이커 면적의 유적으로 1100년대부터 1600년대까지 사람이 거주했는데, 도시를 크게 둘러싸는 호를 파서 방어하고 그 안쪽에 둘러친 목책에는 사각형 능보나 탑을 일정 간격으로 설치했다. 900년부터 1150년까지 번창했던 오크멀기 주거지 방어 시설물도 비슷한 구조다. 1540년 이 지역을 여행했던 에스파냐인 에르난도 데 소토는 일지에서 이런 장소들을 많이 언급했다. 이렇게 요새화된 진지는 유럽의 군대에 자주 난관으로 작용했다.

하지만 요새화가 분쟁의 필수 조건은 아니었다. 서인도제도에 여러 민족이 차례로 도래하는 과정은 평화롭지 않았다. 1200년경부터 카리브족이 확산된 것이 그 마지막 단계였는데, 이 시기 증거는 그들이 아라와크족을 닥치는 대로 죽이거나 노예로 삼았음을 보여준다.

정체성은 무력 충돌을 통해 형성되었다. 기원전 100년부터 기원후 300년까지 멕시코 서부에서 번성한 콜리마 문화 유적을

*   성벽의 앞으로 돌출된 부분.

보면, 샤먼(종교적 인물)이 사람들을 대신해서 신과 소통했으며 위대한 전사이기도 했음을 알 수 있다. 그들은 무찌른 적의 머리와 함께 묘사되기도 했는데, 패배한 적을 이런 식으로 취급하는 것은 적의 힘과 주술을 획득하고 산 자와 죽은 자에 대한 승리를 과시하는 수단이었다.

이 과정에서는 적에게 공포를 불러일으키는 것이 중요했다. 300~900년경 멕시코 동부 베라크루스 문화에서는 뱀 모양 투구를 쓴 머리가 유물로 출토되기도 했다. 또 마야 유물 중에는 갑옷과 가면을 착용하고 도끼와 둥근 방패를 들고 서 있는 전사의 토우기 있는데, 뺐다 끼웠다 할 수 있게 만든 이 가면에는 무시무시한 얼굴이 새겨져 있다.

잉카는 가장 넓은 범위에 걸쳐 형성된, 그리고 병력을 창설한 제국이었다. 잉카는 13세기 페루의 안데스산맥 중부에서 소국으로 출발하여, 파차쿠티(1438~1471)와 그 후계자들 치하에서 팽창을 거듭한 결과 대제국이 됐다. 투팍 유팡키(재위 1471~1493) 치하에서는 1476년 규모가 좀 더 작았던 치무 왕국을 격파하여 북쪽으로 진출한 것은 물론이고 남쪽으로 멀리 칠레 중부까지 팽창했다. 부분적으로 이는 정교한 통치 시스템을 활용해 대규모 병력을 전개할 수 있었던 덕분이었다. 광범위한 도로 체계로 잉카의 영토를 한데 묶고, 먼 곳에서 전역을 벌일 때는 백성을 짐꾼으로 활용하여 병참 문제를 해결했다. 잉카는 창, 활, 곤봉, 투석구, 검, 전투용 도끼를 이용했지만 철이 아니라 나무, 돌, 청동, 구리 등으로 만든 것이었다. 군대는 징병으로 편성했고 병력의 대부분은 피정복민으로 충당했다. 아주 많은 병력을 이런 식으로 동원했다. 잉카가 주로 팽창한 지역인 잉카 핵심부 남쪽 부족 국가들은 그만한 병력을 보낼 수 없었으므로 종속민이 됨으로써 잉카 체제에 동화됐고, 잉카의 태양신 인티의 우월성을 인정하는 수단으로서 그들이 신성시하던 대상을 잉카 지배하에 복속시켰다. 하지만 그런 잉카도 칠레 마울레강 남쪽으로는 마푸체족에게 가로막혀 팽창하지 못했다. 마푸체족은 16세기 중반 이후 에스파냐 정복자들의 진출까지도 막아냈다.

안데스산맥 동쪽 열대 우림에서 농사짓는 부락민이나 동남쪽 유랑 수렵채집민이 군사적 도전을 제기하지 않았던 것도 잉카에는 이득이었다. 잉카도 이들 지역 ─ 특히 동쪽 열대 우림 ─ 으로는 세력을 더 멀리 확장하려 들지 않았고, 이렇게 한계를 그은 것은 환경에 대한 합리적 대응이었다. 환경에 대한 폭넓은 적응 패턴을 보여주는 실례로서 숲에 사는 사람들은 활과 궁수를 활용한 반면 나무가 없는 고지 출신 잉카인은 그러지 않았는데, 이 차이는 무력 충돌에서 숲 사람들에게 큰 이점으로 작용했다. 또한 숲 사람들도 고지를 정복하려 들지 않았다.

멕시코의 아스테카 왕국은 잉카만 한 규모는 아니었지만 1427년부터 멕시코만에서 태평양 연안까지 팽창했다. 전쟁의 신인 우이칠로포치틀리가 그들의 수호신이었고 인신 공양이 아스테카 문명에서 중요한 구실을 했다. 도시 국가들은 다른 측면으로는 자치적이었지만 아스테카의 지배권을 인정하는 표시로 공물을 바쳐야 했고, 이를 강제하기 위해 고도의 군사 활동을 동원했다. 연중 동원 가능한 엘리트 군단이 있었지만 병력의 태반은 낮은 계급 출신이었다. 전투에서 아즈텍족은 다채로운 기술을 활용했다. 1450년경 우아스텍을 격파했을 때는 짐짓 후퇴하는 척하며 적을 유인했다가 기습하는 전술을 썼는데, 이는 세계적으로 널리 쓰는 전술이다. 아스테카도 잉카도 중심지가 해안에서 멀리 떨어져 있었기 때문에 해군을 두지 않았고 마야 해군도 제한적인 수준이었다. 대서양을 통한 압박은 동쪽에서 서쪽을 향해 가해졌지 그 반대가 아니었다.

그럼에도 에스파냐 정복자들은 강한 저항에 부딪혔고 이 저항이 때때로 성공을 거두었다는 사실은 토착민들의 전투 기술과 투지를 증언한다. 기아나의 카리브족과 아라와크족은 에스파냐의 공격을 격퇴하고, 열대 우림 나무를 깎아 만든 빠르고 기동성이 좋고 흘수*가 얕은 배를 이용하여 반격에 나섰다. 실제로 세인트빈센트섬 카리브족은 에스파냐 정복자들을 끝까지 막아냈다.

에스파냐인은 본토에 상륙하기도 쉽지만은 않았다. 1513년 에스파냐인이 플로리다에 처음 상륙했을 때는 티무쿠아족과 칼루사족 궁수들에게 공격을 받아 철수해야 했다. 1528년 판필로 데 나르바에스의 원정대도 플로리다의 아우테라는 곳에서 애팔래

---

*   배가 물 위에 떠 있을 때, 물에 잠겨 있는 부분의 깊이.

치족에게 공격을 받았는데, 애팔래치 궁수들은 에스파냐군 갑옷도 뚫을 수 있는 화살로 목표물을 정확히 명중했다고 한다. 그보다는 소규모지만, 1517년에는 프란시스코 에르난데스 데 코르도바가 지휘하는 에스파냐 병력이 새 땅과 특히 노예를 찾기 위해 쿠바에서 출발했다가 폭풍을 만난 후 유카탄 해변에 상륙했다. 이곳은 에스파냐 정복자들이 신대륙에서 발견한 최초의 대규모 도시 중심지였다. 그들이 처음 마주친 마야인은 노와 돛을 갖춘 대형 카누 열 대에 나누어 타고 다가왔다고 한다. 물 부족으로 곤란을 겪던 에스파냐 원정대는 이후 상륙했다. 면직 누비 갑옷을 입은 마야 전사들은 활, 투석구, 돌촉을 매단 창, 부싯돌이나 흑요석 날을 댄 검으로 무장했는데 이 모두가 치명적인 무기였다. 에스파냐인은 이들과 전투에서 패하고 도주하며 이 지역을 '악마의 전투 해안'이라고 이름 붙였다. 패잔병들은 아바나로 돌아왔고 부상을 입은 에르난데스는 이곳에서 사망했다.

아메리카 원주민의 전투 능력을 입증하는 사례는 이뿐만이 아니었다. 잉카 제국이 팽창할 때도 그랬지만, 이후 에스파냐가 아스테카 왕국, 과테말라, 유카탄 북부 등지를 정복할 때도 현지인의 조력이 아주 큰 역할을 했다. 사실 이는 제국 팽창의 고전적인 형태로 무굴 제국이나 영국이 인도를 식민지로 삼는 과정에서도 찾아볼 수 있으며, 전투 방식을 나란히 놓고 선명하게 대비하려는 시도에 어느 정도 제동을 걸어준다.

아프리카에서의
전쟁

아프리카의 광활한 면적과 변화무쌍한 지리 때문에 전쟁 또한 — 아시아와 비슷하게 — 대단히 다양한 양상으로 이루어졌지만, 관련 사료는 아시아에 비해 너무나 미약한 형편이다. 게다가 중심을 이루는 내러티브가 없고 — 세계의 다른 지역과 마찬가지로 — 자연지리와 국가 형성이라는 측면에서 크게 분열되어 있다.

자연지리의 영향은 천차만별이었다. 체체파리 때문에 아프리카 중부 광대한 정글 지대 남쪽으로는 말이 전파되지 못했고, 그래서 사하라 이남 사바나 벨트인 사헬 지대와 정글 지대 사이에 큰 균열이 생겼다. 사헬 지대는 사하라 북쪽의 해안 지역과 비슷하게 기병에 적합한 지형인 반면, 정글 지대는 기본적으로 보병의 땅이었다. 게다가 실론과 동남아시아에서처럼 코끼리를 활용할 수도 없었는데, 아프리카코끼리는 몸집이 커서 다루기 어려운데다 훨씬 남쪽 사바나에 서식하는 동물인 까닭이다. 기병에 의존할 경우 작전은 물과 초지 접근성에 의해 제약을 받지만, 그 기병 덕분에 사헬 지역에서 광대한 제국이 생겨나고 팽창할 수 있었다.

남아메리카와 비슷하게, 아프리카에서도 그런 제국이 발전할 수 있는 지역과 그런 예를 찾아볼 수 없는 정글 지대가 극명한 대비를 이루었다. 그리하여 나이저강 유역에서는 가나 왕국(11세기)과 말리의 말린케 제국(13세기)이 일어났고, 동아프리카의 산악 지대 핵심부에서는 아비시니아(에티오피아) 기독교 국가가 장기간 존속했으며, 아프리카 동남부에는 고원 지대를 기반으로 한 그레이트짐바브웨가 존재했다.

동시에 그러한 정치체가 아예 없는 지역도 많았다. 일례로 아프리카 서남부는 강수량이 적은 가혹한 환경이라 인구 밀도가 낮았다. 군사사를 국가의 관점에서 쓰려는 경향이 강한 것은 첫째로 국가가 더 중요해 보이고, 둘째로 다른 유형의 사회에 비해 제한된 사료가 그나마 더욱 희박하기 때문이지만, 그래서 아프리카 대부분 지역의 군사사에서 아주 무시하지는 않더라도 제대로 다루지 않을 위험성이 있다.

많은 아프리카 지역의 제한된 인구 및 병참 문제와 더불어 대부분 정치체가 국지적인 규모였다는 건 병력이 상대적으로 소규모였다는 뜻일 것이다. 이와 달리 무역은 원거리에 걸친 자원 투입으로 이어지기도 했다. 사하라 종단 무역 루트와 말린디나 킬와 같은 인도양 연안 스와힐리 항구 도시를 중심으로 한 루트는 특히 중요했다. 내륙 국가도 서아프리카의 말리 제국이 그랬듯이 해안까지 닿을 수 있었다. 또 1000년대 말경 다호메이 지역의 크와

(Kwa) 같은 해안 정치체는 연안 무역에 종사하기도 했다. 하지만 이들이 원거리 해군 활동을 했다는 증거는 없다.

요새화는 자원을 구할 수 있는 정치적 기반과 환경에 모두 영향을 받았다. 목재가 흔한 지역에서는 목책이 중심을 이루었지만, 아비시니아와 짐바브웨처럼 돌을 가공할 수 있는 지역에서는 석재를 이용했다. (특히 13세기) 그레이트짐바브웨에서는 도시를 둘러싼 석벽 ─ 길고 높고 두텁고 인상적인 벽 ─ 이 중요했다. 하지만 나이저강 유역, 특히 현재의 말리와 나이지리아 북부 지역에서는 햇볕에 말린 진흙 벽돌을 썼다.

아프리카에서는 일찍이 대대적으로 인구 이동이 이루어졌다. 특히 반투족은 기원전 2000년경부터 확산되기 시작했고 철기 시대에는 남쪽으로 퍼져 나갔다. 7세기부터는 이슬람이 ─ 처음에는 북아프리카 해안을 따라 급속히, 다음에는 사하라사막을 건너, 그리고 '아프리카의 뿔'[*]에서 ─ 전파됐다.

이런 발전과 더불어, 아시아와 비슷하게 정착민에 대한 유목민의 체계적 압박이 장기간 지속됐다. 그렇게 가나 왕국이 1076년 베르베르족 무라비트 왕조에 의해 파괴됐고, 13세기에는 사하라 변경에서 진출한 바누 부족이 모로코를 정복했다. 이어서 모로코 마린 왕조의 '검은 술탄' 아불 하산(재위 1331~1351)은 1347년 튀니스를 점령하고 마그레브를 정복했다.

[*]　아프리카 북동부 소말리아반도 지역.

아프리카의 규모를 생각하면 당연한 일이지만 매우 다양한 유형으로 병력이 운용됐다. 969년 파티마 왕조는 튀니지에서 흑인 노예 보병 위주의 군대를 거느리고 이집트를 침공하여 성공을 거두었다. 누비아(수단 북부)의 기독교도는 기마 궁수를 운용하여—13세기 말 맘루크에 정복될 때까지—이집트로부터 독립을 지켰다.

늦어도 14세기부터는 몸집이 큰 품종의 말과 새로운 승마술과 기병 전술이 북아프리카에서 사헬 지역으로 전파되면서 기병에 토대를 둔 국가의 역량이 한층 높아졌고, 말 공급에 관심이 집중됐다. 이 시기 전쟁은 노예무역을 부채질했다. 노예무역은 유럽 무역상이 이곳에 와서 아메리카 신식민지로 노예를 보내는 데 열을 올리기 이전에도 매우 대규모로 존재했다. 카넴, 보르누, 툰주르 등 사헬 지역 이슬람 국가는 남쪽 정글 지대를 습격했고, 그들은 전쟁이나 구매로 획득한 노예를 사하라 너머 지중해 이슬람 세계로 팔았다.

15세기 말 나이저강 유역 사헬 지대에 새로운 제국이 출현했다. 가오를 수도로 한 송가이 제국이었다. 송가이를 팽창한 지도자 손니 알리(재위 1464~1492)는 재위 기간 동안 한 해도 거르지 않고 전쟁을 치렀다. 그가 치른 전역 중에는 방어적 성격을 띤 것도 있었는데, 가장 명백한 사례는 정착 사회를 습격하여 그 부로 이득을 취해온 사하라의 투아레그족을 정벌한 것이었다. 하지만 송가이 제국에서 전쟁은, 특히 속국에 대한 지배를 유지하고 젠네와 통북투 같은 종속 도시의 자원을 획득하기 위한 중요한 일이었다.

온갖 다양한 변수 가운데 하나인 경제적 이익은 전쟁의 원인이자 수단이었다. 수자원과 방목지와 노동력에 대한 통제 모두 중요했다. 차드호 지역을 기반으로 한 이슬람 국가 보르누의 통치자 이드리스 알루마(재위 1569~1600년경)는 유목민을 복속시키기 위해 그들을 방목지에서 몰아내거나 농작물을 공격하는 등 호전적 경제 조치를 용의주도하게 이용했다. 이와 비슷한 일이 2010년대 초 사헬 지대—특히 수단 서부 다르푸르—분쟁에서도 일어났고, 2010년대 말에는 더욱 일반화되면서 특히 말리에서 니제르와 나이지리아에 이르는 넓은 지역으로 확산됐다. 하지만 여기서도 자연지리가 효력을 발휘한 것은 상당 부분 인문지리의 변화—특히 2011년 카다피 정권 붕괴 이후 리비아로부터 군대와 무기가 확산된 것—때문이었다.

북아프리카에서는 예로부터 로마 제국을 필두로 하여 외부 세력이 중요한 역할을 했다. 1517년 이집트를 정복한 오스만은 동아프리카 아달과 아비시니아 사이에 벌어진 정치·종교적 분쟁에 개입했다. 1541년 포르투갈이 아비시니아를 지원하기 위해 머스킷병 400명을 파견했고, 이 원군의 도움으로 아비시니아는 같은 해 아달 술탄국 이맘(지도자) 아흐마드를 물리쳤다. 그러자 이번에는 아흐마드가 오스만에 도움을 청하여, 1542년 오스만이 그에게 지원해준 머스킷병 900명과 대포 10문을 가지고 적군을 격파했다. 여기서 포르투갈군은 지휘관 크리스토방 다가마를 포함하여 200

명이 전사했다. 이리하여 그때까지 기독교도인 유럽인에게 전설적인 프레스터 존의 땅*으로 알려져 있던 아비시니아의 분쟁이 전 세계적 군사 관계의 일부로 통합되기에 이른다. 결국 아흐마드는 1543년 타나 호숫가에서 벌어진 와이나다가 전투에서 패하고 전사했다. 아비시니아는 포르투갈의 머스킷병을 병력으로 계속 붙잡아두기 위해 그들에게 땅을 하사했는데, 이는 군사 식민지라는 개념의 한 변종이라 할 수 있다. 이 머스킷병과 그 후손들은 그다음 세기까지도 계속해서 중요한 역할을 수행했다.

하지만 분쟁은 계속됐다. 오스만 제국은 1555년에 수립한 홍해 연안의 하베시 에얄레트**를 아비시니아 정복을 위한 자원 조달 목적으로 재편했고, 1557년에는 홍해 너머 마사와를 점령했다. 1557년 아비시니아를 침공한 오스만군은 해안으로 밀려났지만, 1559년 아흐마드의 조카인 누르가 아달 군대를 지휘하여 새로운 침공을 감행했다. 여기서 아비시니아군이 패하며 황제인 갈라우데워스도 전사했다. 외압으로 인해 아비시니아 왕가와 엘리트의 내부 분열이 심해지자 티그라이의 유력 귀족이던 바흐르 나가시 이샤크가 반란을 일으키며 오스만의 핵심 동맹 구실을 하게 됐다. 1562년 이샤크와 손잡은 오스만군의 대포 사격으로 메나스 황제가 전사하면서 아비시니아 왕좌를 둘러싼 분쟁은 잠시 일단락

---

*   중세 유럽인이 동방 혹은 아프리카 어딘가에 있다고 믿었던 강력한 기독교 왕국.

**   오스만 제국의 최상위 지방 행정 구역.

됐다. 1579년 오스만은 아비시니아 북부를 지배하려 다시금 기도했다가 패퇴했다.

남쪽 방향에 대한 오스만 제국의 이해관계를 건성으로 다루는 경향이 있다. 오스만이 이집트와 헤자즈[*] 방어에 관심을 쏟기는 했지만 확실히 이쪽은 오스만 제국이 벌인 활동에서 중심이 아니었다. 그럼에도 홍해를 둘러싼 작전들은―또한 인도양 진출도―오스만이 여러 방향으로 동시에 작전을 전개하는 능력을 보여주는 중요한 사례다.

작전 영역 규모는 훨씬 작았지만 오스만은 나일강 상류로도 진출했다. 지배자들이 이슬람으로 개종한 푼지 왕국과의 전투에 대한 정보는 상대적으로 적은 편이다. 1555년경 오스만 국경은 아스완 인근 나일강 제1급류에 위치했는데, 1580년대 초에는 제3급류까지 전진했다. 보스니아인 부대가 주둔하는 수많은 요새가 오스만의 세력 확장을 표시하고 있었다.

이상은 우리에게 익숙한 군사사와는 거리가 먼 이야기다. 서유럽이 비록 아프리카 해안 지역에서는 우세했지만, 앞의 네 단락은 아프리카에서 외세가 행한 역할과 더불어 그 외세가 반드시 서유럽만은 아니었다는 것을 포착하고 있다. 실제로 16세기에 에스파냐는 번번이―매우 큰 패배만 꼽자면 1541년 알제에서, 1560년 제르바섬에서, 1573년 튀니스에서―패했고, 포르투갈도 1578

[*]   아라비아반도의 홍해 연안 지역.

년 모로코 원정에서 대패하며 세바스티앙 국왕(재위 1557~1578)이 전사하는 등 사정은 비슷했다. 아프리카 역사의 방향이 서양 지배 하에 들어간 것은 19세기 중반이었고, 심지어 그때도 아프리카의 군대는―1890년대 아비시니아에서처럼―만만찮은 반격을 가할 수 있었다. 해안과 그 주변 지역에서 외세가 성공적 작전 능력을 발휘한 이야기야말로 최우선이라고 섣불리 가정하기 전에 신중할 필요가 있다. 인도에서만 해도 유럽인은 일찍이 1500년대부터 해안 기지를 세웠지만, 1757년 영국이 플라시 전투에서 승리하고 1764년 북사르와 파트나에서의 추가 승리로 이를 재확인하기 전까지는 내륙 어디에서도 주요 세력으로 뿌리내리지 못했다.

실로 결정적이라는 관점에서 볼 때, 1578년의 알카세르 키비르 전투(일명 삼왕 전투)야말로 그 시대에―그리고 아프리카 역사에서―결정적인 전투 중 하나였다. 세바스티앙 국왕은 모로코의 내전에 개입했지만, 모로코 기병대가 포르투갈군을 성공적으로 포위하면서 완패하고 만다. 이후 유럽 군대는 다시 모로코 내륙으로 쳐들어가지 않았다. 1844년에 가서야 프랑스가 이곳에서 승리를 거두며 20세기 초 모로코 정복의 주춧돌을 놓게 된다. 이는 군사사 연구 범위에 대한 의문으로 이어진다. 접근이 용이한 군사사가 있음에도 쉽게 경시하거나 무시하는 지역은 비단 모로코뿐만이 아니다.

마다가스카르도 비슷한 예로, 1890년대에 프랑스가 정복하기 전까지 유럽인의 존재는 해안의 몇몇 고립된 구역에 한정되어

있었다. 그전까지 마다가스카르는 강력한 국가들을 뒷받침해왔
다. 일례로 17세기 메리나 왕국은 신성한 군주제에 의한 결속과 총
기에 의한 무력을 갖추었으며, 노예를 얻기 위한 전쟁은 목표 의식
을 부여했다. 1719년 네덜란드 선원들은 메나베 왕국의 군대가 머
스킷을 능숙하게 다루는 것을 보고 놀랐다는 기록을 남겼다. 1722
년 또 다른 네덜란드인은 보이나 왕국의 군대에 깊은 인상을 받았
다. 1741년경 이 군대는 병력이 약 1만 5000명에 달했고, 노예를
판 대가로 서양 무역상에게서 입수한 총기를 넉넉히 보유하고 있
었다. 1820년대 무렵에는 메리나 왕국이 이 섬 대부분 지역을 정
복하게 되지만, 특히 남부의 건조 지대에서는 피정복민의 저항 말
고도 질병과 굶주림과 피로가 작전을 방해한 주된 장애물이었다.
게다가 공물과 강제 노동을 요구받은 이들이 반란을 일으켰다.

　1769년 아비시니아의 아제조 전투에서처럼 총기가 중요한
역할을 하는 경우도 있었지만, 1771년 아비시니아의 사르바쿠사
전투에서처럼 충격 전술과 같은 다른 요소들이 중요할 때도 있었
다. 이러한 대비는 특정한 한 전투가 이른바 결정적 전투인지와 무
관하게, 한 전투만을 떼어놓고 보기보다 여러 전투를 전체적으로
고려해야 할 필요성을 보여준다.

　아프리카의 사례를 볼 때, 그리고 세계 군사사에 대한 아프
리카의 관점을 채택할지를 생각할 때 군사사에 대한 다면적 접근
의 필요성은 명백하다.

오세아니아에서의 전쟁

수렵채집 사회에 전형적인 타 부족과의 싸움과 동물에 대한 사냥이 중첩되는 경향―동시에 특수한 자연·인문 환경에 대한 적응―은 오세아니아에서 특히 두드러지게 나타난다. 자연 환경으로는 다른 섬들과의 근접성과 지형·식생 특성 등을 들 수 있는데 삼림 면적이라는 측면에서 편차가 컸다. 인문 환경에는 부족 규모와 지리적 범위 등을 포함하며 인구 밀도를 중요한 종합 변수로 볼 수 있다. 이 지역에는 화약, 제철 기술, 말, 짐을 나르는 가축과 바퀴 달린 탈것이 부재했고, 비록 고고학 유적·유물의 연대 판단이 문제가 될 수 있지만 무기와 요새에도 편차가 있었다.

무기로 말하자면 투석구와 돌 같은 투척식 무기를 쓰느냐, 접촉식 무기를 쓰느냐가 중요한 구분이었다. 하와이인은 투척식 무기를 주로 사용했지만, 통가인과 뉴질랜드 마오리인은 고래 뼈와 녹옥(綠玉)으로 만든 곤봉, 녹옥으로 만든 도끼 등 접촉식 무기를 사용했다. 상어 이빨도 칼, 창, 단검의 날을 대는 데 사용됐다.

코코넛 섬유를 갑옷을 만드는 데 쓰기도 했는데, 키리바시 같은 곳에서는 핵심 전사들만이 코코넛 섬유 갑옷을 입었으므로 부대 내에서 차별화 수단이 되기도 했다.

해상 전력도 있었다. 화가 윌리엄 호지스는 1776년 영국 해군 탐험가 제임스 쿡 원정대에 동행했을 때 타히티에서 두 선체를 평행하게 연결한 전투용 카누들을 목격했는데 무시무시한 광경이었다고 한다. 뉴질랜드에서 쿡을 위협해 쫓아낸 것도 이런 카누들이었다. 파푸아뉴기니 이아트물족처럼 카누에 방패를 달기도 했다. 이는 우두머리 전사들을 방어하는 용도였지만 일종의 상징이기도 했는데, 방패 그 자체가 조상 악어를 표상하는 뱃머리의 일부분이었기 때문이다.

요새는 널리 사용됐다. 뉴질랜드에서는 개방형 주거지인 카잉가(kāinga)와 반대로 요새화한 주거지인 파(pā)가—특히 북섬에—전파됐는데, 이런 주거지 개수를 보면 육상과 바다 자원을 둘러싼 경쟁이 매우 치열했음을 알 수 있다. 이들은 목책을 둘러쳐서 요새화했다. 지금까지 6000여 개의 파 유적이 발견됐고, 물론 이 모든 파에 동시에 사람이 살지는 않았겠지만, 발견되지 않은 것까지 합치면 그 두 배는 있었을 것으로 추정된다. 이와 달리 사모아인은 높은 석벽을 쌓고 해자나 호를 파서 방어하는 요새를 채택했다. 하와이인은 요새화된 마을을 짓지는 않았지만 주로 천연 방벽에 의존했다.

전쟁은 사회적 관계에 큰 영향을 끼쳤다. 지위를 가져다주기도 하고 패배의 낙인을 가져다주기도 했다. 약한 자들은 힘 있는 친족에게 몸을 의탁하거나, 사로잡힌 후 승리한 집단의 친족 집단에 편입되기도 했다. 종교적 신앙은 전쟁을 이해하는 데 중요했다. 타히티제도에서 다산과 전쟁의 신인 오로('Oro)는 죽은 자를 제물로 받는 무시무시한 존재였다. 다른 곳에서도 그렇지만 이 지역에서도 인구 과잉은 분쟁과 결부되어, 라이벌 관계인 씨족들이 농경지를 놓고 경쟁을 벌였다. 승리한 씨족은 패한 씨족을 살육하고 그들의 전통 사원을 파괴하기도 했다. 1768년 타히티의 대추장 자리를 놓고 벌어진 씨족 간 전쟁은 두개골로 벽을 쌓을 정도의 대량 학살로 이어졌다.

마오리 신화는 뉴질랜드 섬들을 바다에서 건져 올렸다고 하는 반인반신 마우이를 중심으로 한다. 마우이의 혈통이라는 주장은 잦은 부족 간 분쟁에서 신의 가호를 확보하는 과정의 일부였기에 중요했다. 전쟁 춤과 사제의 주문으로 신과 조상의 힘을 찬양하면 그 신과 조상은 전쟁을 벌였다.

군사적 발전에 대한 설명에서는 이견이 갈리기도 한다. 일례로 1100~1700년 오스트레일리아 북쪽 동인도제도 동티모르에서는 큰 변화가 일어났는데, 산꼭대기와 절벽 위에 석벽을 두른 구조물 형태의 요새화된 정착지들이 생겨난 것이다. 연구자들은 이를 엘니뇨-남방 진동이라는 형태의 기후 변화와 연관 지었다. 강수량이 감소하고 들쭉날쭉해지면서 농작물 저장고와 이를 방어하는 시설이 중요해졌다는 것이다. 동시에 이렇게 기후에 기반한 설명에 회의론도 제기된다. 유적의 연대 추정을 다시 해야 하며, 백단향(白檀香) 수출로 얻는 이익 등 다른 외적 요인이 요새화 과정에 중요한 역할을 했을 수도 있다는 주장이다. 이는 전 지구적 발전 모델을 개발·적용하는 일의 난점과 이른바 결정적 설명이라는 것의 문제점을 보여준다. 동티모르와 달리, 일례로 북아메리카 북서태평양 연안에서는 언어가 모여드는 해안이라는 입지에 초점을 맞추었다.

태평양 연안 국가 중 어느 나라도 태평양을 아우르는 강대국이 되지 못했지만, 16세기부터 리마와 마닐라 등지에 서양이 기지를 세우면서 상황이 바뀌었다. 그리고 이 광활한 지역에 서양인이 발을 디디면서 총기가 중요성을 띠게 됐다. 1595년 에스파냐 원정대가 마르키즈제도에 상륙했을 때처럼 이따금 폭력적 충돌을 빚기도 했지만, 16~17세기 태평양 섬 지역에서 서양인의 존재는 대체로 미미했다. 그러다 18세기 후반부터 접촉 빈도가 증가하기 시작했다. 1767년에는 영국 군함 돌핀호가 타히티에 상륙했다가 원주민과 충돌하여, 투석구로 돌을 던지며 위협하는 카누를 향해 포도탄*을 발사하기도 했다.

결국 토착민들이 교역을 통해 총기를 입수하여 사용하게 된 것은 상당한 규모의 연합 부대를 편성하여 작전상—실은 전략

---

*   캔버스로 만든 주머니 속에 작은 금속구 여러 개를 넣어 이용하던 탄알 형태. 산탄과 유사하다.

적―목표를 추구하게 된 것과 관련이 있었다. 그중 장기적으로 영향을 끼친 것으로는 하와이제도 통일을 들 수 있다. 하와이제도 서해안은 유럽 배가 자주 들르는 곳이었는데, 이 지역 지배자였던 카메하메하(재위 1782~1819)는 휘하 병력을 약 1만 2000명으로 증강하고 기존의 창, 곤봉, 단검, 투석구를 총과 대포로 대체―혹은 적어도 보완―했다. 그리고 이에 힘입어 1791년에는 하와이섬, 1795년에는 마우이섬과 오아후섬을 지배하게 된다. 특히 1795년 육상에서 벌어진 누우아누 전투는 결정적인 교전이었다. 누우아누는 하와이어로 칼렐레카아나에(Kaleleka'anae)라고 하는데 '뛰어오르는 숭어'라는 뜻으로, 전투 막바지에 벼랑 끝으로 밀려난 오아후 방어군이 약 300미터 아래 낭떠러지로 떨어져 죽은 사건을 가리킨다. 1796년과 1803년 카메하메하의 카우아이섬 침공 계획은 악천후와 질병으로 중단됐지만, 1810년 카우아이 편에서 침공을 감수하기보다 먼저 항복하는 길을 택했다.

이 통일은 오세아니아 곳곳에서 일어난 더 광범위한 국가 형성 과정의 일환이었다. 같은 시기인 1788~1815년에 포마레 왕조는 서양 용병과 총기에 힘입어 그전까지 독립되어 있던 씨족 추장들을 복속시키고 타히티를 통일했다.

총기는 서양의 영토 확장에도 한몫했다. 1760년대 알류샨 열도에서 러시아 대포는 알류트족 마을을 상대로 효과를 발휘했다. 학살과 유럽에서 전파된 질병도 중요한 구실을 했다. 하지만 알류샨열도 동부 틀링깃족은 영국과 미국의 총기를 입수한 결과로 만만찮은 힘을 갖추어 1802년 싯카섬의 노보아르한겔스크 정착지를 파괴하기도 했다. 끈질긴 저항이 오래 계속된 시베리아 북동부 상황과 비슷하게, 알래스카에서도 러시아 지배에 대한 저항은 1867년 알래스카가 미국에 팔릴 때까지 계속됐다.

뉴질랜드에도 유럽인 무역상에 의해 총기가 도입됐는데, 19세기 초 마오리족 부족 간 전쟁에서 널리 쓰였다. 총기로 무장하고 '파'로 방어 요새를 갖춘 마오리족은 영국군에게도 만만찮은 적이었다. 1845~1872년 전쟁에서 영국이 마침내 승리한 것은 상당 부분 일부 마오리족의 조력 덕이었다.

이와 달리 머릿수가 그에 못 끼쳤던 오스트레일리아의 애버리지니는 영국이 1788년 이곳에 유형(流刑) 식민지를 세운 후 좀 더 수월하게 예속시킬 수 있었다. 애버리지니는 영국인 정착민과 군대의 머스킷에 창으로 대적했고, 머스킷의 위험을 줄이기 위해 새로운 전술적 방법론―농장을 습격하는 등 게릴라전―을 터득했다. 부족 간 협력을 우선시하면서 그들 사이의 의례적 전쟁이 얼마간 축소되기도 했다. 오스트레일리아에서 영국은 비단 총기뿐만 아니라 수적으로도 우세했고, 이는 서양의 질병이 애버리지니에게 미친 충격으로 인해 한층 더 배가됐다. 게다가 전술적 발전, 특히 경기병을 활용하여 야간에 애버리지니 야영지를 포위하는 전술 등도 주효했다. 그 결과로 넓은 지역에 대한 지배권이 전면적으로 바뀌었다.

이러한 양상이 그다음 세기에는 오세아니아 전역에서 펼쳐졌다. 프랑스의 지배에 대한 타히티인의 저항은 1844~1846년에 분쇄됐다. 사모아에서는 1886~1894년과 1898~1899년에 벌어진 경쟁 분파들 간 내전이 서구 세력에게 팽창의 기회를 마련해주었다. 1880년대에 하와이는 1887년 사모아 내전에 개입하려다 실패하는 등 태평양에서 세력 팽창에 관심을 쏟았지만, 미국에 점령되면서 끝이 났다. 실제로 하와이가 군사사에 다시 등장하는 것은 미국의 주요 태평양 해군 기지로서 일본으로부터 진주만 공격을 받게 되는 1941년이며, 이후 전쟁에서는 미국의 핵심 기지 역할을 하게 된다.

지면 제약이 있는 책에서 오세아니아 전쟁사는 너무나 쉽게 생략되어버린다. 실제로 대부분의 전쟁사를 그렇게 쓴다. 혹은 어디까지나 열강에 의해 정복되고 1941~1945년 태평양 전쟁 배경이 되어 등장하는 원시적 '타자'로서만 언급할 뿐이다. 이는 여러 면에서 오도의 소지가 많은 접근 방식이다. 이는―사회 발전 및 경제 역량과 밀접하게 관련된―발전의 핵심 줄기가 있으며 이에 따라 세계가 순위 매겨진다는 관념에 근거한다. 그러나 그보다는 환경에 대한 적응이야말로 중대한 활동으로 이어지는 만큼 목표 적합성 관점에서 생각하는 편이 더 유익한 길이다. 이런 관점에서 볼 때 오세아니아 전쟁사는 엄청난 다양성을 보여준다. 뉴기니 고지의 외딴 계곡들은 폴리네시아 환초와 매우 다른 환경이었고, 뉴질랜드 북섬 인구 밀도는 오스트레일리아와 대조를 이루었다. 이런 예는 그 외에도 많다. 그러므로 이 지역 전체를 싸잡아 묶는 것은 오해의 소지가 있으며, 이에 따라 전체적인 평가를 내리는 것에도 문제가 있다. 이런 다양성을 고려하여, 분쟁을 쉽게 재단 가능한 명확한 특성을 띤 활동으로 제시하기보다는 근본적이고 변화무쌍한 활동으로 제시하는 것이 최선의 결론일 것이다.

육상전의 화약 무기

화약 무기는 오랜 과정을 거쳐 탄생했다. 처음 개발된 곳은 중국이었다. 9세기에 정확한 화약 제조 공식을 알아냈고, 11세기 중반에는 화약을 생산하는 상설 병기창이 존재했으며, 12세기에는 총신을 금속으로 만든 무기를 생산했고, 14세기에는 총과 포를 완전히 분화했다. 이 모든 과정에 실제로 여러 단계가 수반됐음은 물론이다. 대포 이전에도 중국의 공성전에서 화약은 공이나 막대 같은 장치에 부착하거나, 공성 기계로 발사하거나, 성벽 밑을 굴착하는 데 쓰는 등 중요한 역할을 했다. 화약은 요새화된 진지를 파괴하거나, 역으로 공성에 쓰는 목재 사다리와 탑을 성벽 쪽에서 파괴하기 위한 발화 장치로 썼다.

화학적 에너지를 이용하는 능력은 값진 진보였고 대포는 운용 가능한 최초의 내연 기관으로 일컬어져왔지만, 화약에는 그 에너지원으로서 잠재력을 효과적으로 활용하기 위해 해결해야 할 심각한 문제점이 있었다. 높은 추진력을 갖추고 급속히 연소하는 혼합물을 찾아야 했는데, 원래 발화 장치였던 것을 무기화하기 쉬운 폭발 장치로 전환하려면 구하기 쉽지 않은 원료인 초석(硝石) 함유량을 높여야 했다.

중국에서 서쪽으로 퍼져 나간 화약은 결국 유럽을 거쳐 아메리카와 오스트랄라시아까지, 그리고 유럽과 오스만 제국을 거쳐 사하라사막 이남까지 전파됐다. 이들 지역에서 화기(火器)를 독자적으로 개발하지 못했다는 것은 적합한 원료, 경제 체제, 관련 생산 기술 그리고 수요의 부재 등을 반영한다.

대포의 효과는 그 설계상 내재적 한계 때문에 15세기 내내 제한된 수준에 미물렀다. 기대한 공성용 사석포*는 이동·배치하기에 너무 육중하고 거추장스러워서 이것을 사용하는 모든 군대에 심각한 병참 문제를 초래했다. 화약과 탄환을 장전하는 포미 부분이 포신과 분리형으로 되어 있어서 장전하는 데 시간이 걸렸고, 발사 후에는 열을 식혀야 해서 발사 속도가 제한됐다. 여러 가닥의 연철을 두드려 붙인 이음매가 포신에서 생성되는 압력을 견딜 수 있게끔 만들려면 대단히 숙련된 총포 장인이 필요했다. 1460년 스코틀랜드의 제임스 2세(재위 1436~1460)는 잉글랜드가 점령한 록스버그성을 포위 공격하던 중 사망했다. 그의 플랑드르제 사석포 중 하나가 바로 옆에서 폭발하는 바람에 포미를 고정하고 있던 쐐기목이 날아와 박히며 치명상을 입은 것이다. 잉글랜드의 전장에

---

* 공성전에서 무거운 돌덩어리를 쏘아보낼 때 사용한 대포 형태 무기.

서 화약 무기를 최초로 사용한 것은 바로 그 이듬해 세인트올번스에서였다.

　더 발전된 금속 주조 기술을 도입하고 청동과 놋쇠 등의 구리 기반 합금이나 주철을 사용하게 되면서 대포는 좀 더 가볍고 믿을 만해졌다. 그래서 1420년경 서유럽에서 개발된 '알갱이 형태의' 화약이 갖는 더 큰 폭발력을 감당할 수 있었다. 이렇게 과립형으로 만든 화약은 그 구성 성분이 잘 배합되어 필요한 에너지를 더 효과적으로 제공하는 추진제가 됐다. 게다가 1400년경부터는 질산칼슘보다 황산칼륨을 사용하여 화약이 수분을 흡수해서 품질이 저하되는 현상을 어느 정도 방지할 수 있었다. 이런 변화의 결과로 15세기 유럽에서는 화약이 제시하는 군사적 가능성이 점점 더 명백해지기에 이른다.

　금속 주조술이 향상되면서 포신과 일체형으로 주조된 포이(砲耳)*를 도입할 수 있게 됐다. 이로써 기동성이 향상되고 발사 속도가 빨라졌다. 더 강력하고 안정성 높은 알갱이 형태의 화약과 철제 포탄을 도입하고 산탄 혹은 포도탄으로 보완하는 한편, 주조술과 야금술 발전이 결합하면서 대포는 더 유연하고 효율적으로 변했다. 1494~1495년 프랑스의 샤를 8세(재위 1483~1498)는 이탈리아를 침공할 때 매우 인상적인 대포 행렬을 이끌고 들어갔다.

　총은 장궁이나 석궁보다 관통력이 뛰어났다. 이 점이 특히

---

*　포신을 받치는 원통형의 돌출부로, 대포의 발사각을 조절해주는 역할을 한다.

중요했던 건 16세기 유럽에서 공기 냉각보다 담금질을 활용하여 보다 개선된 무기를 생산했기 때문이다. 하지만 오늘날 행한 세부 시험 결과에 따르면 총은 이따금 제기되는 주장만큼 효과적이지 못했다. 총은 활보다 저렴했지만 사거리가 제한적인데다 연사력이 떨어졌고, 여느 무기나 부대의 역량과 마찬가지로 악천후의 영향을 받았다. 비가 내리면 화승(火繩)이 젖고 점화력이 떨어지며 화약도 축축해졌다. 또 총은 활보다 명중하기 힘들고, 사용하기도 위험하며(들고 있는 활이 폭발하는 일은 없다), 화약과 탄알 보급을 요하고, 말을 타면서 쏘기가 쉽지 않은데다 근거리가 아니면 확실히 쏘기 어려웠는데, 이 지체가 취약성을 불러왔다. 1495년 포르노보에서 프랑스와 이탈리아 사이 전투 초반에 벌어진 포격전은 화약이 빗물에 젖는 통에 별 위력을 발휘하지 못했다.

총의 기계적 특성과 화약 반응의 화학적 성질(일례로 화학 촉매제의 일정치 않은 순도)로 인한 문제 외에도, 긴장된 전투 상황에서 충분히 이해할 만한 조작 미숙이 무기의 특성과 상호 작용하여 문제를 일으키기도 했다. 특히 화승을 점화하여 화약에 불을 붙이는 과정을 일사불란하게 수행하지 못해서 사격을 그르치는 경우가 그중 하나였다. 화약으로 추진하는 발사체는 종래 무기보다 속도가 현저히 빨랐다. 속도 면에서 볼 때 화살은 총으로 쏘는 발사체보다 손으로 던지는 창에 더 가까웠다. 그래서 총은 종래 무기보다 훨씬 치명적이었지만, 명중률이 떨어지고 사거리가 짧은데다 합성 반곡궁보다 느렸고 화살처럼 말을 타면서 쏘기가 쉽지 않았다.

석궁이나 장궁 같은 종래의 발사 무기는 결국 화약으로 대체됐지만, 다른 무기는 그렇지 않았다. 특히 창은 15세기에 더 중요해졌고, 유럽의 전장에서 17세기 말까지 계속 중요한 구실을 했다. 육탄전과 도검(刀劍)은 보병전에서 여전히 중요했고 기병전에서는 더 중요했다. 보병전에서 가장 큰 효과를 발휘한 것은 제병연합군이었다.

아르케부스*는 유럽 최초의 효과적인 휴대용 화기로 1460년대부터 확산됐는데, 압도적인 성능 때문에 즉각 수용됐다기보다는 특정 맥락에서 특정 집단이 아르케부스를 사용한 것이 계기가 됐다. 그들은 도시 성벽을 경비하는 민병대였는데, 성벽으로 보호를 받는 위치였기 때문에 그 전장에서의 취약성에도 불구하고 아르케부스는 쓸 만한 무기 구실을 했다. 이로부터 아르케부스가 확산되기는 했지만, 이 무기가 이탈리아 전쟁에서 야전 축성과 결합됐을 때 가장 효과를 발휘한 것은 우연이 아니었다. 총병을—특히 재장전 시의—공격으로부터 방어해줄 참호 안에 배치한 것인데, 1503년 체리뇰라에서 에스파냐군이 이런 식으로 프랑스군 공격에 맞서 승리를 거두었다. 창병이 총병을 엄호하게끔 보병 전개를 조직하게 된 것도 같은 과정의 일환이었다.

달리 보면, 새로운 무기·기술·전술은 기존의 군사 관행과 구

---

*   15세기에서 17세기에 걸쳐 사용한 원시적 총 형태 무기.

조에 적용할 수 있을 때 가장―그리고 기존의 사회·정치 구조를 바꾸지 않아도 될 때는 더더욱 확실히―효과를 발휘했다. 야전 축성 또한 총기의 화력을 뒷받침하는 데 활용되기 전부터 이미 오랜 배경을 지니고 있었다.

사람들이 총기의 잠재력을 파악하면서 이는 결국 활 무기를 대체하게 됐다. 하지만 이 학습 과정에서―개별 무기로서든, 전장에서 전술적으로든―총기가 갖는 한계 또한 이해하게 됐다. 아시아 대부분 지역에서는 기마 궁수의 비중이 여전히 컸는데 여기에는 총과 화약과 탄알을 구하기 쉽지 않은 문제가 있었다. 한편 이와 별개로 사기리·명중률·살상력을 둘러싸고 상호 맞물린 문제들은 총기의 전술적 활용을 촉발했다. 총기의 효과는 개개인의 명중률과 살상력보다는 전체 사격량에 달려 있다고 여겼다. 이것을 강조하면서 장기간에 걸친 훈련의 필요성이 줄어들었고, 결과적으로 총기의 사용 편의성이 높아졌다. 하지만 사격량을 늘려서 개개인의 떨어지는 명중률을 보완하기 위해 총병을 한데 모아놓으니, 가뜩이나 발사 속도도 느린데 방어가 심각하게 취약해지는 문제가 생겼고, 그래서 엄호를 위해 창병을 함께 배치해야 했다. 이와 비슷한 문제가 대포를 사용할 때도 영향을 끼치면서 제병연합군의 필요성이 높아졌다. 이런 필요성은 이후 다른 무기 체계와 다른 전술 환경에서도 대두됐다. 일례로 제2차 세계대전 때는 탱크를 단독으로보다는 포와 함께 활용했고, 폭격기에는 전투기를 호위로 붙였다.

'화약 혁명'이 16세기에 에스파냐가 극소수 병력만으로 신대륙 정복을 이룩하는 데 중요했을지 모르지만, 이 정복에서 화약 무기의 역할은 제한적이었고 전사 집단이 그보다 인구가 훨씬 많은 농경 사회를 정복했던 고금의 다른 사례들과 원칙적으로 크게 다르지 않았다. 그중에 화약 무기를 동원한 정복은 일부에 불과했고, 그것이 정복의 전제 조건도 아니었다. 화약은 목표를 설정한 것도, 모든 것을 설명해주는 동인도 아니었다. 그보다 에스파냐 정복자들에게 더 주효했던 건 부족 간의 원한을 이용하는 수법이었다.

 이 점은 오스만 제국 팽창 과정에서도 마찬가지였다. 1526년 모하치 전투에서 헝가리 기병의 공격을 저지한 것은 오스만군 화력—특히 240~300문의 대포—이었지만, 오스만이 이 결정적 전투에서 승리하여 헝가리를 정복하는 데는 더 많은 병력과 뛰어난 지휘 능력도 큰 몫을 했다. 더 나아가 기독교 열강끼리의 경쟁 또한 오스만에 이득이었다. 그로부터 5년 뒤 (현재의 지부티를 중심으로 한) 아달 술탄국의 이맘 아흐마드는 안티카에서 에티오피아군을 격파할 때 대포 덕을 보았지만 아랍 궁병대도 고용했다.

 16세기에 이룬 발전 덕에 서양에서 화약 무기는 규범으로 자리 잡았다. 다시 말하면 훈련, 전술, 기본 가정 모두가—동일해진 것은 전혀 아니었지만—점점 더 특정한 방식에 집중됐다. 하지만 북아메리카나 서아프리카 같은 세계의 다른 지역에서는 화기가 다른 방향으로 확산됐고 표준화로 수렴되는 경향이 덜했다. 이런 차이를 실패로 취급하는 것이 19세기 관점에서는 적절할지 모르나, 16세기 군대를 그 고유의 강점에 기반하여 평가할 때 이런 태도는 무익할 뿐이다. 실제로 어떤 맥락에서 전술적 유연성은 서양의 주요 군대와 매우 다른 무기 조합을 의미했다. 특히 밀집 대형에서 일제 사격은 다른 환경에서 다른 적을 상대할 때는 부적합한 경우가 많았다.

이렇게 정착된 서양식 무기와 전술 체계는 한동안 지속됐는데, 17세기 말부터 머스킷에 검을 부착한 총검이 전파되면서 창병이 따로 필요치 않게 됐다. 그 결과로 보병 화력이 증대됐고, 화승식 머스킷이 좀 더 믿을 만한 수발총(燧發銃)*으로 바뀌면서 화력이 한층 더 강화됐다.

18세기 서양의 전투에서는 보병 대열이 중앙에서 일제 사격을 가하고 양익에는 주로 기병을 배치했다. 이는 특히 1700년대 영국 명장인 제1대 말버러 공작 존 처칠과 프로이센의 프리드리히 2세 대왕(재위 1740~1786)이 썼던 표준 배치였다. 둘 다 완전히 새로운 가능성을 제시한 것은 아니지만 기존의 전투 형태를 새로운 수준으로 끌어올려 승리를 거두었다. 전투 승리는 지휘 능력—특히 전장을 읽고 어느 시점에 예비 부대를 투입할지 판단하는 능력, 교전 시의 부대 응집력과 사격, 군기 같은 전투 능력—에 크게 좌우됐다. 프랑스 측에서도 1690년대 초 뤽상부르 원수와 1740년대 삭스 원수 같은 유능한 지휘관은 빛나는 전과를 거두었지만, 전

---

* 부싯돌로 격발하는 총.

쟁은 동맹의 역학 관계 속에서 수행되는 것이기도 했으므로 가능성과 긴장이 수반됐다. 말버러 공작은 프랑스 루이 14세에 대항하여 오스트리아·네덜란드와 맺은 대동맹의 수혜를 입었고, 프리드리히 2세는 7년 전쟁(1756~1763) 때 적국—특히 오스트리아, 프랑스, 러시아—간의 응집력 부재로 이득을 보았다.

프리드리히의 군대는 프로이센의 유능한 지휘관들과 유연한 전술 및 전투 능력의 결합체였을 뿐만 아니라, 적군 측 선형 대형의 특정 지점에 압도적인 전력을 집중할 수 있게끔 사선 대형으로 공격을 가해서 승리를 거두었다. 프리드리히는 아군 대열 한쪽 끝을 강화하여 그쪽으로 공격하는 한편, 약한 쪽 끝의 노출을 최소화하기 위한 방법을 고안했다. 이 대형의 성패는 복잡한 기동의 신속한 수행에 달린 만큼 부대 훈련과 규율이 필수였고, 화승총과 창으로부터 수발총과 총검으로 옮기면서 기동성을 높인 것도 유리하게 작용했다. 그는 이런 공격으로 1745년 호헨프리트베르크 전투와 조르 전투를 승리로 이끌었고, 1757년 로이텐 전투에서도 초반에 승기를 잡았다. 1749년 프랑스 측 명장인 드 삭스 원수는 프로이센군이 오직 공격만 하게끔 훈련받았다고 주장하기도 했다. 프로이센군이 그렇게 할 수 있었던 것은 전술·작전·전략적으로 주도권을 유지했기 때문이다.

새로운 양식의 요새

이제는 어느 지점에서도 적이 너무나 가까이 있어 마음만 먹으면 그들과 악수를 나눌 수 있을 정도다.
— 1565년 몰타 공방전에서 수비군으로 복무한 프란치스코 발비 디 코레조의 일기

많은 경우에 요새는 예전부터 있었던 구조물의 연장이었다. 이탈리아 남부 바리에 있던 옛 로마 시대 요새 위에 노르만인이 성을 세웠고, 13세기 신성 로마 황제 프리드리히 2세가 이를 보강했으며, 여기에 에스파냐인이 능보를 추가했다. 또 시칠리아 밀라초에 있던 그리스 시대 아크로폴리스 유적 위에 프리드리히 2세가 세운 성을 16세기 초에 카를 5세(재위 1519~1556)가 확장·개축했다.

초기의 대포는 (함선의) 나무로 된 벽을 부수는 데는 즉효였지만 돌로 된 성벽을 부수는 데는 기존 공성 기계보다 딱히 더 효

과를 발휘하지 못했다. 느린 발사 속도와 짧은 사거리와 반동 문제 외에도, 열악한 주조 기술 때문에 사고가 빈번한데다 특정한 포 사양에 맞추어 제조한 탄알을 따로 써야 했다. 실제로 대포가 중세 요새의 가치에 종말을 고했다는 생각은 감안해서 받아들일 필요가 있다. 대포는 성공할 때보다 실패할 때가 더 많았고, 성은 포격보다 배신이나 협상의 결과로 함락될 때가 많았으며, 1512년 베네치아가 점령 중이던 브레시아를 프랑스군이 습격했을 때처럼 포위 못지않게 강습(强襲)도 중요했다. 이후 포 설계와 제조 기술을 개선했지만, 공성전의 결과를 결정짓는 주 요소는 여전히 다른 변수들이었다. 그럼에도 공성탑과 공성추가 소멸한 1550년의 공성 작전은 한 세기 전과는 다른 모습을 띠고 있었다. 그러니까 화약 도입과 그 효과는 혁명이라기보다는 진화에 더 가깝다고 할 수 있었다.

이와 비슷하게, 화약에 대처하기 위해 성형 요새(星形要塞)라고 하는 새로운 양식의 대포 방어 요새가 도입됐다. 이런 요새는 대체로 사각형 모양의 각진 능보를 성벽 전체에 일정 간격으로 배치하여 공격군에게 효과적으로 측면 사격을 가할 수 있는 포대를 제공하는 한편, 방벽을 낮추고 흙을 쌓아 보강한 형태였다. 하지만 이런 식의 전면 개축보다 기존의 요새를 훨씬 저렴하게 개선하는 방법도 많았으므로 이런 다른 방법들을 훨씬 더 광범위하게 썼다.

창의 활용 같은 다른 전투 요소와 마찬가지로, 르네상스와 그 이후 요새에 대한 연구도 고전 시대 문헌을 되돌아보며 이루어졌다. 로마의 요새와 군사 규율을 연구한 기욤 뒤 슐의 책은 1554년 리옹에서 처음 출간된 후 1555년, 1556년, 1567년에 재판을 거듭했다. 수학도 요새 설계에서 핵심 요소였다. 출판물은 특정 군사 전통에 대한 인식을 발전시키고 강화하는 데 중요한 역할을 했다. 인쇄는 구전이나 필사본보다 빠르게 기술을 전파했고, 이를 통한 정보 공유로 어느 정도 표준화가 가능해졌다.

한때 피렌체의 고위 공직자로서 1506~1512년에 공화국 민병대를 조직한 마키아벨리는 자신의《전술론》(1521)에서 특히 1494년부터 시작된 이탈리아 전쟁의 교훈에 유의하여 고전 군사 사상에 수정을 가하고자 했다. 그 주된 주제 중 하나는 대포의 영향이었다.

강한 도시와 요새는 자연 또는 기술을 이용하여 만들 수 있다. (…) 지뢰와 대포의 발명 이후 오르기 어렵지 않은 언덕 위의 요새는 약체로 여겨지게 됐다. 그래서 요즘과 같은 시절에 요새를 건설하는 이들은 평지를 택하고 기술을 써서 강하게 만든다. 이 목적을 위한 그들의 첫 번째 관심사는 각이 진 능보, 포곽(砲郭), 반월형 보루 등으로 성벽을 요새화하여 접근해오는 일체의 적을 전면과 측면에서 동시에 겨냥할 수 있게 만드는 것이다. 성벽을 너무 높이 지으면 포격에 너무 많이 노출되고, 너무 낮게 지으면 적이 기어오르기 쉽다.

마키아벨리는 특히 반월형 보루[두 면이 돌출 각을 이루는 외보
(外堡)]로 성문을 엄호하고 또한 오랜 패턴에 따라 요새 바깥 영역
을 무차별 발포 구역으로 유지하는 등 다방면으로 방어가 필요하
다고 주장했다.

그리고 1513년에 집필했지만 1532년에야 발표한《군주론》
에서는 좀 더 폭넓은 관점을 채택하여 요새가 통제 유지 수단으로
서 얼마나 유용한지를 논하며 상황의 중요성과 특히 대중의 지지
가 갖는 가치를 강조했다.

군주들은 자기 영토를 더 안전하게 지키기 위해 요새를 구축하
는 데 익숙해졌다. 요새는 반란을 모의하는 자들에게 억지력으
로 작용하며 갑작스러운 공격으로부터 피신처를 제공한다. 내
가 이 정책에 찬성하는 것은 이것이 고대로부터 활용되어왔기
때문이다.

마키아벨리는 통치자가 요새를 파괴한 세 건의 사례를 거론
한 뒤 계속해서 이렇게 말했다.

따라서 우리는 요새가 상황에 따라 유용하기도 하고 그렇지 않
기도 함을 알 수 있다. 요새가 어느 한 방향으로는 이득이라도
다른 방향으로는 해로울 수 있다. (…) 외세의 개입보다 자신의
백성을 더 두려워하는 군주라면 요새를 지어야 한다. 하지만 자

기 백성보다 외세를 더 두려워하는 군주라면 요새는 잊어야 한다. (…) 존재하는 최고의 요새는 백성의 미움을 사지 않는 것이다. 내가 요새를 가졌어도 백성의 미움을 받는다면 요새도 나를 구해주지 못할 테지만, 일단 백성이 무기를 들었다면 외부의 도움이 전혀 아쉽지 않을 것이다.

공성전의 성패는 성벽을 부수는 대포의 존재가 아니라, 요새를 봉쇄하고 주변 지역을 지배하기에 충분한 수의 경기병을 동원할 수 있는지의 여부로 결정되는 경우가 많았다. 이렇게 함으로써 기병은 거점을 점령하고 습격하는 전쟁에서 결정적 역할을 하게 됐다. 하지만 보급 문제는 단지 수비군에게만 닥치는 문제가 아니었다. 공성전은 그 시대 군대에게는 너무나 큰 난관이었던 병참 문제를 드러냈다. 공성군은 한 지역에 상당 기간 머물러야 하기 때문에 현지 물자가 바닥나는데다 질병의 위험까지 가중됐던 것이다.

공성군이 포위를 돌파하려는 수비 측이나 언제 들이닥칠지 모르는 구원군에 대비해 바짝 경계를 유지하면서 포위한 도시 주변 통제권까지 단단히 장악해야 하는 문제에 직면했다면, 병력을 경계 태세로 유지해야 하는 수비 측은 그보다 덜한 부담을 짊어졌다. 많은 공성전이 마지막까지 싸워서가 아니라 더 대규모의 공성군에 직면하고서 항복하는 식으로 종결됐다. 이는 자체적 관례에 의거한 거의 의례적 성격의 관계였다. 물론 관례에는 편차가 있었고 적이 요새에 들이닥치면 살육될 위험성이 항복을 부추긴 측면도 있었다.

개별 공성전은 이런 몇 가지 요인이 어떻게 작용했는지를 보여준다. 1529년 오스만 제국이 빈을 공격했다가 실패했을 때 이곳은 300년 된 성벽으로 둘러싸여 있었다. 이때 강력한 방어를 펼친 니클라스 폰 잘름은 요새를 적시에 신속히 강화·확장할 수 있음을 보여주었다. 이를 실행해낸 에너지와 기술은 모든 성공한 방어에서 핵심 요소로서 요새에 대한 논의와 떼어놓고 보거나 본래부터 부차적인 요소로 취급해선 안 될 것이다. 빈에 도착한 잘름은 요새화된 모든 진지에서 가장 취약한 지점인 성문들을 폐쇄하고 흙을 쌓아 만든 능보와 내성으로 성벽을 보강하는 한편, 필요하다고 판단한 지점의 모든 건물을 철거했다. 빈 공방전을 위해 오스만군은 콘스탄티노폴리스에서부터 먼 거리를 행군해야 했던 관계로―1522년 로도스 공방전 때는 말할 것도 없고 그 전해의 베오그라드 공방전 때보다 훨씬 더 먼 거리였다―그해 후반 무렵에야 공성을 시작했기 때문에 날씨 문제로 곤란을 겪었는데, 이런 철벽 방어는 곤란을 더욱 가중했다. 일부분 급조한 방어 시설 덕에 공격을 잘 버텨낸 합스부르크 제국은 도시를 둘러싸는 육중한 요새를 방어 목적으로 특별히 설계하여 빈에 건설했다. 이 요새는 오랫동안 값어치를 했고 1683년 오스만의 공격에 맞서 도시를 방어하는 데도 중요한 역할을 했다.

1565년 구호 기사단 영토였던 몰타가 오스만 군대로부터 침공을 받았다. 이 전역에서 오스만군이 패한 핵심 요인은 바로 강력한 방어 진지였고, 그중 일부는 최근에 강화한 것이었다. 가장 주목할 지점은 오스만군이 부요새인 세인트엘모를 점령하는 데 ─ 당초 예상한 사흘이 아니라 ─ 한 달 이상이 걸렸을 뿐 아니라 다수의 사상자를 냈다는 것이었다. 그 외에도 (술레이만 대제가 직접 임했던 1522년 로도스 공방전 때와 달리) 오스만군 지휘부의 미숙함과 분열, 발레타 요새 방어군의 결연한 의지 등 오스만군의 패배에는 여러 요인이 있었다. 시칠리아가 가깝고 에스파냐군 부대와 갤리선이 있었다는 점도 몰타군이 구원군의 가능성을 기대하며 사기를 유지하는 데 큰 역할을 했다. 구원군으로 두 군대가 상륙했다. 그중 1차 부대는 세인트엘모 요새가 마침내 함락된 날이라는 중차대한 시점에 상륙했는데, 훌륭한 리더십과 마침 짙게 긴 안개라는 행운에 힘입어 기사 42명과 자원한 영주 25명 그리고 베테랑 에스파냐 보병 600명이 발레타에 무사히 진입할 수 있었다. 이들의 도착에 낙담한 오스만군 지휘관이 기사단 총장에게 항복 조건을 제안했지만, 기사단 측은 거절했다. 2차 구원군 9000명은 악천후와 에스파냐군 함장의 조심성 때문에 그로부터 6주 후에야 상륙했지만 포위를 푸는 데 결정적 구실을 했다.

그러나 오스만군이 새로운 개념에 따라 최근에 요새화한 진지들을 포위하여 큰 승리로 이끈 전적이 있다는 사실은 한 건의 사례를 읽고 해석할 때 유의할 필요성을 일깨워준다. 오스만의 1570~1571년 키프로스 정복과 1574년 튀니지 정복은 그 좋은 예다. 나아가 비용 투자나 양식의 혁신이라는 면에서 요새 축성에 대한 재검토가 서양만큼 이루어지지 않은 것은 오스만이 서양의 발전을 뒤따라가지 못했기 때문이 아니라, 이 시기 오스만이 훨씬 적은 공격에 노출됐기 때문이다. 이 점은 중국에도 해당된다. 오스만 제국은 야전 병력과 기동성에 중점을 두었고 팽창에 더 관심을 기울였기 때문에 고정된 진지를 방어하는 데는 신경을 덜 썼다. 흔히 그렇지만 역량을 평가하는 핵심 맥락은 합목적성이었고, 이 점은 오늘날에도 유효하다.

요새에 드는 비용을 고려하면 더더욱 그렇다. 축성에 드는 비용뿐만 아니라 특정한 부지도 확보해야 하고, 수비대를 배치하고 지원하는 데도 비용이 든다. 그래서 흔히 기회비용이 상당히 컸다. 특히 요새를 계획한 측이 원하는 곳에서 적이 싸워주지 않는다면 더더욱 그랬다. 동시에 요새가 그 목적에 부합하려면 적으로 하여금 요새에 대응하는 최선의 방법을 고려하게 만들어서 공격에 따르는 위험과 비용을 높일 수 있어야 했다.

프랑스 국왕 루이 14세(재위 1643~1715)는 에스파냐 왕위 계승 전쟁(1701~1714)에서 열강 연합과 맞섰을 때 이 점을 잘 이용했다. 오늘날에도 볼 수 있는 보방*의 요새가 루이 14세 재위 기간에 광범위하게 축성됐다. 그중 하나인 릴의 보방 요새는 1708년 말버러 공작 존 처칠이 지휘한 영국군의 오랜 공성 끝에 겨우 함

---

* 요새 설계와 공략으로 이름을 떨친 프랑스의 공병 장교 세바스티앵 르 프르스트르 드 보방.

락됐고, 툴롱의 보방 요새는 그 전해에 오스트리아의 공성을 막아냈다. 요새 계획을 통해 필요한 종심 방어를 궁극적으로 갖추게 된 루이 14세는 거듭된 전쟁 패배에도 다시 일어설 수 있었다.

1700년대 중반 이후에는 프랑스군이 네덜란드 베르헌옵좀(1747)과 마스트리흐트(1748)를 점령하는 등 주요 요새들을 공격해 함락했지만, 여기서도 전역을 수행하는 데는 매우 많은 시간을 소요해야 했다. 유럽의 해외 작전에서도 공성은 대단히 중요했다. 실제로 많은 경우 핵심 진지를 손에 넣는 것이 승리에서 관건이었다. 영국은 1758년 케이프브레턴섬 루이부르 요새를 프랑스로부터 빼앗았고, 1762년 아바나 요새를 에스파냐로부터 빼앗았다. 하지만 1759년 영국이 퀘벡 요새를 점령하는 과정에서도 볼 수 있듯이 공성의 성패는 전투에 좌우되는 경우가 많았다. 궁극적으로 이 모든 사례에서 승리는 수송과 필수 화력을 제공하면서 적의 재보급을 차단한 영국 해군력의 산물이었다.

18세기 후반부터는 전쟁에서 공성전 비중이 대체로 감소했다. 이런 경향은 1756~1763년의 7년 전쟁 때부터 이미 나타나기 시작하여 미국 독립 전쟁과 프랑스 혁명전쟁에서는 뚜렷해졌다. 그럼에도 공성전은 이 모든 전쟁에서 일정한 역할을 했다.

제해권이 세계를 바꾸다,
1400~1763년

항법 체계를 이용하여 육지가 안 보이는 해역으로도 안전하게 나갈 수 있는 장거리 범선 전함이 발전하면서 해전 양상은 바뀌었다. 유럽은 아직 대양 항해를 시작하지 않았지만 먼저 실행했던 선도자들―특히 중국―의 공을 넘겨받았다. 중국은 15세기 초 인도양으로 대규모 함대를 파견하는 데 성공했지만 원정을 계속 추진하지는 않았는데, 이는 무슨 패배를 겪어서가 아니라 1440년대에 실질적으로 되살아난 몽골의 위협에 다시 집중하기 위해서였다.

건현*이 낮은 갤리선이 밀물에 악천후라도 닥치면 취약했던 반면, 건현이 높은 범선은 대서양에서 운항하기에 더 적합했다. 유럽인이 대서양 건너 인도양과 태평양으로 들어갈 수 있었던 건 이런 배를 발전시킨 덕분이었다. 그리고 포르투갈과 에스파냐의

---

* 배에 짐을 가득 실었을 때 물에 잠기지 않는 선체의 높이.

팽창이 이슬람과 전쟁을 위해 자원을 확보할 의도로 시작된 것인 만큼, 더 광범위한 지정학 또한 중요한 역할을 했다. 1415년 포르투갈이 모로코의 세우타를 점령하면서 시작된 이 팽창은 이베리아에서 무어인을 축출하기 위한 기획의 연장이었다. 결국 이베리아에 무어인이 세운 마지막 독립 국가인 그라나다가 1492년 에스파냐군에 의해 멸망했다. 에스파냐와 포르투갈은 그전에 이미 동대서양 섬들을 수중에 넣어둔 터였다. 에스파냐는 카나리아제도를 정복했고, 포르투갈은 아프리카 대서양 연안을 따라 기지를 세우는 한편 마데이라, 카보베르데, 아조레스제도를 식민지로 만들었다.

1490년대부터 포르투갈이 남대서양을 거쳐 인도에 이르고 에스파냐가 카리브해에 다다르면서 상황이 바뀌었다. 이 두 지역을 기반으로 서로 매우 다른 두 유형의 제국이 형성됐다. 포르투갈은 해군력과 해안 기지에 기반한 인도양 중심 제국을 수립했다. 1503년, 1513년, 1528년에는 인도 함대를, 1509년에는 이집트 함대를 격파했고, 1517년 오스만이 이집트를 정복한 후에는 오스만과 인도양에서 충돌하기도 했다. 포르투갈 전함은 포를 더 많이 탑재했다는 점에서 유리했다. 또 포를 함선 측면에서 발사할 수 있게 했는데, 이는 포문을 흘수선 바로 위에 배치하고 방수 덮개를 다는 식으로 개량한 덕분이었다. 포르투갈은 고아, 믈라카, 몸바사, 무스카트 등지에 요새화된 해군 기지를 두고 몸바사는 1698년, 무스카트는 1650년까지 차지했다. 1520년대에는 명나라 해안도 넘보았지만 성공하지 못했다. 하지만 인도양에서 패권을 잡은 것은 중국이 아닌 포르투갈이었다.

반면 에스파냐는 아스테카·잉카 제국을 무너뜨리고 그 자리를 차지한 능력으로 영토 제국을 수립했다는 점에서 대조를 이루었다. 에스파냐가 성공한 것은 화기, 철검, 말 등 무력 충돌에 유리한 조건을 갖추었기 때문이지만, 여느 정복 제국처럼—일례로 1520년대부터 인도에서 무굴 제국이 했듯이—기존 분열을 이용하여 조력을 획득하는 정치력도 주효했다. 전투력, 정보, 보급, 수송 수단을 확보하는 데는 현지인 조력이 결정적이었다. 천연두 같은 질병도—특히 아스테카에서는—저항을 약화하는 데 중요한 역할을 했다. 거꾸로 사하라사막 이남 아프리카에서는 질병이 유럽인에게 큰 타격을 주었다.

두 제국의 주된 차이점은 해전에 있었다. 포르투갈은 아시아권 바다에서 끊임없는 교전에 직면했다. 아체 술탄국이나 오만 같은 적국은 인상적인 해군력을 전개했다. 대서양 상황은 매우 달랐다. 사하라사막 이남 아프리카 정치체들은 효과적인 연안 해군을 갖추고 있었지만, 이는 기본적으로 대형 카누에 의한 것이었다. 그래서 수심이 얕은 연안 해역에서는 흘수가 깊은 포르투갈 배를 막아낼 수 있었지만, 원거리 사략선*을 가진 모로코를 빼면 먼바다에서 반격을 감행할 만한 병력은 부재했다. 카리브족과 아라와크족

---

* 정부로부터 적선을 공격하고 나포할 권리를 인정받은 개인이 무장한 배.

도 카리브해 연안에서는 카누로 작전을 전개할 수 있었지만 먼바다에서는 에스파냐 함선에 반격을 가하지 못했다. 잉카와 아스테카 같은 신대륙 제국들은 오스만 제국과 달리 해군이 없었다.

에스파냐는 아스테카와 잉카 제국을 무너뜨린 결과에 직면해야 했지만 이 일대는 상당히 안정된 지역으로 정복에 필요한 자원을 현지에서 조달할 수 있었다. 하지만 신대륙의 다른 지역에서는 상황이 그렇게 유리하지 않았다. 지형이 험난하고 식생이 생소한데다 멕시코 북부와 칠레 중부 등지에서처럼 완강한 저항에 부딪히기도 했다. 1580년대부터 베네수엘라, 파나마, 콜롬비아에서 작전을 수행한 비르가스 마추카는 원주민의 독화살, 높은 데서 굴러오는 돌, 매복, 함정 같은 전통 무기와 전술이 큰 위험을 야기했으며, 화약이 비에 젖으면 못 쓰게 된다는 점을 이용하는 등 원주민이 에스파냐군의 역량과 한계에 훌륭히 대처한 사실을 기록으로 남겼다. 포르투갈은 앙골라와 모잠비크에서 내륙으로 팽창하려 시도했지만 토착민의 저항과 질병으로 큰 타격을 입고 많은 사상자를 내며 실패했다.

16세기 중반부터는 유럽의 경쟁국들이 포르투갈과 에스파냐를 발 빠르게 추격하기 시작했다. 프랑스는 브라질과 플로리다 등지에 거점을 세우려 했고, 영국은 서아프리카의 포르투갈 무역망과 카리브해의 에스파냐 패권을 깨고 들어오려 했다. 그로 인해 빚어진 충돌은 전력 투사를 유지하기 위한 인프라 확립의 어려움을 보여준다. 영국은 에스파냐가 침공했을 때 무적함대를 폭풍의 힘을 빌려 격파할 수 있었지만, 카리브해 원정을 위한 지원은 지난한 일이었다. 에스파냐 측의 방어적 예방 조치가 상당한 회복력을 보여주는 한편, 공격 측이 질병으로 큰 타격을 입는 것은 지속적인 패턴이 됐다. 이 패턴은 잉글랜드/영국의 1655년 히스파니올라 공격, 1741년 카르타헤나(현재의 콜롬비아) 공격처럼 실패한 작전은 물론이고, 성공 사례인 1762년 아바나 공격에서도 이어졌다. 프랑스는 16세기에 브라질에서 포르투갈에, 플로리다에서 에스파냐에 밀려났다.

　　결국 잉글랜드와 프랑스가 거둔 성공은 기본적으로 에스파냐 제국 바깥 영토를 차지함으로써 이룩한 것이었다. 1630년경에 프랑스는 세인트로렌스강 유역과 카리브해 일부 제도에 식민지를 개발하고, 잉글랜드는 카리브해와 뉴펀들랜드, 매사추세츠, 버지니아에 식민지를 세우게 된다. 16세기 말 에스파냐에 반란을 일으켜 성공한 네덜란드는 17세기 초 동인도제도와 허드슨강 유역에 식민지를 세웠다. 1630년부터는 브라질에서 포르투갈을 몰아내려 시도하며 대대적인 노력을 쏟아 부었지만, 이는 1654년 실패로 돌아갔다. 포르투갈은 17세기 중반 네덜란드에 빼앗겼던 앙골라와 서아프리카의 영토를 탈환했지만, 스리랑카와 말레이시아 해안 지역 영토는 되찾지 못했다.

　　그 결과로 대서양 권역에서는 이베리아가 여전히 중요한 세력으로 남은 반면, 인도양 권역에서는 17세기부터 영국이 인도, 네덜란드가 동인도(인도네시아)를 거점으로 이베리아 세력을 대체하

거나 우회하면서 두 권역이 더더욱 대조를 이루게 됐다. 17세기에
는 에스파냐가 쇠퇴했다고 생각하는 경향이 있지만 에스파냐 제
국 대부분은 유지됐고, 1700년 부르봉 왕가의 일원이 합스부르크
왕위를 차지한 이후 18세기까지도 지속됐다. 7년 전쟁을 종결한
1763년 파리 조약으로 영국에 많은 영토를 빼앗긴 나라는 프랑스
였지 그 동맹인 에스파냐가 아니었다. 이때 프랑스는 캐나다의 영
토는 물론 카리브해의 제도들과 서아프리카의 거점들까지 상실했
다. 실제로 에스파냐와 (브라질의) 포르투갈은 중남미 식민지에서
반란이 마침내 성공을 거둔 19세기 초까지 신대륙의 영토를 유지
했다. 동시에 그들은 토착 민족들에 대한 지배를 확대했다. 일례로
에스파냐는 1697년 유카탄에서 마야의 마지막 국가를 멸망시키
고 18세기에 캘리포니아로 이동했다.

　18세기 중반 이전까지 인도와 동인도에서 팽창은 주로 유럽
경쟁국들이 영토를 빼앗는 식으로 진행됐다. 네덜란드는 1656년
부터 스리랑카 해안에서 포르투갈을 몰아내고 그 자리를 차지했
다(1796년에는 다시 영국에 의해 밀려나게 되지만). 18세기 중반부터의
팽창은 토착 세력의 영토를 빼앗는 식으로도 일어나게 됐다. 1815
년 영국은 네덜란드가 하지 못했던 일을―스리랑카 내륙까지 정
복―하는 데 성공했다. 19세기 중반에 영국은 인도에서, 네덜란드
는 자바에서 큰 영토를 차지하게 된다.

　이로써 열강의 세력이 한 권역으로 한정됐던 1490년대 이전
군사 활동과는 전혀 다른 맥락이 펼쳐졌다. 이 새로운 상황에서 대

서양 국가들은 유럽이든 더 먼 곳이든 다른 지역에서 싸우는 병력에 중요한 자원—초기에는 금괴, 나중에는 식량—을 공급할 수 있게 됐다. 실제로 이런 교역을 보호하기 위해 기지, 운송, 호위 등의 형태를 띤 인프라가 마련됐다. 일례로 에스파냐는 1577~1630년 아바나에 인상적인 요새를 건설했다. 이베리아 국가들이 신대륙에서 획득한 영토는 러시아가 1587년 토볼스크 같은 기지를 세워가며 토착민을 희생시키고 시베리아로 팽창하여 획득한 것보다 더 큰 이익을 가져다주었고, 이를 시기한 다른 서구 열강의 경쟁을 부추겼다. 나중에 영국이 인도에서 획득한 영토도 이 점에서 비슷했다.

동아시아에 지속적 해군 활동이 부재했던 것은 유럽에 유리하게 작용했다. 에스파냐는 1571년 점령한 필리핀 마닐라를 근거지로 하여 타이완에도—1626년 지룽에, 1629년 단수이에—기지를 세웠고 그 사이인 1627년에는 펠리페 4세(재위 1621~1665)가 이 섬을 영토로 선포했다. 네덜란드는 1641년 이 진지들을 공격하려다 실패했지만, 바로 이듬해 여덟 척의 전함과 690명의 병력으로 이루어진 원정대를 파견했다. 원정대는 고지를 차지하고 그 위에 대포를 배치하여 허약한 에스파냐군 진지를 점령했다. 이 점령은 네덜란드가 에스파냐 세력권을 상대로 벌인 전 세계적 공격의 일환이었다. 에스파냐 세력권에 광범위한 위기를 초래한 이 공격은 에스파냐·포르투갈의 광대한 영역에 걸친 자원 투입과 그 취약성이라는 장기적 상황의 산물인 동시에 네덜란드가 발전시킨 수

익성 높은 장거리 해상 교역, 상륙 작전, 해군력 투사 잠재력의 산물이기도 했다. 또한 이 공격은 유럽이 이 지역에서 연해 활동을 벌일 수 있다는 지정학적 가능성 또한 입증했다. 유럽의 연해 활동은 17세기 중반 명나라 쇠퇴와 멸망이라는 중국 자체의 위기로 인해 두드러지게 증가해 있었다.

네덜란드는 1661년 중국으로부터 공격에 직면하여 타이완에서 주둔군을 철수해야 했다. 하지만 유럽은 동아시아로부터 먼 지역―네덜란드는 동인도, 에스파냐는 서태평양―에서 강한 영향력을―서태평양처럼 광대한 해역에서 위상을 가리켜 강한 영향력이라는 표현을 써도 된다면―수립하는 데 성공했다. 나아가 네덜란드가 동인도에 자리 잡을 수 있었던 건 상당 부분 현지 세력이 교역 의사를 표했기 때문이다. 이런 의사는 강압의 결과였지만 상호 이익도 작용했고, 현지 세력이 자신들의 이익을 위해 네덜란드군 주둔을 이용한 측면도 있었다. 필리핀에서 에스파냐는 타이완에서보다 훨씬 더 안정된 입지를 확보했다. 1673년 중국의 필리핀 원정 계획은 무산됐고, 일본도 마닐라 공격을 검토했지만 실행하지 않았다. 게다가 에스파냐는 1635년 민다나오섬 해안의 삼보앙가를 점령하는 등 필리핀제도에서 입지를 확대해 나갈 수 있었다. 예수회 선교사이자 축성 기술자인 멜초르 데 베라의 지휘하에 강력한 요새가 건설됐다. 에스파냐는 1668년 마리아나제도, 1696년 캐롤라인제도에 거점을 세워 서태평양에서 세력을 확보했다.

더 중요한 일은 마닐라와 멕시코의 태평양 연안 도시 아카풀

코를 오가는 교역로를 개발한 것이었다. 교역 규모는 비교적 작았지만, 멕시코 은화가 이 지역의 국제 통화가 되어 중국과 일본 경제에 지대한 영향을 끼쳤다. 이로써 1480년대 세계와는 전혀 다른, 서양이 지배하는 해양 세계가 수립되어 20세기까지 변함없이 지속됐다.

전장의 지리학

이곳 전역에 뒤엉킨 덤불과 기복이 심한 지면과 온 사방에 배어 든 습기 때문에 도로에서 조금이라도 벗어나 이동하는 건 지극히 힘들고 고된 일이었다. (…) 나우로를 지나니, 길은 1인치 깊이로 푹푹 빠지는 진창이고 도처에 거머리 떼가 우글거린다.
– 오스트레일리아 육군 지휘관 토머스 블레이미의 1943년 7월 뉴기니 전역에 대한 기록

지리가 전쟁에 속속들이 끼치는 영향은 전술 차원에서 가장 뚜렷하게 찾아볼 수 있으며, 이는 교전에 참여한 당사자와 전쟁을 책으로 접하는—특히 '전쟁의 민낯'에 관심을 갖는—독자의 압도적 다수를 사로잡는 요소이기도 하다. 싸우고 죽이고 죽음을 무릅쓰는 일, 이 모두가 특정한 장소에서 이루어진다.

전투에 끼치는 지리의 영향은 태반이 눈에 잘 띄지 않으므로 현재나 과거의 관찰자가 언뜻 보는 것보다 훨씬 더 클 수 있다. 지

리의 많은 부분이 지표면 밑에 있으면서 과거 하천망 등에 영향을 끼쳤기 때문이다. 이는 단지 먼 과거에만 있었던 일이 아니다. 제1차 세계대전(1914~1918) 중에 참호를 팔 때도 지질과 지형은 중요한 요소였다. 지질은 참호의 강도와 취약성에 영향을 끼쳤고 지형은 참호 위치를 결정했다. 지하 깊은 곳 지질과 지표면 지질 모두 관건이 됐다.

과거의 자연지리에서 가장 뚜렷이 보존되는 요소는 언덕, 계곡, 비탈 같은 지형적 특징이지만, 전투원은 뇌리에 자연·인문 지리의 다른 측면도 새긴다. 여기서 자연지리는 식생과 배수 같은 지표면의 특징부터 기온, 강우, 바람 같은 날씨까지 망라한다. 또 인문적 측면으로는 경작 환경과 건축 환경, 하천망에 대한 개입, 인공 산림과 (매우 다른) 원시림의 범위와 성격 그리고 현지 자원, 통신, 민간인의 존재와 이로써 야기되는 여러 문제까지 포함된다.

이런 등등의 요소가 전투에 지리적 맥락을 부여하지만, (비정규군을 포함한) 군이 그 영향을 수동적으로 받기만 하는 것은 아니다. 지리에 끼치는 영향도, 지리로부터 받는 영향도 있다. 이런 영향은 군의 필요와 수단과 태도에 따라 달라지는데, 이는 눈앞에 닥친 압박의 결과일 수도 있고, 교리 그리고/또는 경험의 결과일 수도 있고, 이 모두가 혼합된 결과일 수도 있다. 충분히 이해할 만한 일이지만, 환경에 ─어떻게 대처하는 것이 최선인지에─ 대한 경험을 습득·이해·전파하는 과정을 알려주는 역사적 증거는 거의 남아 있지 않다. 훈련이 언제나 기본적으로 실전에서 이루어졌다는 사실도 이와 관련되어 있다. 하지만 기본적인 전술적 원칙에는 복잡한 고려가 필요치 않았을 것이다.

가장 뚜렷하고 사전에 계획하기 수월한 지리 요소는 비탈이었다. 기원전 490년 아테네가 마라톤에서 페르시아군을 포위할 때 이용한 것이 비탈의 가시성과 높이와 역동성이었다. 세 요소가 모두 중요했지만 그 중요성은 매우 다양한 양상을 띠었고, 상황—특히 개별 지휘관의 임무와 요구 사항—에 따라 달라졌다. 가시성은 병력 위치를 한눈에 파악할 수 있게 해주었지만, 전력을 과시하여 우리 편 사기를 북돋고 어느 편에 설지 망설이는 이들에게 영향력을 끼치고 적을 위협하는 수단이기도 했다. 이 모두가 중요한 요소였다. 실제로 과시와 위협 전술은 무력 충돌에 없어서는 안 될 사기 진작 경쟁의 주된 특징이었다.

전투에서 중요한 높이 확보는 주거지나 영구/임시 요새 등 기존 경관에 추가되는 인공 요소를 이용하거나 동물에 올라타고 싸우는 방법을 자연 지형과 결합하는 식으로 실행됐다. 돌, 창, 새총, 화살, 화기로서 탄알 같은 투사 무기를 쓸 때 적보다 높은 지점을 확보하면 사거리가 길어지고 조준이 정확해지며 적의 후방 대열을 향해 발사하기가 수월하고 공기 저항도 줄어들었다. 찌르거나 베는 무기도 높이 차가 있으면 잠재적으로 훨씬 큰 충격을 줄 수 있었는데, 이는 기병 활용에서 중요한 요소였다.

언덕에서 내리닫는 식의 돌격은 들인 노력에 비해 빠른 속도와 강한 힘을 얻을 수 있다는 점에서 명백한 실질적 이점이 있었고, 이것이 역동성을 제공해주었다. 1683년 빈 외곽에서 폴란드의 얀 소비에스키가 지휘하는 기독교 군대가 오스만 군대를 이런 식으로 격파했다. 이런 이점 때문에 전투에서 특정한 고지를 점령하고 이용하기 위해 대단한 노력이 행해졌다.

반대로 1775년 보스턴 외곽 벙커힐 전투에서 영국군이 한 것처럼 고지를 향해 사격 혹은 돌격하거나, 거꾸로 경사면의 이점을 안고서 공격해오는 적을 방어할 때는 불리한 입장에 놓이게 된다. 1066년 헤이스팅스 전투에서 정복왕 윌리엄은 고지를 점한 색슨족 병사들이 방패 벽 뒤에서 앞으로 나와 돌격하는 것을 이용했는데, 이게 어디까지가 계획된 전략이었고 어디까지가 즉흥적인 대응이었는지에 대해서는 논란이 있다. 헤이스팅스 전투에서 노르만군 궁수나 1512년 플로든 전투에서 언덕 위 스코틀랜드군을 공격한 잉글랜드 대포처럼 발사 무기를 이용하는 것은 고지의 방어 잠재력에 맞서는 한 가지 방법이었다.

이런 전반적인 상황은 화력의 사거리와 양이 점점 더 증가하여 높은 경사면이 그 가시성 때문에 오히려 더 취약해지는 시점이 오면서부터 비로소 실질적으로 바뀌게 된다. 이는 나폴레옹 시대에 포 사용이 증가한 결과로, 1815년 리니 전투에서 프로이센 측이 많은 사상자를 낸 원인이기도 했다. 영국군은 이런 위험을 피하기 위해 반사면(사면 뒤쪽)에 병력을 배치하고/배치하거나 프랑스 측 사전 포격의 충격을 최소화하기 위해 납작 엎드리게 했다. 웰링턴은 부사쿠 전투(1810)와 워털루 전투(1815) 등에서 거듭 이 전술을 써서 크게 성공했다. 특히 부대를 적시에 진격하게 하는 데 능숙해졌다.

18세기 초까지 육상에서건 해상에서건 대포의 핵심 요소는 간접 사격이 아니라 육안으로 표적을 보고 쏘는 직접 사격이었다. 공중에서도 직접 사격이 기본으로, 열 추적 미사일이 개발되기 전까지는 근본적인 변화가 없었다. 직접 사격과 관련하여, 프랑스 혁명전쟁과 나폴레옹 전쟁(1792~1815)을 다루는 지도에서 상당히 강조하여 표시되는 것이 '거점 지대', 즉 전투에서 일정한 역할을 할 수 있는—특히 사격 진지의 기반이 되는—지형이다. 이러한 강조는 기복과 비탈이 진격을 돕거나 방해할 뿐만 아니라 포의 조준선을 확보하는 데도 중요하다는 사실을 반영한다.

제2차 세계대전에서도 제1차 세계대전 때의 반사면 방어 진지 등 웰링턴이 쓴 것과 유사한 전술을 찾아볼 수 있다. 이오섬 전투(1945)에서 일본군은 미군 포격의 충격을 줄이기 위해 반사면 진지를 활용했다. 제2차 세계대전 이후 탱크 운용에서도 이와 비슷하게, 포탑만 노출한 전차호 진지를 구축하여 적 포격에 대한 노출을 줄였다.

지형 문제는 전투원이 전투 방식을 바꿈에 따라 다양하게 변화했다. 일례로 1919년 아프리카의 뿔(소말릴란드)에 대해 영국 정보부가 작성한 보고서는 1913년 둘마도바 전투에서 영국군의 보병 방진을 공격했던 '다라위시의 돌격 전술'*이 무기의 변화와 더불어 방어 위주 전술로 바뀌었다고 지적했다.

물라의 수중에 든 소총의 개수가 크게 늘어났고 그 결과로 창은 버려졌다. (…) 다라위시는 방어 진지를 구축하고 자신들을 노출하지 않은 채 엄폐 뒤에서 끈질기게 방어할 것으로 예상된다. 우리는 가장 험거운 진지와 좁고 가파른 계곡에 공격을 감행할 태세를 갖추어야 한다. 엄호 사격을 동원해가며, 적이 일체의 선제 행동을 하기 전에 고지나 진지의 핵심 지점을 빈번히 점령해야 한다. 다라위시의 여러 근거지를 큰 사상자 없이 점령하려면 고성능 포탄을 발사할 포병대도 동원해야 할 것이다. 요컨대 과거 소말릴란드에서의 군사 훈련이 야만적 형태의─특히 황무지에서 다라위시기 돌격해오는 식의─전쟁을 주로 염두에 두고 수행됐다면, 이제 군대는 좀 더 다양한 형태의─어느 정도는 인도에서 행해지는 고지전과 유사한─전투에 쉽게 적응하기 위한 훈련을 받아야 한다.

전략적 차원에서 전투 장소는 부대 배치와 활용에 매우 중요한 우선순위 규정에서 중요시되는 요소들을 반영한다. 전쟁 목표, 맥락, 우발 사태라는 면에서 볼 때 동일한 전쟁은 지금껏 하나도 없었다. 그리고 전황이 전개되면서 목표를 재구성할 필요성이 불거지기도 했다. 전쟁은 계획된 활동이라기보다는 경로와 결과가

---

*   다라위시 운동은 1899년에서 1920년 사이에 현재의 소말리아 지역에서 전개된 반식민주의(주로 반영국) 무장 투쟁이다.

불확실한 경쟁 과정을 통해 차츰 모습을 갖춰가는 활동에 더 가까웠다.

20세기 후반에는 도시가 전장으로서 더 중요해졌다. 시가전은 이미 제2차 세계대전 때부터—특히 격렬했던 1942년 스탈린그라드 전투에서—볼 수 있었지만, 국가가 대중 시위부터 테러리스트 운동에 이르는 내부 저항에까지 직면하면서 중요성이 더 커졌고, 21세기 초에는 이 두 요인이 더더욱 두드러지게 됐다. 2020~2021년 벨라루스의 권위주의 정권을 타도하려는 시도가 수도인 민스크에 집중된 것도 이런 흐름의 연장선상에서 볼 수 있을 것이다.

강대국 오스만

오늘날 상황은 30~40년 전과 다르다. 그 시절에는 튀르크인을 마치 지구 반대편의 존재인 것처럼 이야기했지만, 지금 그들은 너무나 가까이 있다. (…) 튀르크 함대가 매년 이 섬을 지나가는 것이 일상이 됐다.

– 1557년 시칠리아 총독의 말

1453년 비잔틴 제국 마지막 황제가 콘스탄티노폴리스 방어전에서 전사하고 메흐메트 2세(재위 1444~1446, 1451~1481)가 이 도시를 점령했을 때 그는 군사적 균형에 지각 변동이 일어났음을 만방에 공표했다. 1517년 그의 손자 셀림 1세(재위 1512~1520)가 맘루크를 멸망시키고 카이로를 점령했을 때, 1526년 술레이만 대제(재위 1520~1566)가 헝가리를 멸망시키고 부다페스트를 점령했을 때도 마찬가지였다.

500년 넘게 지속된 제국 오스만은 유라시아 군사사에서 아주 중요한 역할을 한 몇몇 튀르크 민족 중에서도 가장 큰 성공을 거두었다. 전성기를 맞은 7세기의 비잔틴 제국(동로마 제국) 이후 아나톨리아, 시리아, 이집트, 발칸반도를 모두 지배한 제국은 일찍이 없었다. 오스만 제국은 아시아 경기병 전술 특유의 유동성—14세기 말부터는—과 보병—결국에는 포병—의 효과적인 활용을 결합하여 전투에서 유럽 경쟁국을—특히 1389년 코소보에서 세르비아를, 1444년 바르나와 1526년 모하치에서 헝가리를—격파했다. 오스만에서 총이 더 중요해진 것은 15세기 말부터로, 총은 1473년 바슈켄트 전투에서 이라크 백양 왕조 투르크멘 기병대를 물리치는 데 기여했다.

너무나 쉽게 망각하는 것은 인명 희생이다. 메흐메트 2세는 1460년 그리스 펠로폰네소스 원정의 첫 번째 공성에서 패한 후 '잘 싸우는 자들에게 푸짐한 상을 내리겠다'고 약속하며 '성을 약탈할 것'이라고 공언했다. 실제로 적진의 여성과 아이들은 노예가 됐다. 그로부터 2년 후 에게해 연안 미틸리니를 점령했을 때는 주민 3분의 1을 노예로 삼아 병사들에게 분배했고, 포로로 잡은 수비대의 이탈리아인 병사들은 전부 처형했다.

종교적 열정은 기독교 국가들을 상대로 한 전쟁은 물론이고 사파비 왕조 치하 시아파 페르시아에 대항하는 전쟁에서도 중요한 구실을 했다. 사파비 왕조를 창건한 이스마일 1세(재위 1501~1524)는 마호메트의 사위이자 시아파 이슬람의 시조인 이맘 알리의 환생이거나 구세주 격 인물인 '숨은 이맘'으로서 신성성을 지녔으며 절대적 복종을 받을 자격이 있다고 여겨졌다. 시아파로 개종은 이스마일을 지지하는 부족들을 결집하게 만들었고, 이라크 정복은 시아파의 주요 성지—특히 카르발라—에 대한 지배권과 더불어 위신을 가져다주었다. 이와 대조적으로 수니파 성지들은 훼손되고 수니파 주요 인사들은 학살됐다.

오스만 제국 술탄의 수니파 이슬람에 도전하는 전반적인 세력들과 더불어, 동부 아나톨리아 주민들 사이에서도 사파비 왕조와 그 천년 왕국 신앙에 대한 지지세가 확산되며 오스만의 통제권과 안보, 종교적 정체감을 위협했다. 게다가 이스마일은 1505년 흑해 연안 도시 트라페준타의 영토권을 주장하기도 했다. 셀림 1세는 1514년 페르시아를 공격하며 적국을 이단으로 선포하는 파트와*를 율법 학자들에게서 받아냈다. 이는 최근까지도 이 지역에서 특히 이라크를 둘러싸고 벌어지는 수니파와 시아파 분쟁에 지대한 영향을 끼치고 있다.

1514년 찰디란 전투에서 대포의 도움으로 사파비 기병대를 격파하여 오스만 제국 국경을 동쪽으로 밀어붙인 셀림 1세는 이제 맘루크 쪽으로 주의를 돌렸다. 전투가 흔히 그렇지만, 승리의 요인은 무수히 많이 꼽을 수 있다. 시리아의 운명을 결정지은 1516년 마르즈다비크 전투에서 셀림이 승리한 이유는 화기를 쓴 덕분이기도 했지만, 맘루크 군대와 지휘관들의 분열 같은 다른 요인들도

---

* 이슬람의 법률 권위자인 무프티가 공식적으로 밝히는 법적 견해.

중요했다. 이 전투가 1485~1491년 오스만-맘루크 전쟁 때와 매우 달랐다는 것은 전쟁의 불확실성을 일깨운다.

셀림은 여세를 몰아 1517년 리다니야에서 승리를 거두어 이집트를 지배하게 된다. 오스만 제국은 여기서부터 북아프리카 해안을 따라 마침내 모로코 국경까지 세력을 확장했고, 메카와 메디나에 대한 통제권 또한 획득하여 무슬림 정통 신앙의 수호자로서 입지를 다졌다. 제국 수입 약 3분의 1을 생산하는 시리아와 이집트 등 아랍권의 영향으로 오스만 제국의 국가 운영은 더 뚜렷하게 무슬림적 성격을 띠게 됐다.

오스만의 전력은 광활한 제국—특히 이집트와 중동—에서 나는 자원, 불신자와의 전쟁을 의무로 여기는 이데올로기, 효율적인 전쟁 추진을 위해 구조화된 사회에 기초한 것이었다. 오스만 군대는 대량의 정보 분석과 정책적 선택지들을 근거로 잘 설계된 대규모 군수 체계에 바탕을 둔 대전략에 따라 배치됐다. 정규군 가운데 최정예인 예니체리는 발칸반도에서 아동을 세금 대신 징집하는 데브시르메를 통해 편성된 군대였다. 이슬람으로 개종한 이들은 훈련된 엘리트 군단으로 중앙 정부에서 봉급을 받았고 일부는 총기로 무장했다. 또 이들을 동원할 수 있었기 때문에 투르크멘족 기병의 독립 가능성이 낮아지기도 했다. 예니체리는 유럽이나 이슬람권 다른 지역들이 필적할 수 없는 군사적 전문성을 갖추었다.

예니체리의 진짜 가치는 오스만 군대의 대부분을 이루는 전통적 봉건·지방군과 달리 그들이 오직 술탄에게만 충성하는 상근

정규 직업 군인이라는 사실에 있었다. 예니체리의 작전을 지켜본 수많은 기독교도가 그들의—특히 행군하고 야영할 때—규율에 깊은 인상을 받고 논평을 남겼다. 또한 그들은 휴대용 총기를 채택하는 데도 빨라서, 몰타 공성전(1565) 때 구호 기사단은 예니체리 총병의 명중률이 기독교 군대보다 우수하다고 평가하기도 했다. 프랑스의 왕들이 15세기 중반부터 16세기 중반까지 칙령군을 수립·유지하려 한 적은 있지만, 예로부터 기독교 유럽에서는 엄청난 비용 때문에 상비병을 유지하는 것은 엄두도 못 낼 일이었다. 예니체리는 갑옷을 입지 않았기 때문에 로도스(1522), 몰타(1565), 파마구스타(1570) 등 대규모 공성전에서 공격할 때 많은 사상자를 냈다. 하지만 데브시르메의 관리와 조직에 힘입어 꾸준히 유입되는 신병을 사관학교에서 언제든 뽑아다 전투 부대에 충원할 수 있었기에 이들은 오스만의 전 육군과—그 정도는 덜했지만—군사 작전 시 해군에서 핵심 역할을 계속할 수 있었다.

아버지 셀림 1세의 뒤를 이은 술레이만 대제는 종교적 사명감 외에도 전쟁을 해야 할 또 다른 이유를 찾아냈다. 승리를 거둠으로써 군대를 만족시킬 수 있고 또 획득한 전리품과 명성이 복종을 이끌어내는 윤활유 구실을 했던 것이다. 그는 베오그라드(1521)와 로도스(1522)를 점령함으로써 메흐메트 2세가 실패했던 과업을 성공으로 이끌었고, 이렇게 선왕보다 더 큰 공적을 쌓음으로써 확실한 경의와 복종을 요구할 수 있게 됐다. 이어 1526년 모하치 전투에서 대승하여 헝가리를 수중에 넣었지만, 1529년 빈 진공은 완강한 방어에 부딪힌데다 겨울이 시작되고 병참 문제까지 겹쳐 포기할 수밖에 없었다.

오스만 제국은 지중해에서 해군력 또한 상당히 발전시켰다. 오스만이 1520년대부터 1570년대까지 키프로스뿐만 아니라 기독교 세력의 그리스와 북아프리카 기지에서 상륙 작전을 벌일 수 있었던 건 이 때문이었다. 오스만 제국 해군 하면 간판 격으로 떠오르는 사실이 1565년 몰타 원정 실패와 1571년 레판토 해전 대패인데, 이것만 생각하면 오스만 제국이 동지중해를 성공적으로 지배하며 기독교 세력 반격에 맞서 알제, 튀니스, 키프로스 등의 정복 영토를 계속 유지했다는 사실을 자칫 간과할 수 있다. 10만 명 이상 병력이 참여하여 4만 명에 가까운 전사자를 냈으며 갤리선 125척이 침몰한 레판토 해전은 전투의 승리가 반드시 전쟁의 승리로 이어지지 않는다는 것을 실증했다. 기독교 세력이 전투에서 승리했지만 결국 키프로스를 탈환하는 데는 실패했기 때문이다.

오스만 제국이 유럽에서 벌인 군사 작전에 주로 초점을 맞추다 보니 다른 전선, 특히 1578~1590년 사파비 왕조와의 전쟁은 충분한 관심을 받지 못하는 경향이 있지만, 사실 오스만 제국의 관심사는 주로 이쪽 전선이었다. 페르시아는 오스만의 지속적 압박에 못 이겨 평화 협상을 하고 아제르바이잔, 캅카스, 이란 서부에서 정복했던 영토를 오스만 제국에 넘길 수밖에 없었다. 그 결과 오스만 제국은 역사상 최대 강역을 차지하게 된다. 페르시아와의 전쟁은 17세기 초와 18세기 초에도 재개됐다.

한편 오스트리아와의 전쟁은 1593~1606년, 1665~1666년, 1683~1699년, 1716~1718년에 거듭됐다. 하지만 1680년대, 1690년대, 1710년대에 오스만이 패할 때까지 오스트리아는 육상에서 뚜렷한 우위를 입증하지 못했다. 이 역사에서 오스만 제국은 대체로 17세기의 전투―1683년 빈 점령에 실패하고, 이어서 헝가리 영토를 잃고, 1697년 외젠 드 사부아카리냥 공자가 지휘한 젠타 전투에서는 오스트리아군이 대승하며 절정에 이르는 흐름―를 통해 기억되곤 한다. 물론 이는 중요한 사건들이지만, 오스만의 회복력을 입증하는 사례들을 같이 놓고 보아야 한다. 오스만 제국은 (1625~1626년, 1630년 공성전에서 실패한 후) 1638년 페르시아로부터 바그다드를 탈환했고, 1645~1669년 베네치아가 지배하던 크레타를 정복했으며, 1672년 폴란드 남부 침공에 성공했고, 1690년과 1695~1696년 발칸반도에서 일시적이나마 주도권을 되찾았다. 또 1715년 베네치아로부터 펠로폰네소스(그리스 남부)를, 1739년 오스트리아로부터 베오그라드를 탈환하여 재정복했고, 1786년 이집트에서 반란군을 물리치기도 했다. 또한 이와 별개로, 비록 해당 세력 간의 충돌은 소규모에 그쳤지만, 17세기 말 유럽의 전쟁 능력이 중국의 청나라나 인도의 무굴 제국보다 더 우월했다고 할 만한 근거는 없다.

하지만 18세기에 들어―오스만 제국을 상대로든 인도를 상대로든―기독교 국가들의 보병 화력과 전장에서 훈련된 방식으로 작전을 전개하는 능력의 가치가 점점 더 뚜렷해졌다. 오스만 제국은, 특히 러시아를 상대로는 확실히 예전처럼 서슬 퍼런 전쟁 역량을 보여주지 못했다. 러시아는 1716~1717년, 1735년, 1748년, 1759~1760년과 1813~1815년 독일에, 1799년 네덜란드와 스위스에 병력을 파견하며 동유럽의 주요 강대국으로 자리 잡았다. 러시아는 1680년대, 1695년, 1711년에는 튀르크에 패했지만 그 후 1736~1739년, 1768~1774년, 1787~1792년의 전쟁에서 승리를 거두었고, 뒤의 두 전쟁에서는 다뉴브강 너머까지 진격해 들어왔다. 하지만 이때 오스만 제국이 입은 피해는 4세기 말 고트족이 다뉴브강을 넘어왔을 때 로마에 입힌 피해에 비하면 덜 심각한 편이었다.

또한 러시아는 오스만 제국 속국이던 크림한국을 1783년에 병합하고, 1787년 크림에서 철수하라는 오스만의 요구를 무시하고, 여세를 몰아 1787~1792년, 1806~1812년, 1826~1828년 전쟁에서 승리를 거둘 수 있었다. 러시아군은 종대 대형으로 화력과 총검 돌격을 둘 다 구사하고, 유연한 보급 체계로 작전 계획을 향상하는 등 전투와 작전 수행의 효율성을 점점 더 개선해나갔다. 새로운 정복과 전투 승리가 부재한 상황은 오스만에 큰 제약으로 작용했다. 제국의 위신이 떨어질 뿐만 아니라 분배할 전리품과 새 영토가 없으니 군대에 대한 술탄의 통제력도 감소할 수밖에 없었다.

1770년 에게해 키오스섬 앞바다에서 벌어진 체슈메 해전은 18세기 오스만 제국의 주요 해전이었는데, 러시아는 여기서도 오스만 함대를 대파했다. 서로 가까이 묶여 있던 20척의 전열함(戰列

艦)[*]과 최소 13척의 갤리선이 적의 계략에 허를 찔려 화공선에 거의 전소되며 1만 1000명에 가까운 튀르크 병사가 전사했다.

군사 체계의 적용성을 판단할 때 중요한 개념이 목적 적합성이다. 오스만 제국은 개선을 시도했지만, 오스만이 팽창했던 수세 기간의 활력과 성공을 되찾는 데는 역부족이었다. 오스만 제국은 상대적 우위를 상실했고 다시 회복하지 못했다.

---

* 　17세기에서 19세기에 걸쳐 유럽 국가에서 사용한 군함 종류. 한 줄로 늘어선 전열을 만들어 포격전을 주로 펼쳤다.

임진왜란

16세기 말 일본은 내전에서 해외전으로 눈을 돌리게 된다. 오다 노부나가(14장 참조)는 1573년 쇼군을 축출하고 일본 최고 지도자가 됐지만 1582년 라이벌 무장인 아케치 미쓰히데에게 패하여 자결했다. 노부나가의 가신이던 도요토미 히데요시는 미쓰히데를 신속히 격파한 뒤 이듬해에 또 다른 유력 무장 시바타 가쓰이에와 쟁탈전을 벌였다. 노부나가의 경우와 비슷하게 이들 전역에서도 핵심 요소는 히데요시의 기동성이었다. 이 싸움은 1583년 시즈가타케 전투에서 가쓰이에가 자결하면서 종결됐다.

1587년 히데요시는 여세를 몰아 일본 남단 규슈섬을 정벌했다. 시즈가타케 전투에서처럼, 이때도 화기 사용이 전투를 방어 전술 위주로 이끌었다. 히데요시가 병력을 참호 뒤에 배치한 것이다. 1590년 히데요시는 마침내 1만 5000명의 병력을 이끌고 혼슈 동부 지배 세력인 호조 가문을 공격했다. 그리고 1591년 군사 작전에 성공하여 북동부를 수중에 넣으면서 일본을 거의 통일하게 된다.

히데요시는 이미 1588년 규슈 남부에서 시마즈 가문을 격파한 후 농민의 무기를 전부 몰수했다. 이런 폭력 수단 독점은 패배한 경쟁 세력의 요새를 체계적으로 파괴하는 정책과 더불어 시행됐다.

히데요시가 중국을 정복하기로 결심한 것은 알렉산드로스 대왕이 페르시아 정복에 나선 것과 비슷한 패턴이었다. 정복을 통해 새로운 영토를 획득하고, 휘하 무사들에게 과업을 부여하며 그들에 대한 통제권을 유지할 수 있다는 것은 많은 무력 충돌에서 핵심 요소였다. 게다가 히데요시는 연이은 승리로 자신의 한계에 대한 감각을 상실한 터였고, 아무튼 무사 숭배 사상 때문에 한계에 대한 관심 자체가 희박하기도 했다. 그는 명의 조공국인 조선을 통해 중국에 진출한 뒤 명나라 도시 닝보에서 세계를 지배하겠다는 계획을 세웠다. 히데요시는 그곳을 거점으로 인도까지 정복할 생각이었다. 그는 타이완과 필리핀의 복속 또한 요구했는데, 이 야심에는 해상으로 진출하고자 하는 그의 희망이 반영되어 있었다. 1593년 히데요시는 명나라 만력제(재위 1573~1620)와 동등한 지위를 요구하며 중국 중심 세계관에 도전했다.

조선은 일본으로 충성을 돌리기를 거부했고 만력제도 그의 요구에 귀 기울일 생각이 없었다. 1592년 일본은 16만 8000명의 병력을 이끌고 조선을 침공했다. 초반에는 저항이 미약했기 때문에 승승장구했다. 일본군은 대규모 수비대를 물리치고 부산진성과 동래성을 함락한 뒤, 충주에서 조총과 활을 매우 효과적으로 이용하여 신속하게 승리를 거두었다. 그다음에 버려진 수도 한양을 점령하고 북쪽으로 압록강까지 진격했다. 선조(재위 1567~1608)는 이미 중국 국경까지 도주해 있었다.

상황을 반전시킨 것은 조선 해군이었다. 일본군 함대는 초반에는 승리를 거두었지만 무수한 전투—특히 사천 해전—에서 이순신에게 패배했다. 조선군 함대의 거북선은 당대 인상적인 전함 중 하나로 꼽힌다. 거북선은 포를 탑재한 노선(櫓船)으로, 적군이 배에 올라타 백병전을 벌이지 못하게끔 육각형 금속판으로 선체를 덮었다. 충각이 설치됐을 가능성도 있지만 이는 기본적으로 연안용 함선이었다. 남해안의 조수와 해협에 매우 능통했던 이순신은 1592년 추가로 연승을 거두었다. 게다가 조선의 육상 게릴라 전술이 일본군 통제력을 좀먹어 들어왔고, 여느 침공군처럼 일본군도 심각한 병참 문제를 겪었다.

1950년 한국 전쟁 때 미군이 북쪽으로 압록강까지 진격해오자 중국이 위기감을 느끼고 참전한 것과 비슷하게, 국경 지대 상황을 우려한 명나라가 1593년 1월 조선에 대군을 파병하면서 일본군은 퇴각하기 시작했다.

일본 측 사료는 자국의 패인을 설명하면서 명군의 병력 규모를 강조하지만, 여기에는 기술—특히 야전에서 화포 사용—도 중요한 역할을 했다. 화포 사용이 중요했던 건 조선에서 처음 일본군과 충돌한 명군이 북병이었던 것이 명군의 기량에 영향을 끼쳤기 때문이다. 북병은 스텝 지대에서 공격해오는 기병대의 위협에 맞서 싸우게끔 편성된 군대였던 반면, 일본군은 창과 조총으로 무장한 보병대를 발전시키고 야전에서 기병을 몰아낸 터였다. 명군 내에는 총기 사용이 널리 퍼져 있었지만 활, 창, 검 등 전통적 무기로 무장한 병력도 대규모로 배치됐다.

조명 연합군은 중국으로부터 안정적으로 육상·해상 지원을 받았다. 일본군은 본국에서 일부 지원을 받을 수 있었지만 육상에서는 의병의 게릴라 활동, 해상에서는 조선군과 명군의 방해로 한반도 서부 병력에 보급을 제대로 할 수가 없었다. 또 일본군은 조선 농촌에서 기대한 만큼의 자원을 수탈하는 데도 실패했는데, 제2차 세계대전 중에 일본군이 중국에서 겪은 보급 곤란을 연상하게끔 하는 대목이다. 1950년에 한국군이 그랬듯이, 일본군도 1593년 5월 9일 한양에서 철수하고 부산 주변 남해안 교두보까지 밀려났지만 명군은 이 교두보를 파괴할 수 없었다.

1597년은 에스파냐가 잉글랜드를 다시금, 이번에는 좀 더 소규모로 침공하려 시도한 해이자, 일본군이 14만 명의 병력을 이끌고 조선을 다시금 침공한 해이기도 하다. 하지만 명나라와 특히 조선은 비록 파벌 싸움에 멍들긴 했어도 이번에는 공격에 대비하고 있었다. 일본군은 초반에 승리를 거두었지만, 명군 측이 심각한 병참 문제에 시달렸음에도 1592년의 성과를 재현하지는 못했다. 일본군은 한양 남쪽에서 진격을 멈추고 수비 태세로 전환했다.

1598년 조선군은 화포 전문가 진린이 지휘하는 명나라 함대의 지원을 받았다. 일본군은 자신들의 전함에도 급히 포를 배치했지만 그들의 전술은 여전히 적함에 기어오르는 방식 위주였고 노량 해전에서 이순신에게 대패하게 된다. 이 전투에서 이순신은 전사했지만, 조선과 명나라 해군은 화포와 화기를 더욱 광범위하게 사용하여 200척이 넘는 일본군 함선을 침몰시켰다.

히데요시는 이미 조선에서 철군한다는 결정을 내리고 1598년 9월 18일 병사한 터였다. 일본은 1599년 봄에 철군했다. 히데요시 뒤를 이은 지도자들이 중국을 친다는 그의 구상을 계승하지 않은 것은 동아시아와 나아가 세계사에서 중요한 순간이었다.

명나라는 1582년 알탄 칸이 죽은 이후 몽골 세력이 쇠퇴한 덕을 크게 입었다. 실제로 몽골의 위협이 막을 내리고 일본이 패배한 것은 명나라 말기 만력제 치하의 활력을 가능케 한 측면이었다. 아직까지 만주족은 중국에 심각한 위협이 아니었다. 일부분 그 때문이었겠지만, 16세기 말까지 중국이 보여준 인상적인 전력만 놓고 보면 그다음 세기에 닥친—만주족의 공격과 국내의 대규모 반란이라는—군사적 도전을 설명하기 힘들다.

명나라가 난공불락이기는커녕 1640년대 만주족의 공격으로 결국 멸망한 사실에 비추어보면 혹시 일본이 그전에 성공할 수도 있지 않았을까 하는 의문이 든다. 일본이 동아시아를 침공하며 해상 병참선 확보에 곤란을 겪었고 자원과 병참 부담에 직면하긴 했지만(일본은 1904~1905년 러일 전쟁 때도, 그리고 1931년 만주에 이어 1945년 중국 전역을 침공했을 때도 비슷한 압박을 겪었다) 중국처럼 일본도 작전을 전개하는 데 필요한 인력과 농업 자원 기반을 1590년대에—그리고 전쟁을 계속했다면 1600년대에도—갖추고 있었다.

일본이 내전으로 힘을 분산하지 않았다면 이런 역량은 특히 더 커졌을 것이다. 이것은 그 시대의 국제적 세력에 기여하는 요소로서 국가 행정의 발전보다 대체로 더 중요했다. 하지만 일본은 중국에 대해 만주족 궁기병의 기동성, 유연성, 화력이라는 비교 우위를 갖추지 못했다. 말 공급이 상대적으로 부족했던 명나라 군대는 그들에게 상대가 되지 않았다. 많은 명나라 지휘관이 만주족에 투항할 준비가 되어 있었다.

일본에서 히데요시가 차지했던 지위는 히데요시가 절대 신임하지 않은 다이묘인 도쿠가와 이에야스에게 넘어갔다. 라이벌 다이묘 파벌이 그의 집권에 저항했지만 이에야스는 그중 몇 명을 비밀리에 포섭하여 적의 세력을 약화함으로써 1600년 세키가하라 전투를 승리로 이끌었다. 이에야스가 적군 8만 2000명 가운데 약 1만 5000명을 자기편으로 데려온 것을 보면, 여느 전투에서처럼 여기서도 배신은 핵심 요소였다. 이에야스는 이후 1868년까지 유지될 도쿠가와 막부를 창시했다. 이에야스의 20만 명에 달하는 군대는 1614~1615년 오사카성을 함락하고 히데요시의 아들인 히데요리를 격파했다. 이후 일본 전역의 결집과 통일이 강제되면서 요새의 필요성은 줄어들었다. 주민 대부분의 무기 소지를 공식적으로 금지했으므로 검술은 엘리트의 표식이 됐고, 더 이상 전쟁이 없었으므로 실전에서 쓰는 수단이 아니라 문화적 형태를 띠게 됐다.

17세기에 일본이 일체의 원거리 해상 활동에서 철수한 데는 국내 정치 전개가 중요한 역할을 했다. 1603년 도쿠가와 막부를 세운 이에야스가 해상 활동으로 이권을 챙기는 집단들을 위협으로 여겼던 것이다. 사쓰마의 유력 가문인 시마즈는 류큐제도를 통해 대중국 무역을 재개해도 된다는 허가를 받았지만, 1609년 사쓰마의 종주권을 강제하기 위해 류큐를 침공했다. 이에야스는 이런 다이묘들의 독자적 대외 활동을 잠재적 위협으로 받아들이고 일본 남서부에서 모든 대형 선박을 파괴하도록 지시했다. 게다가 일본인 모험가들의 군사 활동은 더 광범위하게 제한됐다. 1616년 타이완을 무단으로 정복하려는 시도가 이후 재현되지 않은 것은 그 결과로 볼 수 있다. 한 상인 겸 모험가가 감행한 이 원정은 실패로 돌아갔다. 무사를 가득 태운 정크선 13척이 태풍에 난파하고 겨우 한 척만 타이완에 상륙했지만 그들도 원주민에게 죽임을 당한 것이다. 이와 대조적으로 17세기 전반기 유럽 지배자들은 모험가에게 더 큰 자유를 부여했고, 실제로 이들은 병력 모집 수단이 된 군사 기업 체제를 형성하는 데 결정적 역할을 했다.

일본의 경우 쇼군의 우려를 불러일으킨 요인 중 하나는 일본에 도착한 유럽인 선교사와 상인 간 치열한 경쟁으로 국내에 소요가 촉발된 것이었다. 이들 대부분은 1630년대에 추방됐다. 포르투갈인은 1639년에 추방됐고, 네덜란드와의 교류는 1641년부터 축소됐다. 일본인은 16세기까지만 해도 동남아시아와 교역했지만 1630년대부터는 해외 출국이 금지됐다.

1792년 러시아가 외교·통상 관계 수립을 요청했지만 이는 적대적인 일본 정부의 해안 방어령으로 이어졌고, 러시아의 통상 요구는 지속되지 않았다. 18세기 일본에서 벌어진 무력 충돌은 대부분 인구 증가에 따른 사회적 압력으로 촉발된 반란이었고, 모두 진압됐다. 외국과 무력 충돌은 없었다.

범선 전함의 시대,
1588~1827년

범선 전함의 시대는 잉글랜드가 에스파냐 무적함대를 격파한 1588년부터 시작하여, 나바리노 해전에서 영국-프랑스-러시아가 튀르크 함대를 격파하며 그리스 독립의 돌파구를 연 1827년까지 계속됐다. 전함은 선박을 파괴할 만한 화력을 제공하는 포를 탑재한 플랫폼으로 개발됐고, 노가 아니라 돛으로 추진하는 방식을 쓰면서 더 많은 인력을 포에 배치할 수 있게 됐다. 일찍이 14세기에 이루어진 선박 건조·설계의 변화로 특히 돛대 개수와 돛대 하나당 돛의 개수가 증가하고, 돛의 형태가 다양해지며, 선미 고정타*가 확산되면서 내항 성능이 향상됐다. 초기의 포 사격은 측면이 아니라 전후방으로 행해졌다. 측면 사격은 보다 월등한 화력을 제공했는데, 이를 위해서는 배가 뒤집히거나 바닷물이 새어 들어올 위험 없이 포를 낮은 위치에 안전하게 탑재할 수 있는 조선 역량을 키워야

---

*   키를 배의 양옆이 아니라 뒤쪽 끝인 선미재에 장착하는 방식.

했다. 이후 화력 면에서 이루어진 개선도 중요했다. 대포가 더 저렴한 주철로 바뀌었을 뿐만 아니라 화약 효과도 향상됐다.

또한 함대를 단순히 여러 척의 개별 선박으로서가 아니라 유기적으로 운용할 필요가 있었다. 확실히 영국의 경우에 선형진(단종진)*은 일부분 기존 군사 모델을 해상으로 옮긴 것이었다 즉 육상전 경험이 있는 지휘관들이 거기서 얻은 교훈을 적용하고 전투 중에 통제와 협력이 가능한 진형을 짜내고자 노력한 결과였다. 당시만 해도 육군과 해군 사이 뚜렷한 분리가 없었다. 하지만 실제로는 해상 무력 충돌의 특수한 성격 ─ 특히 날씨에 따라 대처 기술이 달라져야 했기 ─ 때문에 일딘 배들이 접전을 벌이게 되면 응집력을 유지하기가 매우 힘들었다. 그럼에도 전투 지침과 전열 전술은 규율을 심어주고 측면 화력의 극대화에 의존하게끔 해주었다.

동시에 군사사에서 흔히 볼 수 있듯이, 전투가 전형적인 군사 활동이 전혀 아니었음을 인식할 필요성이 있다. 이는 약한 측이 전투를 피하는 경향이 있었기 때문이기도 했다. 소규모 충돌, 호위 임무, 봉쇄, 해안 기습 작전도 모두 중요했다. 1688년 오라녜 공 윌리엄 3세(재위 1689~1702)가 잉글랜드 침공에 성공했을 때처럼 침공 지원도 핵심 임무였다.

1588~1651년에는 서양 열강 간에 해전이 벌어졌다. 1588년 에스파냐 무적함대가 패배하고 1639년 다운스 해전에서 네덜

---

* 함대를 이루는 각 배가 세로 방향으로 늘어선 진형.

란드가 에스파냐를 대파했다. 하지만 이런 큰 전투도 1652~1692년에 비하면 그나마 드문 편이었다. 이 시기에는 잉글랜드와 네덜란드와 프랑스가 해군의 우위를 겨루며 앞다투어 전함을 만들고 인프라를 건설하면서 대규모 해전을 격렬하게 벌였다. 1590년대에 일본, 조선, 중국이 전쟁을 치렀을 때처럼 여기서도 핵심 요소는 근접성이었다.

유럽에서는 프랑스의 브레스트, 잉글랜드의 플리머스 등 해군 전용 기지를 개발했다. 정부 자금으로 세운 이런 곳은 부두와 창고 설비를 결합한 당대의 가공할 기지였다. 포를 탑재한 전함은 복잡한 공급망과 제조 과정의 산물이었다.

1652년부터 1674년까지 세 차례에 걸친 영란 전쟁은 특별한 중요성을 띤다. 1652~1654년의 1차 전쟁에서는 더 큰 전함을 가진 잉글랜드 함대가 네덜란드보다 강했다. 이와 달리 1665~1667년의 2차 전쟁에서는 프랑스가 네덜란드를 지원하여 잉글랜드 측이 불리해진 반면, 네덜란드는 대대적인 선박 건조 사업으로 잉글랜드만큼 큰 전함을 만들어내면서 전력을 강화했다. 1672~1674년의 3차 전쟁에서 네덜란드는 잉글랜드와 프랑스 두 나라와 맞붙어 성공적으로 방어전을 치렀는데, 이는 자칫 치명타가 될 수도 있는 해상 침공 가능성을 차단할 수 있었기 때문이다.

잉글랜드(스코틀랜드와 합병한 1707년부터는 영국) 해군은 특히 측면 화력이 강했고, 엄격한 규율과 훈련에 힘입어 우수한 전력을 유지하며 1690년대 중반부터 1943~1944년 미국이 추월하기 전까지 세계 최강 함대로 군림했다. 정치적으로 어디에 가중치를 두느냐 하는 것도 중요했다. 영국의 주요 경쟁 세력인 프랑스와 에스파냐는 육군 전력에 더 중점을 두었다. 특히 프랑스가 1692년 바르플뢰르 해전에서 대패한 이후 해군에 집중하지 않고 당시 벨기에에서 큰 압박을 받던 육군에 훨씬 더 관심을 쏟은 것은 중대한 패착이었다.

게다가 영국은 상선대 규모가 커서 그만큼 숙련된 선원 인력이 풍부했다. 그리고 뛰어난 해군 지휘관과 인상적인 관리 능력, 선박 유지·조선소·장비에 대한 투자 등 꾸준한 지원 패턴을 결합해 직진 실행과 전술 효율의 향상을 촉진했다.

1692년, 1747년 그리고 크게는 1759년에 프랑스에 거둔 핵심적 승리와 성공적인 상륙 작전의 결합으로 영국은 서양 세계의 지정학을 바꾸어놓을 수 있었다. 이러한 해군의 성공은 우월한 무기 때문도 아니었고, 선박이나 장비가 부르봉 왕조(프랑스와 에스파냐)나 네덜란드의 것과 현저히 달라서도 아니었다. 공세적 작전·전략과 공격적 전술을 겸비한 기풍과 정책하에 당대의 군함을 효과적으로 활용했기 때문이다. 패전은 불명예로 이어질 수 있었다. 일례로 1756년 미노르카에서 프랑스 함대를 꺾지 못한 빙 제독은 군법회의에 회부되어 처형됐다. 이 사건에 자극받은 지휘관들은 1759년 라구스 해전과 키브롱만 해전에서 대담한 지휘를 선보였다. 키브롱만 해전에서 영국 해군은 매우 거센 바람을 뚫고 위험한 연안 해역까지 들어가 프랑스 함대를 추격했다.

미국 독립 전쟁(1775~1783) 때 영국은 북아메리카에서 전력을 유지할 수 있었고, 1782년 카리브해 생트제도 앞바다에서 프랑스 해군에게 승리를 거두었지만, 전황에 중대한 영향을 미치기에는 너무 늦은 시점이었다. 이는 프랑스 혁명전쟁에서도 마찬가지로, 영광의 6월 1일 해전(1794), 세인트빈센트 해전(1797), 캠퍼다운 해전(1797), 나일 해전(1798)에서의 연승은 서유럽에 대한 프랑스의 지배력 증대를 저지하기보다 영국의 해군 지배를 유지할 수 있게 해주었다는 점에서 더 중요했다. 나폴레옹 전쟁 때는 더 지속적으로 난관이 이어졌지만, 결국 1805년 트라팔가르에서 프랑스-에스파냐 함대를 대파하며 프랑스의 영국 침공 계획을 무산시켰다.

영국은 효율적인 선단 체제를 유지할 수 있었는데, 이는 전 세계 해상 무역 운송에서 영국이 차지하는 비중을 높이고 프랑스와 그 동맹 세력이 세계 시장에 접근하는 것을 차단하는 데 큰 힘이 됐다. 나아가 영국의 해군력과 해상 자원이 지닌 저력과 특성에 힘입어, 영국은 나폴레옹이 영국을 유럽 대륙으로부터 상업적으로 고립시키고자 했을 때 이를 버텨냈고, 포르투갈과 에스파냐에서의 군사 작전을 지원했으며, 프랑스와 그 동맹 세력의 해외 기지들을 점령할 수 있었다. 이로써 영국은 1806년 케이프타운, 1809년 마르티니크, 1810년 레위니옹과 모리셔스, 1811년 바타비아(자카르타)를 점령하는 등 상륙 작전 능력을 전 세계에 떨치게 된다. 한편 1807년 부에노스아이레스를 공격했다가 격퇴당하고 미국과 1812년 전쟁(1812~1815) 중이던 1815년에 뉴올리언스를 공격했다가 패하는 등 실패도 있었지만, 이들 전투는 영국이 외국의 기지를 공격한 사례였지 그 반대가 아니었다. 비록 1812년에 미국의 프리깃함*이 영국의 프리깃함과 일대일로 맞붙어 위력을 보여주긴 했지만, 영국이 1813년부터 실시한 해상 봉쇄는 미국의 해군 작전뿐만 아니라 경제에도 큰 타격을 입혔다. 영국군은 1814년 워싱턴을 점령하고 맥헨리 요새를 포격하며 볼티모어에 접근할 수 있었고, 미국이 거액을 들여 방어 준비를 갖출 수밖에 없게 만들었다.

영국군의 포성은 세계 곳곳에 울려 퍼졌고 해군 기술의 한계도 힘을 둘러싼 현실과 인식을 막지는 못했다. 1816년 영국 함대의 알제 포격이 기독교도 노예 납치를 종식하는 협정으로 이어진 것은 이 점을 다시금 주지하게 만든 사건이었다.

영국의 역량은 전 세계적 제국·무역 네트워크를 창조해본 서양 특유의 경험에 더 깊이 뿌리를 두고 있었다. 이 네트워크의 기반을 이룬 것은 경제, 기술, 국가 건설 간의 독특한 상호 작용과 자유주의 정치 체제의 특수한 힘이었고, 특히 영국의 그것은―네덜란드의 경우와 비슷하게―(해군력 투사로 상업적 이득을 보는) 자본가들의 협력을 이끌어냄으로써 경제 발전에도, 해군력에도 귀중하고 이로운 정부와 민간 부문의 공생을 이룩할 수 있었다. 중국, 조선, 일본도 많은 선박을 건조할 수 있었고 17세기에 그들의 경제

---

*   19세기 전반까지 유럽에서 활약한, 돛을 단 목조 군함. 주로 경계 임무를 맡았다.

와 문화 수준은 서구와 맞먹었지만 이 세 나라에는 경제, 기술, 국가 건설 간의 지속적 상호 작용이 부재했다. 상인이 정부 운영에 참여하지 않고 지배층은 해외 무역을 낮추어보았다.

영국은 19세기에도 강한 해군력을 유지했다. 영국의 자아상은 다른 어느 나라보다도 더 바다에 고착되어 있었다. 그 결과로 범선에서 증기선으로, 목선에서 철선으로의 기술 전환이 영국이 선두를 추월당하지 않고도 성공적으로 이루어졌다. 이는 영국이 산업 혁명 핵심 국가였기 때문이기도 했다.

전환에 시간이 걸리긴 했어도 결국 바람에 의존하던 동력이 증기 기관으로 대체되면서 해상 이동 시간이 좀 더 믿을 만하고 예측 가능하며 짧아지게 됐다. 증기 덕분에 전함은 무풍에서도 기동하고 역풍을 맞으며 전진할 수 있었다. 그래서 연안이나 위험한 수역에서 작전을 수행하고, 항구에서 적함을 공격하며, 상륙을 감행하고, 장기간 봉쇄 위치에 머무르기가 수월해졌다. 해안 가까이에서도 자신 있게 운항할 수 있는 증기선의 능력은 해군의 전술·작전·전략 잠재력에 영향을 끼쳤다. 석탄 공급이 중대한 문제가 됐지만, 돛을 활용해서 석탄 소비를 줄일 수 있었으므로 한동안은 대부분의 증기선이 돛과 돛대를 갖추었다. 그럼에도 1815년 전함은 건조, 추진, 조종, 무기 면에서 그로부터 한 세기 전 전함과 크게 다르지 않았다. 하지만 그로부터 한 세기 뒤에는 이런 상황이 크게 바뀌게 된다.

중국과 러시아, 그리고
유목 세력의 종말

25

17세기 초에는 서로 매우 다른 두 가지 상황이 전개됐다. 러시아가 시베리아를 거쳐 태평양 연안까지 세력을 확장했고, 14세기 말 중국 땅에서 몽골을 몰아냈던 명나라가 약해진 틈을 타 만주족(청나라) 침입자가 중국을 정복한 것이다. 이는 유목 세력이 거둔 또 하나의 승리로서, 그들의 승리가 끝나려면 아직 멀었음을 말해주는 사건이었다. 실제로 18세기 말 영국의 역사가 에드워드 기번은 '야만인'이 다시금 유럽을 정복할 가능성에 대해 한번 짚어볼 필요가 있다고 전망하기도 했다. 표트르 대제(재위 1682~1725) 치하에서 서구화된 러시아가 그들이 넘어올 수 없는 장벽 구실을 한다고 결론내리긴 했지만 말이다.

한때 성공한 정복자였던 만주족은 중국인처럼 행세하며 중국화의 길을 걸었다. 그리고 특히 효과적인 하이브리드 형태 전쟁을 고안했다. 그들은 13세기 몽골이 중국을 정복했을 때 확립한 군사 체제를 갱신하여 스텝 지대에서도 성공적으로 작전을 수행했고, 중국의 자원도 끌어다 쓸 수 있었다. 여기에는 청나라가 1683년 타이완을 정복할 수 있게 해준 해군력까지 포함됐다.

강희제(재위 1661~1722)와 건륭제(재위 1735~1796)는 이 새로운 체제를 주창하여 가장 성공한 인물이었다. 강희제가 진압한 삼번의 난(1673~1681)은 번을 다스리는 군벌들이 일으킨 위험한 반란으로, 그중 한 명은 1678년 스스로 황제를 칭하기도 했다. 이는 17세기에 일어난 최대 규모의 반란이었다.

강희제와 건륭제 덕분에 티베트와 스텝 지대 마지막 대제국인 중가르 부족 연맹에 대한 지배권을 확립했다. 이 과정은 장기간에 걸친 투쟁이었다. 중가르는 1687년 갈단 칸(재위 1671~1697) 지휘하에 몽골 서부에서 동부로 팽창하면서 청나라와 직접 대치하게 됐다. 중가르의 이러한 진출과 중국이 조종할 수 있는 스텝 지대의 권력 균형 붕괴는 청에 위협으로 다가왔다.

1690년 베이징에서 북쪽으로 320킬로미터 떨어진 울란부통에서 양측 군대가 충돌했다. 갈단은 펠트 천을 둘러씌운 낙타 뒤에 병력을 피신하게 하는 방어 전술로 청군 화포의 효과를 낮추었지만, 결국 청군에 밀려 전장에서 퇴각할 수밖에 없었다. 군량이 부족하고 말들이 지쳐서 제대로 추격을 감행할 수 없었던 청군 지휘관은 기꺼이 휴전 협상에 응했다.

집념이 강했던 강희제는 1696년 북쪽 고비사막을 건너 중가르를 토벌하기 위한 원정길에 올랐다. 이 원정길에서 병참 능력이 심각한 시험대에 오르며 구사일생의 고비에 몰리자 강희제의 군사 고문들은 병사들이 굶어죽기 전에 돌아갈 것을 재촉했다. 하지만 1680년대 말에 크림타타르를 정벌하기 위해 스텝 지대를 건너 진군했다가 실패한 러시아군에 비하면 청군은 훨씬 잘 대처한 편이었다. 중가르 군대는 자오모둬 전투에서 청군에게 궤멸됐다. 여기서 중가르 지도자의 조카가 그에게 반기를 들고 청나라와 결탁한 것이 청군 승리에 크게 기여했는데, 흔히 그렇듯 다면적 설명의 필요성을 강조하는 대목이다. 하지만 중국의 효율성은 그 군대의 힘을 반영하는 것이기도 했다. 특히 중국 동부 저지대의 풍요로운 농토에서 생산된 자원으로 북부와 서부 변경 지대 군사 작전을 지원할 수 있었던 건 인상적인 병참 시스템 덕분이었다. 청이 유목민 군대·체제와 중국 군대·체제를 결합한 것은 변경 지역을 평정하는 데 결정적 구실을 했다. 이는 정착을 통해 정복한 지역에 대한 통제권을 확립하고 군대에 자원을 보급하면서 중시됐던 과정으로, 중국사에서 장기적으로 나타난 패턴이었다.

중가르에 맞선 중국의 군사 역량에서 결정적 변수는 무기가 아니라, 먼 거리에서 대규모 전력을 준비하여 이동하고 유지하는 능력이었다. (서양 열강들이—특히 해상에서—엇비슷하게 공유했던) 군사 기술과 전술보다 조직의 발전과 범위와 역량이 절대적·상대적으로 더 중요한 힘이었다는 면에서 이는 서양 세계의 상황과 유사했다. 중국은 1696년 승리를 발판으로 지배권을 몽골까지 확대하고 티베트에 간섭함으로써 현대 중국 영토 형태를 갖추어 나갔다. 1717년 중가르는 이번에는 매우 험준한 지형을 넘어와 티베트를 정복했고 1718년 청군 부대를 물리치기도 했지만, 1720년 청의 반격으로 결국 티베트에서 축출됐다.

청은 1730년대 초 중가르와 무력 충돌에서는 승리하지 못했지만, 1755년 심각한 승계 분쟁으로 인한 중가르 엘리트 사이 분열을 틈타 공격을 재개할 수 있었다. 1755년 청이 승리한 뒤에도 몇 차례 반란이 일어났지만 진압됐다. 중가르는 천연두와 학살로 큰 타격을 입고 인구가 급감했다.

청나라가 병참에서 거둔 성과는 스텝 지대 전쟁 관리에 중요한 구실을 했다. 청은 기존 시스템을 토대로 하여 1750년대 중가르로 쳐들어가는 중앙아시아의 두 간선 도로 곳곳에 무기고 초소를 배치했다. 수천 킬로미터 떨어진 곳까지 물자를 수송한 것, 동몽골 동맹 부족이 지배하는 몽골 본토에서 말과 풍부한 사료를 공급받은 것은 둘 다 스텝 지대에서 작전 수행에 결정적 구실을 했다. 이렇게 보급을 개선한 것은 현지 주민을 적으로 돌리고 싶지 않은데다 아주 건조한 지역은 주민이 먹을 식량조차 부족하기 때문이기도 했다. 나폴레옹 군대가 1812년 러시아를 침공했을 때는 이동 거리가 더 짧았음에도 심각한 문제에 직면했는데, 청군이 그들처럼 와해되지 않은 것은 이런 보급 문제 개선 덕분이었다. 나폴레옹은 1755년의 청군보다 더 큰 저항에 부딪혔으므로 단순 비교는 어렵지만, 보급 상황 차이는 매우 중요했다. 병참에 대해 논할 때 유럽을 앞세우는 것은 확실히 부적합하다.

18세기에 중국이 대폭 늘어난 인구와 농업 확장을 군사적 목적에 적용한 것은 간쑤성의 곡식 농사 확대와 관련이 있으며, 새로운 영토 정복과 개척 기반을 마련하기 위해 이주민을 정착시키고 중점 산업을 축산업에서 농업으로 전환했다. 중가르와 전쟁을 벌이기 위해 중국 동부에서 서부로 막대한 자원을 옮겼다. 중국의 다른 전쟁 수행 사례와 마찬가지로 이런 역량은 국가 행정 능력과 잘 발달된 상업 네트워크의 광범위한 자원을 반영하는 것이었다. 청은 1759년 중가르 권역을 평정한 뒤 그 너머의 호탄과 야르칸드로 정복을 이어 나갔다. 청의 중앙아시아 정벌이 이렇게 성공한 데는 중가르 내부 분쟁과 배신 그리고 파괴적인 천연두 같은 다른 변수들도 있었지만, 또 다른 이유는 청 이전 어떤 왕조도 극복하지 못했던 스텝 지대 군사 작전에서 병참 문제를 해결하는 데 성공했기 때문이다. 만주족, 몽골족, 한족의 보병·포병·기병대가 스텝 지대에서 전투를 운용하는 법을 알아낸 것은 중국의 모든 왕조가 이를 중요한 전략적 위협으로 여겼기 때문이다. 반면에 버마, 쓰촨, 베트남 등 남쪽 변경에서 그만한 성공을 거두지 못한 것은 이곳이 전략적으로 중요한 관심 지역이 아닌데다 1760년대 버마에서 질병으로 작전 수행에 큰 타격을 입는 등 자연 환경이 매우 달랐기 때문이다.

이런 승리에 힘입어 청은 거대한 규모의 단일 영토를 지닌 제국이 되는 동시에, 많은 인구가 몰려 있는 동부 지역에 ─1839년부터 1945년까지 행해진 해상으로부터의 공격을 논외로 하면─ 깊은 전략적 종심*을 제공하게 됐다. 게다가 카자흐족의 주요 분파들도 청에 복속하게 됐고 19세기 러시아가 영향력을 뻗치기 전까지는 중국의 영향력 아래 머물러 있었다. 하지만 중국은 1862~1877년 무슬림 지역에서 둥간 봉기가 일어나고 티베트도 1912년 독립을 선포한 뒤 1951년까지 사실상 독립 국가로 존재하는 등 반발에 직면하게 된다.

1680년대에 청나라가 아무르강 유역에서 러시아를 몰아내긴 했지만 두 열강은 대체로 직접 충돌을 피하고 있었는데, 1850년대 말부터 러시아가 팽창을 꾀하기 시작했다. 러시아는 유목민족을 대거 희생시키고 튀르크족 또한 몰아내면서 팽창을 추진해온 터였다. 크림반도의 크림타타르족은 1680년대에 러시아 공격을 막아냈지만 1730년대 말부터는 러시아 공격이 훨씬 거세졌고 결국 1783년 크림반도는 러시아에 합병됐다. 이 승리와 1768~1774년, 1787~1792년의 전쟁에서 러시아군이 다뉴브강 남안까지 진격하며 튀르크군을 격파한 결과로 흑해는 더 이상 튀르크의 호수가 아니게 됐다. 러시아는 그 동쪽 지역에서도 큰 영토를 획득하고 19세기 말에는 중앙아시아 대부분을 정복하게 된다. 타슈켄트는 1865년, 사마르칸트는 1868년 점령됐고, 1873년 히바, 1884년 메르브가 그 뒤를 이었다. 이 지역에서의 작전 수행에 따르는 난관과 이전의 실패―특히 1842년 영국이 아프가니스탄에서 거둔 실패―를 생각하면 이는 상당한 공적이었다.

---

* 　최전방과 수도·산업 지대 등 중요 핵심지와의 거리를 뜻하는 군사 용어.

영국과 러시아가 전쟁 직전까지 치달은 1791년부터 — 이 과정은 결국 1854~1856년 크림 전쟁으로 이어지게 된다 — 러시아의 팽창은 더 광범위한 우려 대상이 됐다. 러시아는 이런 주변적 위협을 극복하는 한편, 1708~1709년 스웨덴 국왕 카를 12세(재위 1697~1718)의 침공과 1812년 프랑스 나폴레옹 1세(재위 1804~1815)의 침공 등 더 큰 도전을 분쇄했다. 장기 18세기* 유럽에서 가장 중요한 군사 작전인 이 두 전쟁에서 침공군은 격파됐고 그 지도자는 목숨을 부지하기 위해 도주해야 했다. 여러 면에서 볼 때 이 두 패전은 이 시대의 이른바 근대성을 보여주는 사례라기보다는 — 특히 한 군주의 명령으로 행해진 비교적 단기간에 걸친 침공이라는 면에서 — 예로부터 확립되어 있던 무력 충돌 패턴의 연속으로 볼 수 있다.

이 두 전쟁으로 러시아는 장기적으로 영토를 획득했다. 1710년부터 발트해의 긴 해안을 획득(1721년 조약으로 추인)하여 1918년까지 보유했고, 1772년에 폴란드 영토의 상당 부분을 — 1813년에 추가로 더 — 획득하여 1915년까지 유지했다. 그 결과 러시아는 발트해에서 태평양 연안까지 아우르는 지배적 강대국이 됐고, 유라시아 지정학에 주목하는 이들에게 주된 우려 대상으로 떠올랐다.

---

* 서양사에서 연대적으로 17세기 후반부터 19세기 초반까지 걸친 계몽주의 시대를 일컫는다. 그 정확한 분기점은 학자에 따라 다르지만 영국사의 맥락에서는 명예혁명이 일어난 1688년부터 워털루 전투에서 승리한 1815년까지, 좀 더 광범위한 세계사적 맥락에서는 1660~1830년으로 보고 있다.

유럽의 신대륙 식민지가 붕괴하다, 1775~1825년

붉은 군복을 입은 영국 군대가 햇볕이 내려쬐는 초원을 진군하다가 이내 용감한 독립투사들의 총을 맞고 픽픽 쓰러진다. 미국 독립 전쟁(1775~1783) 하면 떠오르는 이 전형적 이미지는 이 전쟁의 결과를 필연적인 것으로 보게 하는 데 일조했다. 물론 당대인들은 이런 사치를 누리지 못했고, 1781년 10월 버지니아 요크타운에서 영국군이 항복한 이후까지도 이것이 필연적 결과라는 인식은 존재하지 않았다. 우리는 혁명군이 반혁명군을 격파할 운명이었다는 선입견을 지우고 사건의 세부를 살펴보아야 한다. 실제로 1775~1776년 미국의 캐나다 침공이 참패로 돌아간 것은 영국 군사 시스템의 힘을 보여주는 것이었다.

지난 250년간 식민 지배에서 중대한 변화가 1775~1825년과 1943~1991년 이렇게 두 차례 일어났다. 첫 번째는 신대륙에, 두 번째는 구대륙에 집중됐다. 두 차례 모두 국제전과 내전이 상호 작용했고, 지금 시점에서는 필연적으로 보이는 일이 당대인에게는 전혀 그렇지 않았다. 몇몇 반란 투쟁이 성공을 거두어 1300~1600년에 스위스, 스코틀랜드, 네덜란드가 독립을 이루고 중국에서 몽골 세력이 축출됐지만, 대부분의 반란은 실패로 돌아갔다. 전문 직업 군대가 누리는 무기·조직·훈련 등 군사 자원의 가치와, 반란을 항구적인 정치적 정체성으로 고착화하는 일의 어려움을 생각하면 이는 놀랄 일이 아니었다.

실제로 이 과업의 어려움을 인식하면 1775~1825년 역사 전개가 필연적이지 않았음을 깨닫게 된다. 여기서 핵심 요소는 국제적 차원이었다. 1758~1760년 프랑스령 캐나다를 정복했던 영국은 1778년 프랑스와 전쟁 때문에 미국 독립 혁명을 진압하는 데 집중할 수 없었다. 특히 프랑스가 영국군 작전의 지원·보급에 필요한 제해권을 교란한 것이 1781년 버지니아 요크타운 전투에서 미국-프랑스 연합군이 영국군을 격파하는 결과로 이어졌다. 1781년에 영국은 에스파냐, 네덜란드 그리고 남인도 마이소르 왕국과도 전쟁 중이었으므로 이는 당시 대영제국이 받고 있던 엄청난 압박의 일부에 불과했다. 영국은 인도양, 지중해, 서아프리카, 북아프리카, 서인도제도에서 군사적 압박 아래 놓여 있었을 뿐만 아니라, 1779년에는 비록 실패로 끝나긴 했지만 프랑스-에스파냐 연합군이 영국을 침공하려 시도했기 때문에 연안 방어가 줄곧 최우선이었다.

독립 투쟁에서 국제적 측면은 민족의 승리라는 내러티브에 맞지 않기 때문에 과소평가되는 경향이 실은 늘 중요했다. 프랑스가 1791~1804년 아이티 혁명에 대한 무력 진압을 계속하지 못하고, 에스파냐를 지원하여 에스파냐령 아메리카에서 혁명 진압에 개입하지도 못한 것은 영국의 견제가 있었기 때문이다.

하지만 이는 관련된 변수 중 하나에 불과했다. 실제로 공격 측 요소와 대응 측 요소 둘 다 중요했다. 미국의 많은 대중이 정치화되고 많은 병사에게 싸울 동기를 부여했다는 사실은 계속 싸우려는 결의를 북돋는 데 중요한 역할을 했고, 이는 신대륙의 다른 혁명에서도 찾아볼 수 있는 요소였다. 하지만 혁명군의 전쟁 노력은 1781년 초까지만 해도 거의 실패로 돌아갈 뻔했다. 핵심 변수는 요크타운 전투 패배 이후 영국의 전쟁 의지가 약화한 것이었다. 이것이 없었다면 미국은 영국을 종전으로 몰아붙이지 못했을 것이다. 1782년 봄 영국 내각은 의회의 지지를 잃고 종전 협상을 약속한 새로운 내각으로 교체됐다. 이 정치적 의지라는 요소는 그때나 지금이나 전쟁에서 중요했고 대반란 투쟁에서는 더더욱 중요했다.

아이티의 경우 1802년 나폴레옹이 파견한 군대는 끔찍한 만행으로 성공 가능성 자체를 위태롭게 만들었다. 하지만 대반란 무력 충돌에서 흔히 그렇듯이, 프랑스군이 약체화된 것은 적의 전력뿐만이 아니라 자체적인 결함 때문이기도 했다. 프랑스군은 미숙한 리더십과 계획, 본국과 먼 거리, 병력과 자금과 보급 부족 그리고 영국의 태도로 인해 곤란을 겪었다. 마지막 요소가 중요했던 건 1803년 영국과 프랑스 전쟁이 재개되면서 프랑스가 영국의 우세한 해군력에 취약해졌기 때문이다. 한편 아이티인은 환경을 능숙하게 활용하며 비정규 작전을 펼쳤고, 프랑스군이 황열병으로 심각한 타격을 입은 것도 유리하게 작용했다. 실제로 카리브해 연안과 아프리카에서 질병은—비록 그것만으로 작전을 중단하지는 않았지만—유럽 군대의 주된 사망 원인이었다. 특히 인종 문제의 중요성을 고려할 때 20세기 반란의 중요한 선례가 된 것은 미국 독립 혁명이 아닌 아이티 혁명의 최종적 성공이었다.

라틴아메리카 독립 전쟁은 미국 독립 전쟁보다 훨씬 더 넓은 영역(멕시코에서 칠레까지)에서 펼쳐졌고 (대륙 회의나 대륙 육군에 해당하는 실체가 없었다는 점에서) 미국 독립 전쟁과 같은 군사·정치적 결속력을 갖추지 못했던 만큼, 라틴아메리카 독립 전쟁을 어떻게 묘사해도 흥망성쇠의 급변으로 점철된 자칫 혼란스러운 설명이 되어버릴 수 있다. 거대한 산맥과 멕시코 동해안의 황열병 같은 질병은 작전상 문제를 가중시켰다. 1790년대와 1800년대 유럽의 방데, 칼라브리아, 티롤에서 반란군은 패배했다. 미국 독립 전쟁에서도 그랬듯이 혁명군이 자동으로 승리한다는 보장은 없었고 본래부터 적보다 전투를 잘하는 것도 아니었다.

그보다는 양측 모두가 광대한 영역에서 펼치는 무력 충돌의 쟁점과 문제점에 적응해 나갔다고 해야 할 것이다. 이런 조건에서는 승리를 확보하기도 어려웠고, 사실 상대적으로 빈곤한 사회에서는 병참 지원을 실시하기도 어려웠다. 이런 문제들 때문에 국지나 지역 차원이 더 중요성을 띠게 되어 멕시코의 경우처럼 반란이 파편화될 수 있었다. 이는 진압군 측도 마찬가지로, 대반란 작전에 참여하는 부대들은 중앙의 감독을 거의 받지 않았고 지휘관들은 지역에서 자신의 권력 기반 구축을 도모했다. 군수 물자를 대야 할 필요성은 반란군과 진압군 모두의 대민 관계를 위태롭게 만들었다. 물자 확보 과정에서 행해진 탈취와 약탈이 사회에 큰 피해를 입힌 것이다.

동시에 왕당파 또한 큰 타격을 입었는데, 1823년 내전으로 절정에 이른 에스파냐 본토의 정정 불안과 정부·정책 교체로 라틴아메리카 지지 세력이 유리된 것이었다. 게다가 서유럽 제국들이 제2차 세계대전 이후 반제국주의 혁명에 직면했듯이, 에스파냐도 프랑스 혁명전쟁과 나폴레옹 전쟁으로 크게 약화됐고 1700년부터 에스파냐의 주요 동맹이던 프랑스도 약해진 터라 혁명을 진압하기 어려운 상태였다.

한편 반란군, 특히 1817~1818년 칠레 호세 데 산마르틴과 1813~1825년 남아메리카 북부 및 안데스산맥에서 더욱 힘겨운 싸움을 벌이던 시몬 볼리바르의 전투력과 지휘 능력이 점점 고립되어가는 왕당파 군대의 저항을 약화하는 데 중요한 역할을 했다.

왕당파는 1806년·1812년·1816년·1818년 베네수엘라, 1811년과 1815년 볼리비아, 1814년 칠레, 1815년 멕시코에서 승리를 거두었지만, 이 전쟁을 끝내기란 불가능한 노릇이었다. 반란군은 더 외딴 지역으로 철수하여 그곳에서 저항을 이어 나갔다. 게다가 왕당파는 효과적인 화해 전략을 도출해내지 못했고, 베네수엘라에서 민간인을 수용소에 강제 이주시키는 등 탄압 위주로만 밀어붙인 것이 역효과를 냈다. 그래서 결국은 1824년 왕당파의 보루인 페루에서 패배하고 만다. 아야쿠초 전투에서 패배한 것은 결정적이었다. 안토니오 호세 데 수크레가 이끈 5780명의 병력은 호세 데 라 세르나 총독 지휘 아래 공격해오는 9300명의 병력을 격퇴한 뒤 보병·기병 예비대를 활용하여 적진을 돌파, 그중 일부를 포위했다. 이 전투로 왕당파는 총독이 생포되는 등 많은 고위급 지휘관을 잃어 지도부가 공백 상태에 놓이게 됐다.

결정적으로 에스파냐는 이 패전 이후 투쟁을 재개할 만한 처지가 아니었다. 이는 일부분 에스파냐 국내 분열 때문이었는데, 이 분열은 1823년 내전으로 이어졌고 1830년대에 또다시 1차 카를로스파 전쟁이 터지며 내전이 재개됐다. 게다가 에스파냐는 해외 동맹 세력이 빈약한데다 영국의 견제에 지속적으로 직면했다. 이 견제는 직접 무력 충돌을 수반하지는 않았지만 반란군에 대한 특히 외교·경제적 지원 형태로 이루어졌다. 한편 라틴아메리카에서는 에스파냐를 지지하는 세력이 오랜 전란으로 약화됐고 많은 사람이 새로운 체제에 적응했다.

이와 달리 포르투갈이 브라질에 대한 통제권을 상실하는 과정은 훨씬 더 급속히 전개됐다. 이후 브라질에서 일어난 분리주의 반란이 신생 국가에 의해 평정된 것은 그들이 단합된 도전을 제기하지 않아서 차례차례 진압할 수 있었기 때문이다. 그래서 1850~1864년 중국의 태평천국의 난이나 1861~1865년 미국의 남부 반란(남북전쟁)에 비하면 심각성이 덜했다.

반면 멕시코는 텍사스에서 일어난 분리주의 반란을 진압하는 데 실패했다. 이는 텍사스가 멕시코 주변부에 위치해 있었기 때문이기도 하지만, 멕시코 내부의 심각한 분열도 중요한 원인이 됐다. 멕시코 지도자 안토니오 로페스 산타안나는 1836년 텍사스와의 전투에서 조심성 없이 진격하다가 텍사스 측의 기습 공격에 패하여 생포되고 말았다.

이후 텍사스는 독립국으로 남지 않고 1845년 미국과 합병했다. 20세기 탈식민화 시기 국경이 비교적 고정된 성격을 띠었던 것과 달리, 유럽 지배가 종식된 직후 신대륙 국가들은 고정된 특성이나 경계선이 다소 흐릿했음을 알 수 있는 대목이다. 독립 이후 정치적 지형도가 모습을 갖추는 데는 전쟁이 주된 역할을 했다. 1879~1893년 태평양 전쟁에서 칠레는 볼리비아-페루 연합군을 격파하여 적국들 영토였던 해안 지역을 병합할 수 있었다. 그러다가 1932~1935년 차코 전쟁에서 파라과이가 볼리비아를 격파하면서 국경선이 또 한 번 바뀌었다. 이는 남아메리카에서 벌어진 마지막 대규모 전쟁으로, 이때 확립된 국경이 현재까지 유지되고 있다.

나폴레옹의 전쟁

이집트에서 나는 성가신 문명의 속박으로부터 해방된 나 자신을 발견했다. 나는 꿈에 부풀었다. (…) 나는 한 종교를 창시하여, 코끼리를 타고 머리에 터번을 쓰고 내 입맛에 맞게 직접 쓴 새로운 《쿠란》을 손에 들고서 아시아로 향하는 나 자신의 모습을 보았다. 나는 두 세계의 경험을 이 과업 안에 결합하고, 모든 역사의 무대를 내 야망에 맞추어 개척할 수 있었다.

– 나폴레옹

1796년부터 1811년까지 나폴레옹이 오스트리아군에게 연거푸 거둔 승리와 프로이센, 러시아, 튀르크 군대를 상대로 거둔 승리는 서양 군사 전통에서 전쟁을 재규정했다. 이는 다른 열강이 나폴레옹의 군사 체제에 맞서야 할 필요성 때문이었지만, 서구에서 가장 영향력 있는 육상전 이론가인 클라우제비츠와 조미니가 이 시기에 대해 내놓은 논평의 결과이기도 했다. 하지만 실제로 나폴레옹은 1814년과 1815년 침공군에 의해 권좌에서 쫓겨나며 결국 패배했고, 이 과정은 20세기 양차 세계대전에서 독일의 전쟁 수행 양상을 미리 보는 듯하다. 이는 그가 전술·작전상 우위를 점하는 데는 유능했지만 전략적 문제를 적절히 파악하는—특히 전장의 우위를 발판으로 정치적 수용을 이끌어내는—능력은 이에 못 미쳤기 때문이다.

나폴레옹은 18세기 말 불안정이 팽배한 사회 분위기에서 많아진 유형의 인물로, 자신의 군사적 입지를 발판 삼아[*] '국민전' 시대가 열린 기회를 틈타 권력을 잡은 장군이었다. 물론 이런 유형은 술라, 율리우스 카이사르, 아우구스투스, 로마의 군인 황제들까지 거슬러 올라가는 오랜 계보에 속한다. 미국의 경우는 1789년 조지 워싱턴부터 1953년 드와이트 아이젠하워까지 이르는 장군 출신 대통령이 있긴 해도 헌법적 수단을 통해 그 자리에 올랐기 때문에 이런 사례를 찾아볼 수 없지만, 이는 일반적인 패턴이 아니었다. 나폴레옹 시대에는—타이부터 아이티까지, 또 라틴아메리카의 신생 독립 국가에서도—많은 경우 군대가 나라에서 가장 잘 조직된 세력이자 권력 집중과 정체성의 중심에 위치했고, 이런 상황에서는 흔히 군 장성이 분열과 불안정의 핵심 수혜자인 동시에 그런 불안정의 원인인 경우가 많았다.

1769년 코르시카에서 태어나 루이 16세(재위 1774~1792) 휘

---

[*]   프랑스 혁명으로.

하 포병대 소위가 된 나폴레옹의 경력은 프랑스 혁명의 결과로 급부상했다. 혁명으로 특히 임명 기준과 인맥이 바뀌고, 1792년 시작된 혁명전쟁이 이후 확대되면서 재능 있는 기회주의자들은 많은 기회를 잡을 수 있었다. 1793년 툴롱 포위전에서 포병대를 성공적으로 지휘하여 영국군을 몰아내는 데 핵심 역할을 하면서 이름을 떨친 나폴레옹은 1795년 파리에서 왕당파의 폭동을 '포도탄을 퍼부어' 진압했다. 이는 혁명 정권이 권력을 유지하기 위한 내전의 일환이었다. 이어 1796~1797년 이탈리아 원정군 지휘를 맡은 그는 전술 및 작전 차원에서 그 특유의 대담한 과단성—특히 신속한 의사 결정, 빠른 기동성, 주도권을 포착하고 활용하는 능력—을 발전시키고 드러내게 된다. 동시에 1796년 롬바르디아, 1798년 카이로, 1808~1813년 에스파냐에서처럼 점령지를 잔인하게 수탈하고 이에 반발하는 주민을 가혹하게 진압하기도 했다.

1799년 나폴레옹이 프랑스 혁명의 총재 정부를 무너뜨리고 정권을 장악한 것은 이제 좀 더 보편화된 내셔널리즘 이데올로기 군사화를 반영하는 사건이기도 했다. 하지만 나폴레옹은 혁명을 제국으로 돌이켜 1804년 스스로 황제에 오른 뒤 프랑스를 불가피해 보이는 팽창의 길로 밀어 넣었다. 1792~1799년의 국민 공화주의와는 정반대되는 방향이었다.

이 새로운 지평의 탐색은 1798~1799년 나폴레옹의 이집트·근동 원정에서 이미 명백히 드러났다. 맘루크군을 격파한 피라미드 전투에서 그는 기병 충격 전술에 방어 화력으로 맞서 승리를 거두었다. 후대의 묘사에 따르면 이때의 포성은 "맹렬한 불길 위에서 부글부글 끓는 냄비"와 같았다고 한다. 한 측면에서 볼 때 이 원정은, 서구 열강—특히 영국—에게 인도양으로 통하는 루트의 중요성이 증대되며 새롭게 떠오른 지정학적 전망과 이에 따라 전략 범위가 확대될 가능성에 대한 '근대적' 대응이었다. 프랑스는 인도에서 특히 마이소르의 티푸 술탄을 지원하여 영국에 대한 저항을 부추기고자 했고, 이집트 원정은 1796년 영국이 당시 프랑스 위성국이던 네덜란드의 식민지 케이프타운을 점령한 데 대한 대응이었다. 하지만 나폴레옹은 이집트에서 자기 모습에 알렉산드로스 대왕 이미지를 투영하여 상상을 펼치기도 했다.

이후 그의 치세에는 유별나게 고풍스러운 제국적 테마가 깔리게 된다. 마치 나폴레옹이 카롤루스 대제의 현신이라도 된 것 같았다(실제로 나폴레옹은 카롤루스 대제 이후 최초의 프랑크 황제였다). 게다가 나폴레옹 체제의 군국주의도 신봉건주의적 특성을 띠었다. 1808년 에스파냐를 점령한 나폴레옹은 형 조제프를 에스파냐 국왕으로 봉하는 등 가족 구성원에게 영지를 떼어주고 장교 계급에게 훈장과 토지를 하사했으며 군 복무 경력을 다른 모든 기준보다 우선시했다. 군복 착용은 규범이 됐다. 이런 기풍과 관행이 혁명기에 도입된 징병제 및 국민개병과 결합하면서, 프랑스는 독일 군국주의의 정점인 프로이센과—그들 스스로는 인정하고 싶지 않겠지만—더 유사한 모습을 띠게 됐다.

당시 프로이센은 1741~1742년, 1745~1746년, 1756~1763

년에 주로 오스트리아를 상대로—그뿐만 아니라 1757년 로스바흐에서 프랑스를 상대로—거둔 연승을 통해 군사적 성취와 진보의 첨단에 올라서 있었다. 혁명기와 나폴레옹 시대의 프랑스에 대한 일반적인 설명은 프랑스가 1792년부터 1809년까지 승승장구하며 프로이센을 몰아내고 그 자리를 차지하는 데 성공한 원인에 초점을 맞춘다. 이런 접근 방식이 아이러니한 것은 1918년과 1945년 독일이 그랬듯이 나폴레옹도 1812~1814년에 거듭 패망하여 1814년 강제 퇴위되고 1815년 권좌에 복귀한 후 또다시 퇴위당했기 때문이다. 이 두 차례 모두 승전국은 프로이센을 비롯하여 오스트리아, 영국, 러시아 등이었다.

프랑스군이 초기에 거둔 성공 비결 중 하나는 전술적 주안점, 특히 종대 공격이었다. 이는 훈련이 제대로 안 된 대규모의 징집군을 활용하는 좋은 수단이었고, 화력에 의존하는 보병 방어선이 충격 공격에 취약할 수 있음을 활용한 전술이기도 했다. 프랑스의 신속한 벨기에 정복의 서곡이 된 1792년 즈마프 전투에서 수적으로 열세였던 오스트리아군이 이런 식으로 격파됐다. 포병을 효율적으로 개선하거나 독립적 작전 수행이 가능한 제병연합 단위로서 사단을 만들고 이를 군단 체제로 발전시키는 등 조직적 요소도 중요했다. 이 체제는 인상적인 참모 시스템을 통해 능숙하게 접목됐다.

많이들 지적하는 이런 요소들이 연승을 가져오는 데 기여하긴 했지만, 프랑스군이 특히 1790년대와 나폴레옹이 권력을 잡은 후 오스트리아군과 러시아군에게 패배한 사실이나 프랑스의 적국들이 적절한 대응 전술을 개발하여 프랑스군의 강점을 무색케 할 수 있었던 사실은 과소평가하는 경향이 있다. 일부분 이는 역량의 격차를 좁히는 문제로, 독일과 일본의 제2차 세계대전 패전에서 볼 수 있듯이 군사사에서 아주 많은 경우 핵심 요소였다. 프랑스군 장성들이 이른바 시스템을 항상 잘 실행에 옮길 수 있었던 것도 아니었다. 게다가 나폴레옹이 오스트리아군과 프로이센군에게 각각 큰 피해를 입힌 1800년 마렝고 전투와 1806년 예나 전투에서처럼, 많은 전투가 어느 정도 진흙탕 싸움을 버텨야 승리할 수 있는 혼전으로 빠져들었다.

나폴레옹의 기술이 쇠퇴하는 징후도 드러났다. 1805년의 울름-아우스터리츠 전역은 오스트리아군과 러시아군을 완전히 압도한 승리로 유명해졌지만, 1812년 나폴레옹의 러시아 침공은 어느 면으로도 심각한 실패였다. 보로디노 전투와 그 이듬해의 라이프치히 작전은 승패를 떠나 양측 모두에게 엄청난 피해를 입혔다. 나폴레옹은 이미 1807년에 러시아군을, 1809년에 오스트리아군을 꺾기 힘들다는 것을 깨달았다.

프랑스는 나폴레옹의 이른바 군사적 천재성보다는 적의 분열로—특히 오스트리아, 프로이센, 러시아가 대프랑스 동맹에 일관되게 참여하지 못해서—더 큰 수혜를 입었다. 프로이센은 1795년 대프랑스 전쟁에서 이탈했다가 1806년 재합류했고, 1807년 다시 이탈했다가 1813년에야 다시 또 합류했다. 오스트리아도 프로이센과 더불어 1812년 프랑스의 러시아 침공에 협력했고, 1798~1800년, 1805~1807년, 1812년, 1815년에만 프랑스와 전쟁을 벌였다. 혁명군과 나폴레옹이 군사 작전을 순차적으로 수행하는 이득을 누릴 수 있었던 건 ─ 특히 1772~1795년 오스트리아, 프로이센, 러시아가 폴란드를 분할해 차지하고 지도에서 지워버린 동유럽 ─ 열강의 서로에 대한 의심과 이익 충돌 덕분이었다. 바다에서는 상황이 매우 달랐는데, 영국이 1802~1803년에만 잠시 평화 조약을 맺었을 뿐 나폴레옹에게는 가장 끈질긴 적이었기 때문이다. 게다가 프랑스가 영국 이외의 주요 해군 강국을 정복하거나 동맹으로 삼긴 했지만, 1805년 영국이 더 대규모의 프랑스-에스파냐 함대를 격파한 트라팔가르 해전으로 입증했듯이 그들과의 협력으로도 승리를 거둘 수는 없었다.

육상에서는 상황이 달라서, 대프랑스 동맹이 결성·유지됐을 때 특히 1798~1799년, 1813~1814년, 1815년에 프랑스에 특별한 문제를 제기했다. (1939~1941년의 독일과 달리) 1942~1945년 독일이 이와 유사했다. 1813~1814년 이제 어려운 상황에 처한 나폴레옹은 협상에서 프랑스에 대한 지배권을 보장받았음에도 휴전 대가의 일부로 정복 영토에 대한 지배권을 포기할 의사가 없었다. 이는 그의 호전성뿐만 아니라 수완 부족을 암시하는 대목이다. 프랑스에 대항하여 결성된 동맹을 분열시키는 데는 루이 14세가 그보다 더 능했다.

1814년 패배한 나폴레옹은 서지중해의 작은 섬인 엘바로 추방됐다. 엘바섬은 그가 다스리는 공국이 됐다. 1815년 그는 수월하게 탈출하여 프랑스에서 다시 권력을 잡지만 참패하고 만다.

1815년 전역에는 나폴레옹의 특성이 많이 드러난다. 그는 위험을 무릅쓰는 대담함과 과단성에 힘입어 프랑스 권좌에 복귀할 수 있었고, 다시금 전쟁에 직면하자 주도권을 잡았다. 나폴레옹은 적 중에 가장 가까운 군대, 즉 벨기에에 있는 영국군과 프로이센군을 우선 격파한 다음에 좀 더 멀리 있는 오스트리아군과 러시아군을 상대하고자 했다. 그는 부대를 둘로 나누어 6월 16일에 카트르브라에서 영국군, 리니에서 프로이센군과 싸울 수 있었지만, 프로이센군에 심각한 손실을 가했음에도 둘 다 결정타를 가하지는 못했다. 양국 군대는 이틀 뒤에야 워털루에서 합류할 수 있었다. 영국군 진지를 돌파하기 위한 프랑스군의 공격은 결연하지만 엉성했다. 프로이센군이 도착하기 전에 영국군 전투력만으로 이 프랑스군 공격에 맞서 방어적 승리를 거두었다는 사실은, 영국군과 프로이센군이 함께 밀어붙여 공격적 대승을 거둘 수 있음을 의미했다. 패배한 나폴레옹은 프랑스로 도주했지만, 예전에 자신이 승전했을 때 누렸던 지지를 얻지는 못했다. 그래서 연합군이 프랑스를 점령했을 때도 1808~1813년 프랑스가 에스파냐에서 직면한 것에 비견할 만한 게릴라전은 일어나지 않았다. 침공군은 파리를 점령했다. 항복한 나폴레옹은 이번에는 남대서양의 외딴 섬인 영국령 세인트헬레나로 보내져 죽을 때까지 수감됐다.

프랑스군 역량을 강조한다 하더라도, 프랑스와 협상을 원했던 두 적국―영국과 러시아―이 직면한 문제에 주목할 필요가 있다. 두 열강 모두 그 군사적 과업 범위를 고려할 때 프랑스보다 더 인상적인 역량을 보여주었다. 러시아는 1805~1814년에 프랑스와 싸웠지만, 그동안에 튀르크, 스웨덴, 페르시아와도 싸웠다. 영국도 인도와 북아메리카에서 동시에 전쟁을 치렀다. 그러므로 궁극적으로 나폴레옹만 강조하는 것은 세계적이라기보다는 유럽 중심적이고, 성공보다는 실패에 더 관심을 기울인 결과다. 나폴레옹의 여정은 페르시아의 아가 모하마드(재위 1779~1797) 같은 비유럽 지배자들이 국내·국제적으로 힘을 추구한 과정과 유사성이 있지만, 프랑스는 세계적인 규모로 승리를 거두지 못했다. 나폴레옹에 초점을 맞춘 역사 서술은 패자가 서술 주제가 될 뿐만 아니라 패자의 관점에서 서술하는 너무나 흔한 사례 중 하나로, 남북전쟁의 남부 연합이나 제2차 세계대전의 독일을 서술하는 방식에서도 찾아볼 수 있다.

서양 내부의 전쟁들,
1816~1913년

국가의 형성과 보존은 나폴레옹 전쟁이 끝난 1815년부터 제1차 세계대전이 발발한 1914년까지 한 세기가 낳은 핵심 결과물로, 인구 급증과 급속한 산업화를 배경으로 이루어졌다. 전쟁으로 형성된 가장 중요한 국가는 독일과 이탈리아였고, 반란 진압을 통해 보존된 국가는 미국, 브라질, 오스트리아-헝가리였다. 이탈리아와 독일은 통일 이후 한 세기가 채 안 된 1943~1945년에 군사적으로 완패하며 종말을 맞았다. 미국이 세계사에서 차지하는 장기적 중요성을 고려할 때 주목받는 것은 1861~1865년의 남북전쟁이다. 이는 남북전쟁이 전쟁의 군사적·정치적 측면을 둘 다 담고 있기 때문이다. 내전에서 정치적 측면은 언제나 특별한 중요성을 띠지만, 내전에서만 중요한 것은 아니다.

　　많은 내전이 국가 전체를 장악하려는 시도에서 발생하는데, 19세기 최대 규모 분쟁인 1850~1864년 중국의 태평천국의 난이 그런 경우였다. 내전은 특히 분리주의 투쟁인 경우 신생 국가로서 독립을 획득하거나 아니면 무력으로 진압되면서 승패가 갈리는 경향이 있다. 1905년 노르웨이가 스웨덴에서 분리해 나왔을 때나 1994년 체코슬로바키아가 체코 공화국과 슬로바키아로 쪼개졌을 때처럼 평화롭게 해결된 예도 있지만, 이런 경우는 드물다. 실제로 장기간 벌어진 몇몇 전쟁은 이런 독립 투쟁으로부터 발생한 것으로, 그중 에스파냐에 대항해서 벌어진 1566~1609년 네덜란드 반란과 1640~1668년 포르투갈 독립 전쟁은 둘 다 승리로 끝났다.

북아메리카에서도 이런 전쟁이 두 차례 있었다. 1775~1783년 독립 전쟁과 1861~1865년 남북전쟁이다. 하지만 전혀 다른 시대의 두 사건을 단선적으로 비교하면 위험할 수 있다. 1861~1865년에는 철갑 증기선, 철도, 전신, 철조망, 퍼커션 캡(percussion cap)* 방식의 소총이 있었다. 모두 독립 전쟁 때는 없던 것이었다. 또 남북전쟁 시기 미국은 인구가 해안 지역에 덜 분포되어 있어서 1775년보다 상륙 공격에 더 취약했다. 하지만 이런 대조 자체가 가치를 띠는 것은, 이런 요소들의 중요성에 주목하여 '북부의 승리는 철도를 활용하는 데 성공했기 때문이었나?' 하는 식의 질문을 던지기 때문일 수도 있다. 기술 발전도 한 가지 요소였지만 자원도 중요한 변수였다. 이 점에서는 대체로 북부(연방)의 의심할 바 없는 힘에 주목이 쏠리는 경향이 있다.

---

*   방아쇠를 당기면 망치 모양의 공이가 캡을 때리면서 그 속의 기폭약이 격발하는 방식의 발화 장치.

하지만 이 힘이 남부(연합)를 대신한 외국의 개입으로 상쇄되지 않는 측면도 있었다. 1820~1840년대 브라질에서 지역 반란들이 실패했을 때와 비슷한 상황이었다. 이와 달리 1775~1783년 독립 전쟁 때 미국은 세계 제일의 무역 강국인 영국을 상대로 싸웠지만, 프랑스와 에스파냐 그리고 나중에는 네덜란드가 미국 편에 가담한 것이 유리하게 작용했다.

자원은 남북전쟁에서 북부가 승리한 이유를 명확히 설명해주는 것처럼 보인다. 북부는 인구, 농업 생산, 광물 자원, 산업 역량, 교통 인프라에서 남부를 훨씬 능가했다. 또한 국채를 매입하고 미국 군사철도국을 전쟁부 산하에 설치하는 등 재정·경제적 동원을 통해 이런 불균형을 잘 활용했다. 이 격차는 북군의 효과적인 봉쇄로 인한 남부의 재정·경제적 곤란과 '주권론(州權論)'*이라는 부담을 짊어진 남부 중앙 정부의 시스템적 약점 때문에 더욱 심화됐다. 반란을 일으킨 원인 그 자체가 승리 가능성을 낮추는 데 기여한 셈이다.

이런 자원 불균형은 직접 군사적 결과로 돌아왔다. 자원이 풍부한 북부는 더 쉽게 대규모 부대를 편성하고 상당 규모로 해군을 갖출 수 있었다. 150만 자루에 가까운 스프링필드 소총을 생산했는데, 이는 남부가 따라올 수 없는 당대의 산업 역량을 반영하는

---

*   미국의 헌법사에서 연방 정부 권한을 좁게 해석하고 주 권한을 넓게 해석하는 이론.

것이었다. 그리고 특정한 몇몇 전역에서는 공급 변수가 일정한 역할을 했다. 일례로 1862년과 1863년에 로버트 E. 그랜트와 북버지니아군이 북부를 침입한 것은 물자를 획득하고 버지니아 농작물을 북군 공격으로부터 보호하며 펜실베이니아 탄전을 확보하기 위해서였다.

자원이 전체 방정식의 중요한 일부였던 건 분명하지만 다른 요인들을 제치고 이를 전면에 내세우기에 어폐가 있는 것은, 양측의 목표가 근본적으로 비대칭적이었기 때문이다. 남부는 자신들이 주창한 독립을 보존하기만 하면 됐던 반면, 북부는 남부를 정복해야 했다. 북군 측은 애틀랜타, 찰스턴, 리치먼드 같은 남부 도시들을 점령할 필요가 있었지만 남군 측은 아니었다. 하지만 독립 전쟁 때의 미국과 비슷하게 남부도 끝까지 싸우려는 북부를 가로막을 수는 없었다. 대신에 남부는 1862년, 1863년, 1864년 북부로 진격하여 극적인 상황을 조성해가며 저항을 계속함으로써 북부가 전쟁 목표를 재고하게끔 만들어야만 했다. 예나 지금이나 전쟁에서 완벽한 승리의 필요성을 전제하지 않는 이런 태도는 흔히들 생각하는 것보다 더 자주 찾아볼 수 있다.

전쟁 중에도 북부의 입헌 정치가 계속되고 야당인 민주당이 에이브러햄 링컨 대통령을 지지하지 않는 것이 남부의 입지에는—특히 1862년부터, 그리고 링컨이 남부에 대한 회유를 포기하고 노예제 종식을 추구한 1863년부터는 더더욱—유리하게 작용했다. 그래서 남부 입장에서는 1862년 중간 선거—혹은 좀 더 현실적으로 1864년 대통령 선거―에서 민주당 승리에 기여할 수 있는 군사 작전을 펼치는 것이 합리적인 전쟁 목표였다. 실제로 링컨은 대선 패배를 두려워했지만 결국은 승리했고, 그로부터 6개월 후 전쟁을 끝냈다. 전쟁 경과가 좋았던 것이 링컨의 선거 승리에 중요한 역할을 했다. 그보다 훨씬 덜 힘겨운 상황이긴 했지만 1944년 프랭클린 D. 루스벨트의 4선 성공도 제2차 세계대전 성과에 힘입은 결과였다. 그러니까 자원이 전쟁의 결과를 좌우한 것은 아니었다. 그리고 남부 측 전략이 1862년까지만 해도 가능해 보였던 영국과 프랑스의 협력적 개입을 이끌어내는 데는 결국 실패하긴 했어도 아주 무의미한 것은 아니었다.

남북전쟁에서 북부는 1863년 게티즈버그 전투에서 리의 북부 침입을 막는 등 야전에서 남군을 격파해야 했을 뿐만 아니라, 남부의 저항을 어떻게 종식하는 것이 최선일지도 생각해야 했다. 여기에는 정치적 지도력과 전투 지휘 능력이 모두 중요했고, 집단적 제재를 가하여 사기를 꺾는 조치도 일정한 역할을 했다. 1863년부터 북부는 남부에서 여전히 반란에 가담하고 있는 지방의 노예를 강제로 해방하겠다고 선언했다. 이 조치는 남부 경제와 따라서 전쟁에 기울이는 총력을 약화하고 북군 사기 유지를 위해 명확한 목표를 부여하는 수단으로 여겨졌다. 이는 또한 분노한 신이 미국을 징벌하게끔 만드는 죄악을 억누르고 미국을 쇄신하는 수단이기도 했다. 1865년에 나온 군가 〈조지아 행진곡〉에서는 이렇게 선언했다.

그렇게 우리는 자유의 기차를 위한 신작로를 열었다네
폭이 60마일에 바다까지 300마일
역도들은 우리 앞에서 달아났네, 저항은 소용없으니
우리가 조지아를 행진하던 그때에

이 노래는 윌리엄 T. 셔먼 장군이 이끈 군대의 조지아 전역을 배경으로 한다. 그 전해에 애틀랜타를 점령한 셔먼 장군은 민간인을 소개(疏開)하고 도시 주요부를 파괴했다. 1864~1865년에 그가 조지아와 사우스캐롤라이나의 남부연합 배후지에 대해 벌인 초토화 자전은 일부 남군 병사들의 결의를 더 강하게 만들었지만 전쟁에 대한 남부 민간인의 믿음을 박살내고 게릴라전의 한계와 그에 따르는 대가를 명백히 각인하는 데도 기여했다는 점에서 제2차 세계대전 때 연합군이 독일과 일본을 상대로 수행한 폭격과 비슷했다. 셔먼은 영토 점령을 목표로 삼았지만, 이런 목표와 그 달성 방식에 흔히 뒤따르는 비생산성을 넘어서는 심리적 지배라는 목적을 달성하는 수단으로도 이를 활용했다.

셔먼의 초토화 작전은 남부가 전쟁의 불확실성으로 큰 타격을 입은 주된 사례 중 하나였다. 1864~1865년 북부연방군 총사령관이던 율리시스 S. 그랜트 장군도 버지니아에서 빈번한 공세를 감행하여 빠른 작전 템포로 압박을 가함으로써 셔먼과 비슷하게 남군을 매우 파괴적인 위험으로 몰아넣었고, 결국 이는 남부 수도인 리치먼드 점령으로 이어졌다.

남부는 (많은 노예 사회에서 했던 것처럼) 노예 병사를 활용하는 등 급진적 해결책을 도입하지 않았고, 보다 현실적으로 남부연합 대통령 제퍼슨 데이비스의 권고대로 게릴라전을 활용하지도 않았다. 그런 식의 전쟁은 남부 장성들이 군과 사회 질서를 이해하는 방식과 본능적으로 맞지 않았다. 그 결과 미국사에서 가장 쓰라린 에피소드는 예상했던 것보다 급작스럽게 막을 내렸다.

하지만 남부의 반발이 1865년부터 재건에 대한 광범위한 저항으로 전환된 사실은 전쟁의 복잡성을 시사하는 대목이다. 재건은 북부연방의 급진적인 목표―특히 아프리카계 미국인의 권리―를 남부에 관철하려는 정책이었는데, 쿠 클럭스 클랜(KKK) 같은 남부의 무장한 백인 단체들이 재건 정책을 지지하는 흑인 민병대를 공격하는 등 폭력적 위협을 가했다. 게다가 남부에 주둔하던 연방군이 1877년 철수함으로써 남부의 백인은 독립 투쟁에 패배했음에도 자신들의 빛바랜 '권리'를 지킬 수 있었다.

매우 다른 정치적 맥락에 놓인 여러 반란이 각기 다른 방식으로 군사 시스템 역량을 시험했다. 파리에서는 1830년, 1848년, 1871년에 시가전이 일어났다. 앞의 두 번은 잇따라 정권을 무너뜨리는 데 성공했지만, 세 번째는 그러지 못했다. 1830년 브뤼셀에서 일어난 시가전은 네덜란드 지배의 종식을 이끌어냈다. 이와 달리 1878년 보스니아 반군은 오스트리아 점령군에게 진압됐다. 현재의 관점에서 보면 냉전이 끝날 때까지 주목을 독차지했던 당대의 국제전보다 이런 사건들이 더 의미심장해 보인다. 이는 무엇을 염두에 두느냐에 따라 이후의 전쟁들이 다르게 보이는 패턴의 일환이다.

1816~1913년 서양의 전쟁에서 주로 관건이 된 이데올로기는 민족주의와 파벌 분열로, 그중 후자는 폴란드와 헝가리의 경우처럼 원형민족주의(proto-nationalism)적 형태를 띠기도 했고 그 외에도 사회 계급이나 정파 등 다양한 양상으로 나타났다. 이탈리아, 에스파냐, 포르투갈, 라틴아메리카에서는 자유주의와 보수주의의 경쟁이 결정적 요소였다. 현실적 관점에서 볼 때 많은 경우 일단 개시된 무력 충돌은 그 자체로 군사·정치적 동력을 획득했다. 좀 더 일반적으로 보면 전투에서는 사기, 경험, 기습, 지형, 머릿수가 중요했고 전략, 사기, 지휘 능력에는 정치적 고려가 섞여 있었다.

이런 상수들이 치명성과 사거리와 연사 속도를 개선한 화기 같은 무기 혁신이나 프로이센/독일 모델에 기반을 둔 일반참모* 체제의 발전보다 더 중요했다. 하지만 무기가 변화하면서 덜 밀집된 전투 대형으로 전환이 이루어졌고, 일반참모 체제가 발전하면서 미래의 전투를 계획할 수 있게 된 것은 사실이다. 1859년 이탈리아 통일 전쟁에 개입한 프랑스가 오스트리아와 맞서 싸워 승리했을 때처럼 기술 발전을 강조할 수 있는 경우도 있다. 즉 철도가 프랑스군을 지중해 항구까지 수송해주었고 거기서부터는 증기선으로 이탈

---

*   대장군참모 또는 장군참모라고도 하며, 프로이센과 독일 육군, 공군 수뇌부에서 전쟁과 전역 계획을 평가하고 수립하는 역할을 했다.

리아까지 이동할 수 있었다. 그리고 마젠타 전투와 솔페리노 전투에서 프랑스군의 신식 강선포가 오스트리아군의 활강포를 격파했다. 하지만 대부분 전투가 그렇듯이 현실은 이렇게 선명하지 않았다. 오스트리아 보병도 기술적으로 진보한 강선총을 갖고 있었지만 적절한 사거리 측정과 조준 훈련을 받지 못했기 때문에 프랑스군이 근접 거리까지 다가와야 총검을 쓸 수 있었다. 그리고 양측 지휘부 모두 제대로 된 계획과 일관성이 부족했다. 전술은 임기응변식이었고 전투는 소모전이 됐다. 치른 비용으로 따지면 주세페 가리발디가 더 큰 성과를 거두었다. 그는 1860년 시칠리아와 남부 이탈리아에서 적은 병력으로 신속한 군사 작전을 전개하여 부르봉 나폴리 왕가를 무너뜨렸다. 도시 봉기를 비롯한 대중적 지지가 뒤따른 것도 그에게 유리하게 작용했다.

이 시기를 임박한 세계대전 관점에서 바라보는 경향은 이해할 만하지만 그리 유용하지는 않다. 1914년 세계대전이 시작되기 직전까지만 해도 그렇게 지속적이고 광범위한 전쟁이 가능해 보이지 않았기 때문이다. 19세기 중반 독일과 이탈리아 통일 전쟁, 1912~1913년 발칸 전쟁 등 유럽 내의 전쟁은 대체로 짧게 끝났다. 또 1914년 발칸에서 오스트리아가 세르비아를 압박하여 통제하에 두고자 기도하면서 발발한 전쟁처럼 더 폭넓은 함의를 띠지도 않았다. 여기서 결정적 변수는 정치였는데, 한 강대국의 외부 간섭이 더 광범위한 전쟁으로 번지지 않았기 때문이다. 1823년 프랑스가 보수주의적인 국왕을 복위하기 위해 에스파냐 반란에 개입했을 때, 1859년 프랑스가 오스트리아에 맞서 피에몬테를 지원하여 이탈리아 독립 전쟁에 개입했을 때를 예로 들 수 있다. 하지만 동맹 체제가 작동하기 시작하면서 1914년 상황은 완전히 달라지게 된다.

19세기 제국주의

부락 전투… 필사적인… 일전에 우리가 잡은 세포이 포로 두 명
이 대포에 날아갔습니다. 생살의 악취가 끔찍하게 구역질났지
만, 저는 너무나 많은 역겨운 광경과 너무나 많은 유혈을 목격했
기에 이제는 꽤 냉담해졌습니다.

- 1857년 세포이 항쟁 당시 영국군 중위 휴 피어슨의 편지

이 시기의 '업적'은 유럽 열강이 아프리카를 거의 완전히 집
어삼킨 것으로 남아시아, 동남아시아, 오세아니아에서도 비슷한
과정이 진행됐다. 이는 제국주의가 어떻게 작동했고 어째서 성공
했는지 생각해볼 기회를 제공한다. 전투는 정복 과정에서 핵심이
었지만 현지인이 새로운 지배자에게 적응한 것도 중요한 요소 중
하나였다. 실제로 협력은 정복에서 중요한 테마였고 현지에서 모
집한 병력이 제국군에서 주된 역할을 하는 경우에는 더더욱 그랬
다. 이런 과정은 고대까지 거슬러 올라가 로마 제국 등의 예에서도

찾아볼 수 있다.

19세기 들어 아프리카와 시베리아 이남 아시아에서 제국 팽창에 대한 유럽 국가들의 야심과 역량이 증대됐다. 그 외에 최소한 자국 군대만이라도 유럽화한 나라들—특히 이집트와 일본—또한 이러한 전환을 모방했다. 오랜 제국 열강의 영토 야심은 한층 더 강화됐다.

실제로 이 시기 많은 전쟁이 유럽 열강의 세계 팽창 과정에서 발생하긴 했지만, 팽창하려는 열강이 유럽뿐이었다거나 이 시기 대부분 전쟁에 유럽이 연루됐다고 하는 것은 어폐가 있다. 1840년대 이전까지만 해도 아시아 많은 지역에 대한 유럽의 영향은 제한적이었고, 1880년대 이전까지 아프리카 많은 지역에서도 상황은 비슷했다. 실제로 19세기에 팽창을 꾀한 세력 목록에는 아프리카의 이집트, 룬다, 아비시니아, 마흐디 치하의 수단, 줄루 그리고 서아프리카에 줄줄이 생겨난 1인 제국들까지 포함됐다. 그중 하나가 사모리 투레(1830년경~1900)의 제국으로, 유럽인은 그의 궁극적인 몰락을 통해 반사적 영예를 누릴 목적으로 그에게 '수단의 나폴레옹'이라는 별명을 붙이기도 했다. 기니의 무슬림 성직자였던 투레는 1878년 서아프리카에 와술루 제국을 세우고 1882년부터 프랑스에 저항하다가 1898년 체포됐다.

이런 팽창의 맥락과 성격은 사례별로 제각각이었다. 일례로 1804년 서아프리카에서 우스만 단 포디오가 선포한 지하드는 다른 아프리카인—특히 그가 보기에 충분히 엄격하지 못한 하우사 왕국의 무슬림—을 배격한 운동이었다. 그 결과로 소코토 칼리프 국이 세워졌다. 이와 대조적으로, 비록 짧은 기간이었지만 이집트의 무함마드 알리(재위 1805~1849)는 19세기에 굉장히 성공한 정복자 중 한 명이었다. 그에게 동기를 부여한 것은 강력한 '근대' 국가와 새로운 왕조를 건설하겠다는 의지였다. 이집트는 아라비아, 수단, 이스라엘, 시리아에까지 힘을 떨쳤다. 하지만 결국 시리아에서는 영국에, 수단에서는 지하디스트 마흐디에게 패하게 된다. 아시아에서는 중국이 1792년까지도 네팔에 실질적으로 간섭할 수 있었고, 그 외에도 버마, 시크교도 치하의 펀자브, 시암(타이), 일본이 팽창 국가 목록에 포함됐다.

정복 세력과 현지인의 상호 적응을 강조하려면 많은 제국의 정복 전쟁을 다양한 맥락에 놓고 보아야 한다. 영국이 1857~1859년 세포이 항쟁을 진압했을 때는 영국군에 소속된 인도인 연대의 충성과 하이데라바드, 카슈미르, 네팔 통치자들의 조력이 있었기에 1858년 많은 전투에서 영국군이 반란군을 수적으로 능가할 수 있었다.

서양의 무기가 극적인 효과를 내기도 했다. 1882년 영국 해군은 16인치 함포 4문을 탑재한 군함 인플렉서블호 등을 이끌고 알렉산드리아를 포격하여 어설프게 훈련받은 겁에 질린 포병들을 육지의 포대에서 몰아냈다. 하지만 이 포격 자체는 큰 피해를 입히지 않았고 진짜 임무를 수행한 것은 상륙 부대였다. 무기는 중요할 수 있지만 단순히 무기 우위만을 언급하는 것은 충분치 않다. 영국이 현재의 미얀마와 나이지리아를 정복하는 데는 무기의 도움이 컸지만, 그 무기를 갖고도 아프가니스탄을 무너뜨리지는 못했다는 것이 일반적으로 더 타당한 관점일 것이다.

실제로 기술을 전면에 세운다면 무기 외의 기술도 대단히 중요했다. 특히 이동, 보급, 통신 기술이 중요했는데, 증기선, 통조림, 전신이 모든 상황을 바꾸어놓았다. 군수 물자 개선은 특히 열대 지방 군사 작전에서 가치가 컸다. 1840년대부터 1860년대까지 나온 통조림육, 분유, 연유, 마가린은 냉장 기술이 없던 당시 매우 중요한 발명으로, 식량의 선도 유지 기간과 보급 규모를 획기적으로 늘려 재보급 간격이 긴 작전 수행을 용이하게 해주었다. 마가린은 1869년 프랑스의 나폴레옹 3세(재위 1852~1870)가 군대에 공급할 변질되지 않는 버터 대용품을 찾기 위해 개최한 공모전에서 유래했다.

물을 기계적으로 증류하여 식수를 정화하는 기술도 처리를 거치지 않은 현지의 물을 마실 때 초래되는 심각한 문제를 극복하는 데 도움이 됐다. 1812년 러시아에서 나폴레옹 군대가 이 문제로 막심한 피해를 입은 적이 있었다. 의학과 위생의 진보는 열대 지방 군사 작전에서 중요한 역할을 했다.

이동과 관련하여, 철도는 경제적 가치도 있었지만 제국을 보호하는 데도 필수였다. 1885년 매니토바와 서스캐처원에서 메티스(프랑스계와 원주민의 혼혈인) 반란이 일어났을 때 캐나다 정부는 4000여 명의 민병대와 보급품을 캐나디안 퍼시픽 철도에 실어서 서부로 파견하여 압도적 우위를 점함으로써 신속한 승리를 거두었다. 이것이 철도의 역량을 과시하는 계기가 되어 정부가 철도 보조금을 새롭게 늘린 덕분에 그해 안으로 철도를 완공할 수 있었다. 이와 비슷하게 영국이 인도에 건설한 철도도 1897년 와지르족 저항을 진압하기 위해 (현재 파키스탄 영토인) 북서변경주로 군대를 파견하는 데 쓰는 등 부대와 보급품을 오지로 수송할 수 있게 해주었다. 특히 페샤와르와 퀘타의 철도 수송 종점은 이 변경 지역은 물론 아프가니스탄에 대한 영국의 전력 투사 계획에서 핵심 역할을 했으므로, 이 철도 종점과 이곳으로 통하는 경로를 방어해야 했다. 한편으로 러시아 철도망의 발전 과정 또한 예의 주시해야 했다. 러시아의 시베리아 횡단 철도 건설은 영국에서 지정학이라는 분과를 정립한 해퍼드 매킨더가 1904년 해로보다 육로 지배가 더 중요해지고 있다는 이론을 제시하는 계기가 되기도 했다.

철도보다 단순한 기술, 특히 도로의 중요성이 여전하다는 사실은 반드시 '최첨단'에만 집중할 필요가 없음을 일깨우는 지점이다. 19세기에는 아직 도로 건설이 내연 기관을 장착한 차량 위주로 이루어지지 않았지만, 도로를 유지 보수하여 잘 이용하려면 내구성을 강화해서 날씨와 마모에 대한 저항력을 높여야 했다. 그러기 위해서는 캠버링* 같은 특정한 기술이 필요했다. 기술적 요소는 건설과 유지 보수에 이용하는 장비에 좌우됐다. 고성능 폭약은 터널 등을 뚫을 때 많은 암석을 파괴하고 제거하는 데 도움이 됐다. 게

---

*   시공 하중에 따른 처짐을 고려해 도로 중앙 부분을 약간 솟아오르게 만드는 것.

다가 19세기 후반에 많은 도로를 새로 건설했으므로 도로는 새로 놓은 철도 사이의 공백을 메우는 잔여적 구실만 한 것이 아니었다. 도로 건설은 1860년대 뉴질랜드에서도 중요했는데, 마오리족의 반격에 직면하여 그레이트사우스 도로를 오클랜드로부터 드루리 남쪽 산지 너머로 연장하는 데 영국군 부대가 동원됐다. 1874년에는 타우랑가와 네이피어 사이에 도로가 완공되며 마오리족의 저항이 거센 두 지역을 분리해놓았다. 이는 마오리족을 주변화해 억누르는 과정의 일환이었다.

증기선은 연안에서 작전 수행을 용이하게 해주었을 뿐만 아니라 전력 투사와 병참에도 변화를 가져왔다. 초기 증기선은 느린 속도, 높은 석탄 소비율, 외차(paddle wheel)와 석탄 창고가 차지하는 공간 때문에 문제였지만, 바람에 의존하던 추진 방식이 증기력으로 바뀌면서 항해 시간은 좀 더 예측 가능해지고 빨라졌으며 선박 조종성이 높아지고 연안과 위험한 해역에서 수심을 측정하기도 수월해졌다. 게다가 해상 증기 기술이 급속히 발전하여 1840년대부터는 (선미에 설치된) 스크루 프로펠러가 기동성을 높여주었다. 영국군은 1854~1856년 러시아와 크림 전쟁을 비롯하여 많은 전투에서 광범위하게 증기선을 활용하게 됐다. 영국의 전 세계적 활동 범위는 정치·군사·경제 목적의 전략적 통신 기술의 발전을 촉진했는데, 이는 병참 역량의 중요한 한 측면이었다.

대영제국의 전 지구적 성격에 힘입어 반드시 필요한 석탄 공급소 네트워크가 확대되면서, 영국은 전 세계의 먼바다에서 증기 추진 장갑 전함을 운용할 수 있었다. 북부연방과 전쟁이 임박한 것처럼 보이던 1861년 말에는 버뮤다 등 신대륙 기지에 주둔 중인 영국 해군을 지원하기 위해 그곳으로 석탄을 보내기도 했다. 1898년에 영국은 웰링턴, 피지, 시드니, 멜버른, 애들레이드, 올버니, 케이프요크(오스트레일리아), 라부안(북보르네오), 싱가포르, 홍콩, 웨이하이웨이(중국), 캘커타, 봄베이, 트링코말리, 콜롬보, 세이셸, 모리셔스, 잔지바르, 몸바사, 아덴, 케이프타운, 세인트헬레나, 어센션, 라고스, 몰타, 지브롤터, 알렉산드리아, 핼리팩스, 버뮤다, 자메이카, 안티구아, 세인트루시아, 트리니다드, 포클랜드제도의 포트스탠리, 이스콰이몰트(브리티시컬럼비아) 등지에 해군 기지를 두었는데, 이것도 일부만 열거한 것이다. 영국 석탄선에 의존하는 것이 달갑지 않았던 미국 해군은 1913년부터 석유를 원료로 사용하는 증기 기관으로 전환했다. 세계에서 두 번째로 큰 제국을 보유한 프랑스의 해외 해군 기지로는 마르티니크, 과달루페, 오랑, 비제르테, 다카르, 리브레빌, 디에고수아레스, 오보크, 사이공, 광저우만, 뉴칼레도니아, 타히티 등이 있었다. 독일은 1880년대부터 아프리카, 중국, 태평양에 기지를 개발했다.

제국 열강의 힘에만 초점을 맞추면 이에 대한 저항 세력 역할을 부정할 위험성이 있다. 이런 접근이 오도의 소지가 있는 것은 제국군도 상당한 패배를 경험했고 그 결과로 아프가니스탄이 1842년 영국에, 에티오피아가 1896년 이탈리아에 승리를 거두어 독립을 유지했기 때문이다. 이런 저항 때문에 제국군은 군사적으로 적응할 뿐만 아니라 최종적으로는 어느 정도 합의를 추구할 수밖에 없었다.

하지만 미국의 서부 정복 과정에서도 볼 수 있듯이 무력은 핵심적인 요소였다. 1901년 11월 나이지리아 남서부의 아로 연맹과 싸우기 위해 파견된 '야전 부대'에 복무했던 도널드 매컬리스터는 이런 기록을 남겼다.

> 우리는 일렬종대로 정글을 돌파해야 한다. 측면 공격을 방지하기 위해 측위를 보내어 양옆의 정글을 베고 길을 내게 했다.
> - 11월 22일

> 우리 짐꾼과 나무꾼들이 주변의 덤불을 전부 치우고 가는 곳마다 보이는 나무를 모두 베어 쓰러뜨리고 오두막의 잔해들을 허물었다. (…) 오늘 아침에 우리는 덤불을 향해 맥심(기관총)을 퍼부었다.
> - 12월 25일

화력은 확실히 많은 제국 팽창 전쟁에서 주된 변수였다. 1879년 영국이 아프리카 남부에서 줄루 왕국을 상대로 특히 울룬디 전투에서 결정적 승리를 거두고, 1895~1899년 수단의 마흐디군을 상대로 특히 1898년 옴두르만 전투에서 승리한 데는 화력이 중요한 구실을 했다. 이 두 전투를 비롯한 여러 전투에서 화력에 의존하는 영국군 방어 부대를 상대로 대규모 공격이 행해졌지만 실패로 돌아갔다는 사실은, 이런 식의 공격이 화력에 직면하여 퇴물이 되어버린 ─ 서양 내부에서는 이미 명백해진 ─ 변화를 예시하고 있다. 이들 사례는 안 그랬으면 그 지역에서 다른 적수들을 꺾고 패자가 되는 데 성공했을 세력을 물리치고 거둔 승리라는 면에서 더욱 인상적이었다. 이런 상황은 미국이 코만치족과 수족을 격파한 사례에서도 찾아볼 수 있다.

1868년 메이지 유신 이후 일본은 신무기에 적응한 비서구 열강 중에서 선도자가 됐다. 이 과정은 이집트, 아비시니아/에티오피아, 터키 그리고 크게 성공하진 못했지만 중국과 페르시아에서도 찾아볼 수 있다. 그럼에도 사회·경제·정치적 맥락과 요건이 신기술의 지침에 대한 적응을 항상 수월하게 만들어준 것은 아니었다. 동시에 적응은 단지 가치 체계만을 반영한 것이 아니라 신기술의 효과를 우선순위에 기반해 이해한 결과이기도 했으므로 보수주의적 개념이 과대평가될 수도 있다. 게다가 이런 적응력이나 토착화에 기반한 '주체성'을 동맹 세력과 신참을 구하는 외부 열강이 부추긴 측면도 있다.

어쨌든 서양 우위의 입증과 동시에 그것의 약화 또한 명백히 드러났다. 1904년 영국군 부대가 서양 군대로서는 최초로 티베트 수도 라싸에 도착했지만, 1905년 쓰시마에서는 러시아 함대가 일본에 참패한 것이다. 이제 서양의 그것과 다른 제국주의가 분명한 모습을 드러내고 있었다.

중국:
위기에서 통합까지,
1839~1949년

유격 작전은 혁명적 성격을 띤 전쟁의 필수적 일부다. 광대한 국가에 사는 사람들의 해방을 위해 벌이는 전쟁에서는 더더욱 그렇다. (…) 대중적 특성을 띤 유격전 유형이 발전하는 것은 필요하고도 자연스러운 일이다. (…) 우리는 유격 작전이 우리가 벌이는 총력전 혹은 대중전의 한 측면일 뿐이라고 본다. (…) 16세부터 45세까지 모든 남녀 인민은 항일 자위대로 조직되어야 한다.

－ 공산주의 지도자 마오쩌둥, 1937

일반적으로 세계 군사사 서술에서는 중국을 옆으로 밀쳐놓고 서양을 강조하는 경향이 있다. 그래서 만주족(청)의 중국 정복보다 동시대의 30년 전쟁(1618~1648)이나 잉글랜드 내전(1642~1651)에 대체로 더 많은 분량을 할애하는데, 실은 규모로 보나 중요성으로 보나 전자가 더 큰 사건이었다. 게다가 1839~1842년 영국과 아편전쟁을 치를 때부터 1949년 2차 국공 내전이 끝날 때까지 중국이 직면한 전란은 중국사는 물론이고 더 광범위하게는 동아시아사에, 간접적으로는 전 세계 역사에서도 매우 중요했다.

더욱이 이 시기의 경험과 그것이 이후 중국의 공식 역사에서 재현된 방식은, 약한 국력 탓에 이런 역사가 반복되는 사태를 막겠다는 현재 중국의 결의를 이해하는 데 도움을 준다. 실제로 여기서는―중국의 과거에 대한 내러티브를 부여하고 공산당에 그 입지의 정당성을 부여함으로써―군사사를 통해 교훈을 '배우는' 과정이 전면에 부각된다.

현재 중국에서 중시되는 것은 민족주의로, 외세의 위협으로부터 정신을 바짝 차리고 조국을 방어해야 할 필요성을 강조한다. 실제로 1839년부터 1845년까지 영국과 프랑스 그리고 일본에 의해 많은 파괴가 행해졌다. 그중에서도 일본은 비교적 최근―특히 1894~1895년과 1931~1945년―까지 거듭해서 큰 피해를 입혔다.

그럼에도 중국을 정복한 것은 해외 열강이 아니었다. 실제로 중국이 외세에 완전히 정복된 것은 만주족(청)에 점령된 17세기가 마지막이었다. 이것도 중국 내부의 심각한 분열과 그로 인한 명나라 사람들의 투항이 있었기 때문에 가능했고, 덕분에 청은 중국을 13세기 몽골보다 더 신속하게 정복할 수 있었다. 결국 이때 투항했던 몇몇 유력자는 1670년대에 다시금 청에 대항하여 삼번의 난을 일으켰다.

내부 혁명은 1839~1949년 시기에 가장 큰 도전을 제기한 요인이었고, 결국 1911~1912년과 1946~1949년에는 기존 체제를 완전히 무너뜨렸다. 1850~1864년의 태평천국의 난은 장기간 지속된 대규모 위기로, 중국 남부 많은 지역이 홍수전이 세운 태평천국 지배하에 들어갔다. 태평천국이 모집한 대규모 군대는 많은 사상자를 무릅쓸 각오가 되어 있었던 반면, 이와 대조적으로 청군은 지방 민병대와 외국 용병이 떠받치고 있었다. 이는 양측 모두가 상대편 지지 세력을 초토화하고 수십만 명을 살육한 총력전이었다. 이 혁명은 결국 실패로 끝났다. 이와 대조적으로 반외세·반기독교를 기치로 내걸고 일어난 주요 봉기인 의화단 운동은 청나라 조정으로부터 부분적 지원을 받았고, 1900~1901년 외국 군대에 의해 겨우 진압됐다.

청나라 정부가 마침내 무너진 것은 20세기에 들어선 1911~1912년으로, 우한 봉기를 기점으로 혁명이 발발해 청나라 정부에 대한 반대 운동이 중국 남부를 중심으로 일부분 전신(電信)을 통해 퍼져 나갔다. 짧은 내전이 벌어졌고, 청나라 정권 핵심 군벌이었던 위안스카이는 1911년 말 양샤에서 혁명군을 격파한 뒤 그들과 협상을 벌여 신생 공화국 초대 총통이 됐다. 이후 1915년 그는 자신을 황제로 선포했지만 바로 이듬해인 1916년 남부에서 호국 전쟁이라고 하는 잇따른 반란에 직면하게 됐고 결국 병사했다.

위안스카이가 걸어간 길은 당시 펼쳐졌을 수 있는 수많은 경로 중 하나인 동시에 왕조 군주제가 실패했을 때 군사 독재자의 역할이 더 막강해진다는 것을 일깨우는 대목으로, 1900년대 페르시아와 1920년대 헝가리, 터키에서도 볼 수 있었던 과정이다. 군사 독재자는 1910년대 멕시코에서도 전면에 등장했다. 이런 상황 때문에 군인이 지배하는 정치 체제를 포함한 다양한 정치 체제에서 군에 대한 통제가 중요해졌다. 일부분 그 결과로 군 감시가 더 중요해졌고, 몇몇 국가는 정규군과 균형을 맞추기 위해 고안한 별개의 군대로서 국가경비대를 발전시켰다.

　　1916년부터 1928년까지 중국에서는 중앙 통제가 붕괴되고 지방 군벌들이 나라를 지배했다. 그들의 끊임없는 지위 쟁탈전은 정부 대 정부의 전쟁과 다름없었다. 오히려 그 본질상 불안정하고 파괴적이었다는 점에서 더 심각했다. 1924년 9월 6일 자《타임스》보도에 따르면, 이는 "군인들이 수천 명의 무고한 중국인을 무자비하게 납치하여 상하이 주변 지역의 수송과 참호 굴착에 동원하는 (…) 공포의 도가니"였다. 군벌 시대의 불안정은 제1차 세계대전 이전 중국에 닥쳤던 변화의 유산으로 멕시코에서도 볼 수 있었던 과정이지만, 이후 성공적으로 정부를 세우는 데 실패했기 때문에 더 두드러져 보였다. 1920년대에 아주 대규모로 툭하면 벌어진 여러 무력 충돌은 군벌들의 무법적 사리사욕이라는 관점에서 볼 수 있고, 그들의 변화무쌍한 동맹 관계는 이득을 취하고 변화를 상쇄하려는 책략으로 볼 수 있다. 철도 이용은 부대와 지원의 이동에 중요한 수단이었다.

하지만 결국은 쑨원이 창설한 민족주의 운동 정당인 국민당이, 1926~1928년 장제스의 지휘하에 1920년대의 가장 큰 군사 작전인 북벌을 단행하여 대부분의 군벌을 몰아내고 상하이와 베이징을 점령함으로써 민족주의적 외관을 띤 일종의 성공적 군벌 정치를 수행할 수 있었다. 하지만 사실상 독립을 유지하며 여전히 군벌이 지배했던 만주는 1931년부터 일본 팽창주의의 목표물이 됐다. 일본은 1931~1932년 만주를 침략하여 경제·군사적 자원의 주된 공급원으로 삼았고, 이 성공에 고무되어 다른 지역으로 팽창에도 눈을 돌리게 됐다.

장제스는 새로운 국민 정부를 세웠지만 여전히 완강하게 저항하는 군벌들의 도전을—특히 1930년에—받았다. 더 심각했던 건 1927년부터 동맹을 맺고 함께 내전을 치렀던 공산당의 반격이었다. 처음에 공산당은 도시들을 점령하려 했지만 이것이 실패하자 불가피하게 농촌 지역으로 눈을 돌리게 됐다. 내전은 1930년대 초에 대규모로 확대됐다. 1934년 공산당은 근거지에 대한 국민당 군대의 대대적 공격에 직면하여 더 멀리 떨어진 요새로 이동하는 일명 '대장정'을 개시했다. 1937년 공산당 지도자 마오쩌둥은 대중 혁명 투쟁을 호소하는 팸플릿인 〈유격전을 논함〉을 발표했다.

하지만 바로 같은 해에 일본이 일으킨 전면전은 두 세력이 다시 힘을 합치지 않고서는 이길 수 없는 기나긴 투쟁의 시작이었다. 일본군은 중국군에 큰 패배를 안기며 1937년 베이징, 상하이, 난징(에서 민간인을 대량 학살하고), 1938년 광저우와 우한을 점령했다. 하지만 중국군은 결연한 방어전을 펼치며 상하이 점령전 등에서 치열한 싸움을 벌였다. 1939년 12월 영국군 참모장들은 "중국에서 일본군의 영향력이 미치는 범위가 특정 중심지와 통신선에 국한되어 있으며, 중국 게릴라 부대들이 일본군 주둔지에 상당한 타격을 지속적으로 입히고 있다"라고 지적하기도 했다. 일본은 1942년과 특히 1944~1945년에 추가로 더 많은 지역을 점령했지만 중국의 항전 의지를 꺾지는 못했다.

일본은 제2차 세계대전이 끝날 때까지 중국의 넓은 영역에서 통제권을 유지했다. 실제로 1942년 중국 중부 지역에서 성공적인 공세를 가하고 1944~1945년에는 더 많은 지역을 점령했다. 특히 베트남과 북중국을 잇는 육상 루트를 확보함으로써 미국 해군이 해상 루트를 공격했을 때 입을 수 있는 잠재적 피해를 줄이기 위해 남부 지방에 공세를 가했다. 나아가 이 진격으로 중국에 폭격기 기지를 두고 일본을 공격한다는 미국의 계획을 방해하고자 했다. 일본이 이에 성공하자 미국은 1944년 마리아나제도 등 태평양섬들을 점령하여 그곳을 일본 폭격을 위한 기지로 삼았다.

제2차 세계대전이 끝나자 중국에서는 곧 공산당과의 내전이 재개됐다. 소련으로부터 지원을 받은 공산당이 1945년 이후 세계 최대 규모의 전쟁에서 싸워 이겼다. 미국도 국민당을 지원했지만 규모는 훨씬 제한적이었다. 공산당은 우세한 머릿수, 소련의 장비와 양질의 지휘관에 힘입어 1948~1949년 결정적 전투에서 승리했다. 국민당은 분열에 시달렸지만 일부 평자들이 주장하는 것보다는 훨씬 결연하게 싸웠고, 그들의 패배가 사회 조건의 필연적 결과도 아니었다.

　1949년 국민당 거점이 무너지자 그 지도자들은 타이완으로 피신했다. 이듬해 공산당은 하이난과 티베트를 점령했다. 하지만 타이완을 점령하려는 계획은 미국으로부터 방해를 받았다. 중국이 1950년 한국 전쟁에 개입하고 냉전이 격화하면서 미국이 이곳의 방어에 진력하게 된 것이다. 중국에서는 전쟁이 최종 승리를 가져다주었지만, 한반도에서는 서양의 참전과 한국군의 투지가 결합하여 전쟁이 중국의 추가 승리로 이어지는 것을 막을 수 있었다. 혁명적 열정으로 정규군을 무찌를 수 있을 것이라는 마오쩌둥의 낙관은 알고 보니 착각이었다. 1953년 한국 전쟁이 끝난 뒤, 중국은 1962년 인도와 짧은 분쟁에서 이기고 1979년 베트남을 공격한 것을 빼면 다시 전쟁에 뛰어들지 않았다. 베트남과 국경 분쟁이 1991년까지 계속되긴 했지만, 실제로 중국은 소련이나 미국보다 외국과 무력 충돌을 덜한 편이었다.

제1차 세계대전

세계는 '항공 시대'의 문턱에 서 있다. 이 시대에는 모든 사람의 운명이 공중을 통해 통제될 것이다. (…) 산지, 사막, 대양, 강, 숲 따위는 아무런 장애도 되지 않는다. 항공기는 국경에 대한 온갖 관념을 순식간에 무용지물로 만들었다. 이제는 나라 전체가 국경 지대가 되고, 전시에는 모든 장소가 똑같은 정도로 공격에 노출된다.

미군 항공력을 정력적으로 주창한 빌리 미첼 준장은 자신의 책《항공력에 의한 방어: 현대 항공력의 발전과 가능성(Winged Defense: The Development and Possibilities of Modern Air Power)》(1925)의 서두에서 그 새로운 잠재력을 이렇게 설파했다.

그들은 우리 우측 대대를 향해 심한 포격을 가하고 파상으로 진격하며 교차 사격에 딱 알맞은 목표물이 되어주었다.

세계대전 전에 오스트리아와 독일이 구상했던 계획의 성격을 보면, 유럽이 어쩌다 실수로 혹은 자기도 모르게 전쟁의 수렁으로 빠져들었다는 납득하기 힘든 주장과 합치하지 않음을 알 수 있다. 이런 접근 방식은 가해자를 피해자로 변질시키고 자기들이야말로 희생자라는 국민적 맹신을 어느 정도 정당화할 위험성이 있다. 오히려 핵심 인물들의 전쟁 의지가 억지력의 붕괴를 가속화했고, 이것이 의사 결정 핵심부의―특히 어느 정도까지 위험을 감수할 수 있느냐에 대한―전략적 혼돈과 결합됐다고 보아야 할 것이다. 이와 더불어, 걷잡을 수 없는 위기의 역동으로 인해 동맹국―특히 독일과 오스트리아―간의 약속을 둘러싼 건설적 모호성이 더 이상 유지되기 불가능한 지경에 이르렀다.

전쟁 계획이 곧 전쟁을 일으킬 의도가 있음을 입증하는 증거는 아니지만, 군으로부터 압박은 상당히 중요한 역할을 했다. 더욱이 군국주의 버블 속에서 사는 많은 의사 결정권자들이 평화와 질서가 얼마나 깨지기 쉬운지에 대한 감각을 상실해버린 맥락에서는 더 중요했다. 게다가 전략적 요인과 전술적 요인을 혼동하는 경향이―특히 성공적인 군사 작전을 수행하면 전쟁을 금방 끝낼 수 있다고 가정한 단기전 옹호론자들에 의해―광범위하게 퍼져 있었다.

특히 독일이 벨기에의 중립성을 침해한 것이 영국의 참전에 중요한 요인이었다는 사실은 전쟁의 본질을 근본적으로 보여준다. 기본적으로 독일은 프랑스에 대한 군사 작전을 수월하게 하려는 전술적 이유에서 이런 전략적 결정을 내린 것이었다. 전략적 틀 내에서 전술적 문제를 고려해야 한다고 볼 때 독일에 이런 전략적 틀이 부재했다고 말할 수는 없지만, 이 틀이—그것도 심각하리만치—부적절하게 고려된 것은 사실이었다. 만일 프랑스가—1940년에 그랬듯이—항복으로 내몰렸다면 영국도 위험에 완전히 노출됐을 테니 독일의 단기전 전략이 실패한 것이 영국의 참전이라는 한 가지 요인 때문만은 아니었지만, 매우 중요한 요인이긴 했다. 또한 독일이 타협적 평화를 기반으로 전쟁을 끝낼 수 있는 합리적 목표를 설정하지 못한 것도 중요한 요인이었다.

독일 내에는 여기서 요구되는 합리적 목표를 설정할 광범위한 전략 수립에 필수인 범정부 조직이 부재했다. 빌헬름 2세(재위 1888~1918)는 군과 민간의 조언을 하나로 모으지 못했고, 각 지도자들 밑의 육군 일반참모들은 해군력과 외교를 불필요한 것으로 취급하고 민간인의 조언을 경시했다. 동맹국들과의 협력도 부족했다. 다음번 세계대전에서도 이와 똑같은 결함이 불거졌고 이때도 학습 능력의 구조적 문제와 결부됐다. 게다가 독일군 지휘관들은 비록 전술적으로 유능하고 많은 경우 작전에도 능했지만, 필요한 다양한 전략적 과제를 다루는 데 적합한 지식과 훈련이 부족했다.

독일군이 작전 면에서 오스트리아군과 러시아군보다 나았

다고 해서 이 마지막 결함이 상쇄되는 것은 아니었다. 오스트리아 군이 러시아와 심지어 세르비아를 상대로도 대처 능력이 부족하다는 것은 1914년에 드러났다. 오스트리아군은 장비도 동원도 지휘도 형편없는 상태로, 오스트리아가 직면한 전략적 상황의 심각성에 대한 충분한 우려 없이 배치됐고 좀 더 일반적으로 경험을 통한 학습도 더뎠다. 러시아와 세르비아 둘 다를 상대로 공세를 취한다는 결정을 내린데다 정면 전술에 의존하여 상황을 더 악화되게 만들었다. 게다가 오스트리아군 지휘는 계속해서 무능을 노출했다. 1914년 프랑스에서는 심지어 독일군도 좌익의 기동을 부대 전체 행동에 맞추어 조율하지 못했고 우익에서도 작전상 협응이 제대로 이루어지지 않았다. 또 이들 군대는 장비, 병참, 규율에도 문제가 있었다.

1864~1871년 독일 통일 전쟁의 신속한 승리 경험에서 큰 영향을 받은 독일의 전략 계획은 대규모의 갑작스러운 타격으로 적을 신속히 붕괴하게 만드는 것이 목표였지만, 이것이 실패할 경우에 대해서는 고려하지 않았다. 1914년 독일은 일부분 러시아군의 규모를 과도하게 의식한 결과 러시아의 공격을 가장 큰 위협이라고 보았고, 영국으로부터 장기적 위협을 과소평가했다. 1945년에 러시아, 그러니까 소련에 대한 우려는 타당한 것이었지만, 1914년 러시아군의 엉성한 공세는 수송의 어려움, 특히 열악한 도로로 인해 불거진 병참상 결함 때문에 급속히 발전할 만한 역량을 갖추지 못한 상태였다.

이는 독일군이 1915년에 자신들의 공세적 관심에서 중심이었던 동부 전선을 공격했을 때도 작용한 요소들이었지만, 러시아군의 방어 의지도 한 요소로 작용했다. 이와 유사한 예를 제2차 세계대전에서 찾아보면 유용할 것이다. 러시아군의 방어가 1941년, 1942년, 1943년에 독일군 공격을 방해한 핵심 요소였다는 주장이 점점 더 늘어나고 있는 것이다. 그 이전 전쟁을 더 주목할 필요가 있는 것은 이 요소가 독일군이 1917~1918년까지 동부 전선에서 결정적 승리를 거두지 못한 이유를 설명하는 데 도움을 주기 때문이다. 이와 대조적으로 세르비아는 1915년에 정복됐고, 러시아보다 더 취약한 상황에 놓여 있던 루마니아는 1916년에 크게 패했다. 공격군은 속도와 기동 능력을 겸비하여 루마니아군을 압도했고 루마니아군은 적의 역동적 공격에 대처하지 못했다. 그 전에 독일이 러시아를 상대로 승리를 거두었다면 이는 1940년에 (그 지리적 규모는 매우 달랐지만) 프랑스에 거둔 승리와 맞먹었을 것이며, 서방 협상국들은 매우 다른 상황에 처했을 것이다. 실제로 이는 영국과 프랑스가 독일군 자원을 러시아와 전쟁으로부터 빼내오기 위해 공세를 취해야 할 필요성을 느꼈던 이유를 설명해준다. 실제로 협상군의 연합 공세는 매년 시도됐지만 어렵다는 것이 판명됐다. 다만 1918년 서방 협상국이 4개 동맹국에 가한 동시적 압박은 위기감을 불어넣어 전쟁을 포기하게 만드는 데 크게 기여했다.

서부 전선의 포위전 비슷한 대치 상황과는 대조적으로, 동부 전선에서 전투 경험은 더 기동성이 높고 포병 지원이 적었다는 점에서 달랐다. 이 대비는 전술·작전 면에서 특수한 문제들을 제기했으며, 공통된 전쟁 경험 관점에서 생각하는 경향에 제동을 거는 데도 도움을 준다. 마찬가지로 서부 전선의 참호전에 대한 학술적 분석 또한 기본적으로 일원화된 체제—이것이 여전히 대중적 관점에 가깝기는 해도—의 그것과는 매우 다른 이야기를 들려준다. 그리하여 독일군의 빠른 학습 과정 일환으로, 단순한 선형 방어는 우선 여러 겹의 참호선 방어로 대체됐고 그다음에는 구역 방어로 대체됐다. 이렇게 설치된 (영국에는 힌덴부르크선으로 알려진) 독일군의 지크프리트선은 상호 지지하는 콘크리트 벙커를 짓고 이를 장애물 지대로 둘러싸는 식으로 종심 방어를 제공했다.

서부 전선 방어 체계는 공격 체계와 상호 작용하면서 발전했다. 1916년 말에는 잠행 탄막과 종심 포격 같은 포병 전술의 진화로 선형 방어선이 더 취약해졌고, 이는 새로운 방어 체계로 이어졌다. 1918년에 독일군 최전선은 소수 인력을 배치한 전초 기지들이 줄줄이 늘어선 모양새가 됐고, 영국도 이 방향으로 가고 있었다. 게다가 전투원들은 낯선 전투 경험의 낯선 감각에 익숙해져야 했다.

영국 상황은 조금 달랐지만 전략 계획에 심각한 문제가 있었다. 특히 전략적 선택지를 진지하게 논의할 수 있는 더 고도의 방어 메커니즘이 없는 상황에서 정부가 군사 전략에 대한 통제권을 상실한 측면이 있었다. 이와 관련하여 방법과 수단의 관계를 충분히 검토하지 않았고 프랑스와 벨기에에 대한 군사적 관여의 결과가 어땠는지도 제대로 검토하지 않았다. 영국군은 그 관여도에 비해 머릿수가 부족했고 1916년에는 병력을 확보했지만 1917년에야 군대에 필요한 훈련이나 충분히 적절한 장비를 갖출 수 있었다. 영국의 전략은 프랑스와 동맹에 따르는 정치·군사적 요건이라는 의미에서 프랑스에 의해 어느 정도 '포획되어' 있었다.

제1차 세계대전은 항상 세계대전이자 전 세계적 영향을 끼친 전쟁으로 이해되어왔다. 하지만 이 전쟁은 육상전으로 보나 해전으로 보나─심지어 공중전으로 보아도─그다음 전쟁보다 훨씬 더 유럽 중심적이었다. 제1차 세계대전 때부터 항공기 전투가 시작됐지만, 항공력은 전략이 아니라 대부분 전술 차원에 머물렀다.

육상전, 해상전, 공중전에서 상호 작용을 통한 학습이 얼마나 일어났는지에 대한 이해가 학자들 사이에서 높아져왔다. 이런 과정을 통해 특히 참호 체계가 발전하고 포병 활용 효과의 증대를 포함한 공격 기술이 발전했는데, 이는 제공되는 정보량이 많아진 덕분으로 항공사진이 큰 역할을 했다. 이는 전쟁의 경과에 너무나 중요한 지식 적용의 한 측면으로, 덕분에 전쟁이 끝날 때쯤 전투 기술은 개전 당시와 매우 달라져 있었다. 그래서 1917년 당시의 포병은 사격할 때마다 매번 기온, 포신의 마모도, 추진력을 고려하여 포를 조정할 수 있었다. 이 과정에 대단한 신기술이 필요한 것은 아니었지만, 이를 돕기 위한 새로운 장치들이 고안되어 1914년에는 실현 불가능했던 일을 이제는 쉽게 수행할 수 있었다. 서부전선 포병대에는 풍속과 기온 정보를 하루에도 몇 차례씩 전달했다. 아군의 역량을 더 정교하게 이해하고 전쟁의 더 광범위한 복잡성에 대응하는 과정에서 정보를 신속히 통합·전송했고, 덕분에 특히 보병과의 협력으로 더 정확하고 적절한 포격을 할 수 있게 됐다. 다양한 무기와 지도 제작 및 활용 등 실무에도 발전이 이루어졌다.

독일군은 1914년과 1916년 서부 전선 공세에서 전략·작전 차원의 취약성을 드러냈고, 이는 1918년에 다시금 입증됐다. 독일은 협상군의 투지에 대해 오판하고 협상국의 정치적 의지가 전선에서 벌어지는 사태에 따라 쉽게 흔들릴 것이라는 잘못된 가정에 근거하여 미숙한 방식으로 압박을 가했다. 특히 정치적 함의에 대한 전략적 현실 인식이 부재하고, 전술·작전과 '정치적 희망 사항' 사이에 '다리'를 놓을 줄 아는 능력이 부족했다. 일부분 이는 자신들의 비교 우위에 대한 독일군의 이해가 전략이 아니라 전술적 차원에 머물러 있었으며, 전술적 승리만으로는 필승의 전략을 수립할 수 없었기 때문이었다.

결국 1918년에 남아 있던 모든 전선에서(동부 전선은 러시아 붕괴와 항복으로 종결됐다) 협상군은 계속 사상자가 불어나는 압박 속에서도 그전까지 군에 도입한 발전의 결실을 맺게 된다. 그들은 끈질긴 저항에 직면하여 진격과 공세를 뒷받침하는 데 필요한 메커니즘을 발전시키고 자원을 끌어모았다. 이런 식으로 협상군은 작전을 통해 자신들의 전략을 실행하는 역동성을 확보함으로써 결정적으로 군사적 타격을 가할 수 있었다. 이는 협상군의 전투와 자원 활용 방식이 개선된 반면 독일군의 전투 방식에, 특히 작전 차원에서 심각한 결함이 있었음을 반영한다. 이와 대조적으로 협상군은 새롭게 정립한 지휘 통일*에 힘입어 작전 능력을 입증했기 때문에 1918년을 티핑 포인트로 만들 수 있었다. 전쟁에 대한 시스템적 접근 방식도 주효했는데, 이는 그다음 전쟁에서 더 많이 나타나게 된다. 엘리트 부대에만 집중하기보다 군 전체의 효율성을 높이고자 했다는 점에서 영국군의 개선과 적응력은 독일을 능가했고, 이는 좀 더 유동적인 전쟁 종결 단계에서 큰 이점으로 작용했다. 1917년 협상군 편으로 참전한 미국은 학습 곡선이 가팔랐던 탓에 1918년 많은 사상자를 냈지만, 그럼에도 협상군 작전에서 중요한 역할을 했다.

점령한 영토보다는 모든 동맹국에 가해진 패배의 압박이 결정적 타격을 가늠하는 척도가 됐다. 특히 독일군 지휘부에 독일군 자신의 심각한 패배 말고도 큰 영향을 미친 사건은 불가리아가 휴전 협정을 체결하기로 결정하면서 이것이 오스트리아와 튀르크에까지 압박으로 작용하여 동맹이 와해될 위기에 처한 것과, 오스트리아가 무너지면서 이탈리아군이 바이에른으로 진격해 들어올 길이 열린 것이었다. 이는 작전 성공을 전략 중심 관점에 놓고 보며 특정 영토의 가치를 이와 관련해 평가할 수 있는 고전적인 사례다.

1918년 독일 패배가 전쟁 종결로 직결된 것은 아니었고, 실

---

* 전투력을 올리기 위해 책임을 가진 지휘관 한 명이 지휘를 통일하는 일.

제로 협상군은 1919년에도 전쟁을 계속할 계획을 세우고 있었다. 그럼에도 동맹국은 패배했고 동맹 각국의 전략은 군사적으로나 정치적으로나 휴지 조각이 됐다. 협상국의 육해군과 경제적 측면의 전략 능력은 1915년부터 정치적으로 더 많은 국가를 자기편으로 끌어들이고 적보다 더 많은 자원을 통합하고 배치하는 기술을 통해 입증되었다.

전간기:
다가오는 전쟁의 위협은
어떻게 평가됐는가

지나고 보면 1919~1938년은 주로 제1차 세계대전이라는 충격적 경험의 교훈을 되새기고 다음번 세계대전을 준비한 시기였던 것 같다. 이 시기에 대한 오늘날의 많은 논의는 항공기, 탱크, 항공모함, 잠수함 같은 신무기 체계 발전과 이와 관련된 — 특히 기갑 분야의 J. F. C. 풀러와 배질 리들 하트, 항공기 분야의 줄리오 두에 같은 이론가의 — 사상에 초점을 맞추고 있다. 군사적 결정력의 전혀 다른 원천을 제공할 수 있는 항공기의 잠재력은 확실히 군사적 사변에서 핵심 주제 중 하나였다.

　　하지만 실제로 이 시기에 몇몇이 기대했거나 후대의 필자들을 매료할 정도로 변화가 일어난 것은 아니었는데, 이 시기의 전쟁 — 특히 러시아, 중국, 에스파냐 내전 — 이 제1차 세계대전과는 매우 달랐기 때문이다. 영국군 소장이었던 퍼시 래드클리프 경은 1920년 당시 소련과 전쟁 중이던 폴란드에 '프랑스-영국 임무'를 수행하러 파견됐을 때 제출한 보고서에 이렇게 썼다.

전투의 흐름은 어느 한쪽의 강한 타격보다는 심리·정서적 요인에 따라 앞뒤로 출렁였고, 기동 가능성은 유럽에서 나폴레옹 이래로 보지 못했던 발전의 최정점에 다시금 다다랐다. 서부 전선에서 전쟁을 특징지었던 기나긴 정체가 끝나자마자 그와 정반대되는 추세가 너무나 빨리 찾아왔다는 것이 더더욱 충격적이다.

여기서 마지막 지적은 기술이 반드시 어느 특정한 결과로 직행하지 않는다는 것을 강조한다. 이어서 그는 서부 전선에 비해 병력 밀도가 낮다는 것이 결정적 문제이며, 그 때문에 방어군과 공격군의 응집력, 중심, 예비대가 실종됐다고 주장했다.

이 시기 군사사에 대한 후대의 많은 논의는 특히 항공기와 탱크로 대표되는 신기술의 가능성에 대해 올바른 대응이 이루어졌는지를 묻는 질문에 초점을 맞춘다. 다시 말해 1939~1942년 독일과 일본의 공세라는 쟁점 그리고 전격전—독일군의 빠른 진격을 위한 기계화 적용—가능성에 대한 적응 능력 문제를 다룬다. 이런 접근 방식도 가치는 있지만, 이런 것들은 군사적 과업 그 자체와 결부된—사실상 군사적 과업에 종속된—것으로 보아야 한다. 특히 이는 누가 잠재적 적인지에 대한 인식의 결과였다. 1920년대부터 1930년대 초까지는 그런 대규모 전쟁이 일어날 것이라고 가정할 필요가 없었다. 그러므로 전략은 당면한 지정학적 도전에 대한 능동적 반응으로 제시돼야 하고, 따라서 전략적 계획은 조달과 훈련과 전개의 핵심 맥락을 이루는 만큼 우리 논의에서 기술과 정치를 조화할 필요가 있다.

그 구체적인 관건과 과업 목록을 뽑아보는 것이 이 쟁점을 조명하는 데 유용할 것이다. 다음에 열거하는 내용은 완전한 목록과는 거리가 있지만 요지를 보여주기에는 충분하다. 영국은 세계 제국이었고, 1919~1921년 영국의 군사적 과제로는 (특히) 독일, (그뿐만 아니라) 터키 점령에 따른 책무, 러시아 내전에 대한 광범위한 관여, 아프가니스탄과 전쟁, 펀자브의 소요, 아일랜드·이라크·이집트의 반란, 영국령 소말릴란드에서 전쟁, 이란에서의 이해관계에 대한 위협 등이 있었다. 1922~1930년에도 갖가지 문제가 많았는데, 먼저 콘스탄티노폴리스와 다르다넬스, 다음에는 이라크와의 국경을 둘러싼 터키와 전쟁 가능성에 대한 우려가 있었고, 아라비아반도의 불안정, 중국에서의 이해관계에 대한 공격도 있었다. 1931~1938년에는 일본, 이탈리아, 독일의 팽창주의가 모두 다 심각한 문제였지만, 제국 내부, 특히 인도 북서변경주와 팔레스타인(아랍 봉기), 그뿐 아니라 자메이카, 몰타, 미얀마에서도 반란이나 소요가 있었다.

이 불완전한 목록에는 다른 주요 열강—특히 프랑스와 미국—과의 무력 충돌로 이어질 수도 있었던 긴장이나 분쟁 가능성이 빠져 있다. 지금 시점에서, 특히 1930년대에 전개 중이던 더 큰 도전에 비추어보면 이런 시나리오가 엉뚱하게 들릴지 모르지만, 이는 예측 정도에서 그치지 않고 계획 단계까지 진행됐다. 특히 미국은 영국과 전쟁을 계획했고, 여기에는 캐나다 침공 계획도 포함되어 있었다.

이런 갖가지 도전을 살펴보면 전략을 결정하기가 왜 어려운지 알 수 있으며, 따라서 이와 관련된 잠재적 무력 충돌의 지리학을 짐작할 수 있다. 이 시기를 다루는 군사사학자들은 반란이 제기하는 도전을 경시하고 독립 국가의 정규 군대끼리 벌이는 대칭전에만 초점을 맞추기 쉽지만, 전쟁을 계획했던 이들 시점에서 그건 확실히 알 수 없는 일이었다. 그들은 이런 상황에서 미래의 전쟁을 제국 내 더 긴급한 치안 문제와 나란히 놓고서 고려해야 했다. 후자의 문제는 군대가 실질적으로 민간 치안 유지에 얼마나 책임이 있느냐에 따라 깅화됐다.

게다가―특히 남아시아에서―제국의 시스템을 현지인 부대에 의존했기 때문에 해당 지역 치안을 강조할 필요성이 있었다. 하지만 해군은 그렇지 않았는데, 이 점은 군 내에서도 특정 군종(軍種)이 전략적으로 매우 다른 차원에 있었음을 보여준다.

'원주민'의 저항에 부딪혔을 때 제국 방어에 대한 우려는 몇몇 장성이 유럽에서의 전쟁을 위해 전차 부대를 발전시킨다는 생각을 가설로만 여기고 참여하길 주저했던 이유를 설명해준다. 군 내부의 실용적인 현대화론자들은 작전에서 전차가 발휘할 수 있는 가능성을 인식했지만, 그들은 외부에서 비판하는 공론가들―특히 배질 리들 하트―보다 예산상 제약을 더 크게 의식해야 했다.

나아가 제국 방어의 필요성은 독일을 저지하거나 독일과 싸우는 최선의 수단으로서 항공력이 강조되게끔 하는 데도 기여했다. 이는 폭격으로 가할 수 있는 피해와 독일군 전력의 가장 우려스러운 측면, 즉 독일 공군인 루프트바페의 잠재적 힘에 대한 확신을 반영한 것이었다. 프랑스의 국경 감시 방어, 특히 마지노선으로는 독일군의 공중 공격을 저지할 수 없었다. 1933년 정권을 장악한 히틀러는 1919년 체결된 베르사유 조약을 폐기하겠다고 서약했다. 이후 상황을 고려하면 이는 국제 질서와 영국의 이해관계에 대한 최우선적 위협으로 비쳤을 것이 분명하다. 하지만 일본은 1931년, 이탈리아는 1935년에 전쟁을 일으켰는데, 독일은 1939년에 가서야 전쟁을 일으켰다. 이 모두가 영국의 이해관계와 영국의 국제 질서/국제 관계 관념에 대한 도전이었고 더 큰 문제로 이어질 수 있는 위협이었다. 실제로 일본은 1937년 중국에 대한 전면 침공을 개시했고, 이탈리아는 영국의 지배에 대한 아랍의 반발을 부추겼다.

따라서 이 세 열강이 제기한 도전의 우선순위 매기기와 그로 인한 우선순위의 지리학은 전략적 불확실성으로 둘러싸여 있었다. 이 불확실성은 이들 열강이 협상 그리고/또는 압력에 어떻게 반응할지 불분명했기 때문에 더욱 증폭됐고, 여기에 동맹을 둘러싼 불확실성과 다른 위협 요소들, 특히 소련의 존재도 고려해야 했다. 따라서 산업 생산 능력 및 역량의 한계와 재정적 문제뿐만 아니라 임무와 적합한 전력 구조를 둘러싼 확신 부재 또한 재무장에 악영향을 끼쳤다. 효과적인 전략 계획을 수립하려면 동맹과 적이 명확해야 했다.

일본의 도전에 대한 영국의 원칙적 대응은 해군을 통한 것이었다. 특히 동남아시아, 오스트레일리아, 인도의 대영제국을 일본의 공격으로부터 방어하면서 동아시아 해역에 대한 전력 투사용으로도 쓸 수 있는 강력한 해군 기지를 싱가포르에 개발하는 것이었다. 이 해군 정책은 군함과 항공기 이동을 지원하는 기지망, 일본에 대항하는 오스트레일리아·뉴질랜드·캐나다와 협력, 미국과 동맹 등 여러 측면과 다양한 형태를 고려해 취한 것이었다.

이탈리아의 도전에 대해서는 이와 비슷하면서도 다른 우선순위가 세기됐다. 크게 팽창한 이탈리아 해군은 지중해에서 영국에 주된 위협을 제기했고, 더불어 수에즈 운하를 거쳐 인도양으로 가는 영국군 항로에도 위협이 됐다. 동시에 1935~1936년 이탈리아가 아비시니아를 침공할 때는 육군과 공군을 모두 동원했다. 이는 1940년부터 영국이 이탈리아와 벌이기 시작한 전쟁에서도 마찬가지였다. 이집트, 수단, 영국령 소말릴란드, 케냐를 이웃한 이탈리아령 식민지 리비아, 에리트레아, 이탈리아령 소말릴란드로부터 방어하는 데도 육군이 필요했다. 한편 공군은 몰타를 비롯한 식민지들의 보호를 돕고 이탈리아를 폭격하는 데도 활용됐다.

독일 해군도 도전을 제기했지만, 전략적 도전으로 볼 때 독일 해군은 일본과 이탈리아 해군에 비해 약해 보였다. 1940년에 덴마크, 노르웨이, 프랑스를 점령할 때까지는 독일 해군이 북대서양에 접근하거나 기동할 충분한 공간이 없었기 때문이다. 하지만 영국이 아무리 세계 최고의 해군 강국이라 해도 독일, 이탈리아, 일본과 동시에 싸울 수 있는 해군을 갖지는 못했다. 이는 1921~1922년 워싱턴 해군 조약으로 주력함 건조가 중단되고 영국의 산업 역량과 재정 역량이 충분치 못했던 결과였다. 이에 반해 세 열강의 전력은 날로 강해지고 있었다. 잠재적 적국들이 지리적으로 서로 멀찍이 떨어져 있다는 사실뿐만 아니라, 전쟁을 해야 하는 상황을 피하기 위해 외교적 노력이 경주되고 있다는 사실과 나라의 상태를 감안할 때, 영국이 계산한 해군력으로 3국과 전쟁을 동시에 지원한다는 예상은 터무니없는 우위를 기대한 것이었다. 영국 해군은 재무부, 외무부, 해군 본부 등 핵심 부처들의 시각차로 인한 심각한 갈등의 결과와 중요성을 반영하여, 동시에 불거지는 위협에 대해―필요하다면―별개의 전역에서 순차적으로 작전을 수행한다는 계획을 세웠다. 이 전략에서는 빡빡한 예산으로 인한 제약을 작전의 유연성으로 다소 완화할 수 있을 것이라고 가정했다. 아울러 전쟁이 터지면 동맹국―특히 독일과 이탈리아를 상대로는 프랑스, 일본을 상대로는 미국―이 영국을 지원할 것이라는 희망도 있었고, 실제로도 그렇게 됐다.

영국 본토에 이탈리아, 일본 그리고 소련 공군보다도 훨씬 더 큰 위협이 된 것은 독일의 루프트바페였다. 그래서 방공의 전략적 필요성은 독일과의 전쟁 가능성에 달려 있었다. 이 목적을 위해 항공기는 옮길 수 있었지만 레이더 기지는 고정 시설이었다. 그래서 제국의 이해관계가―그것이 아무리 중대한 이해관계라도―걸린 다른 지역과 달리 영국 본토 방어에는 매우 다른 목표와 수단을 적용했다.

독일의 도전은 유럽의 질서와 영국의 관계를 바라보는 관점과도 결부되어 있었다. 이탈리아는 알바니아를 침공했고(1939) 그리스를 침공하려 했지만(1940), 단독으로 프랑스와 싸워서 승리할 가능성은 희박했고 실제로 그러려고 들지도 않았다. 대신에 서유럽의 여타 국가에 주된 위협을 제기한 것은 독일이었고, 동유럽에서는 독일과 소련이었다. 특히 당시 영국에 평시 징병이 없었고 영국령 인도군은 서유럽에 배치할 계획이 없었기 때문에 영국이 이런 위협에 맞서기 위해 유럽 대륙에 군대를 파견해야 하는지는 어려운 질문이었다. 벨기에, 네덜란드, 덴마크, 노르웨이가 중립을 유지하기로 결의한 상황에서 군대를 기동할 수 있는 유일한 지역은 프랑스였고, 영국에서 프랑스에 파견할 대부대를 증강한다는 전략적 옵션은 당시 세계 곳곳에 광범위하게 관여 중이던 영국군의 상황과 제1차 세계대전의 경험에 비추어볼 때 썩 내키지 않는 선택지였다.

따라서 다음번 전쟁에 대한 추측은 '무기 체계를 가지고 절대적·상대적 기준에서 무엇을 달성할 수 있는지'뿐만 아니라 구체적 과제에 비추어 '무엇의 달성을 기대할 수 있는지' 하는 질문과도 연관됐다. 여러 가설이 굉장히 역동적인 상황에서 상호 작용했다. 영국의 정책 결정권자들이 내렸던 결정의 심각한 결함들을 지금 시점에서 지적하기는 쉽지만, 우선순위를 정하는 문제뿐만 아니라 제기된 도전과 자원 투입 간 연관성을 평가하는 일은 어렵다는 점을 강조할 필요가 있다. 이상이 교훈적인 이유는 이것이 오늘의 위치에 이르는 길을 만들었고, 서양(과 여타) 열강에게 무수한 불확실성을 던져주었기 때문이다. 역사가 갖는 가치의 많은 부분은 현대 세계의 문제를 이해하게끔 돕는 능력에 있다. 이 경우에는 현대 세계 또한 과거 문제를 이해하는 데 큰 도움을 준다.

제2차 세계대전

대규모 폭격은 우리가 독일의 경제생활을 파괴하고 사기를 꺾기 위해 주로 의존하는 무기다. (…) 우리는 이 방법을 대규모로 적용함으로써 독일군이 토대를 둔 구조 전체를 파괴할 수 있다고 믿는다. 그 결과로 독일군의 전투력과 기동성이 크게 저하하여 (영국의) 직접 작전이 다시금 가능해질 것이다.

   - 영국군 전략 검토서, 1941년 8월 16일

연합군의 자원 우위에 의해 종결됐다고 여기는 제2차 세계대전은 군사사에서 그 요인에 대해 논의할 기회를 제공한다. 유례없는 규모의 세계 전쟁이었던 이 대전은 전후 질서/무질서의 토대를 마련했지만, 제2차 세계대전을 통해 수립된 전쟁 모델은—원자 폭탄 사용이나 무력 충돌이 벌어진 지역 같은 구체적인 사항으로든 혹은 병력 규모로든—아직까지 재현되지 않았다. 실제로 2020년대의 관점에서 볼 때 가장 인상적인 부분은 바로 제2차 세계대전의 비전형성이며, 이와 관련해 이 대전을 통해 수립된 패턴이 전쟁에 대한 관념을 오도할 소지가 있다는 것이다.

독일과 일본의 점령에 대한 저항이 — 특히 중국에서 — 일정한 역할을 하긴 했지만 제2차 세계대전에서 결정적 요소는 아니었던 반면, 전후 수십 년간 전면에 두드러진 것은 반란 투쟁이었다. 제2차 세계대전은 징집으로 충원한 대규모 군대끼리 싸운 전쟁이었지만, 2020년대의 패턴은 자원한 직업 군인으로 충원한 소규모 군대 간 전쟁에 훨씬 더 가까워졌다. 게다가 제2차 세계대전 때 볼 수 있었던 모든 사회적 자원 총동원이 전후 분쟁에 관여한 주요 강대국에서는 일어나지 않았고, 이러한 분쟁 — 미국의 베트남 전쟁과 소련의 아프가니스탄 전쟁 등 — 도 분명히 필요가 아닌 선택에 의한 전쟁이었다.

전쟁은 우리가 이를 직접 경험한 — 군인과 민간인을 포함한 — 많은 개개인의 목소리를 들을 수 있을 정도로 가까이 있고, 이에 대한 영상과 사진과 음향 기록도 많다. 이런 기억의 근접성과 매우 생생한 특성은 그 나름의 이점이 있다. 1944년 그리스 저항 조직들 간에 벌어진 내전은 세계대전이라는 이름의 우산 아래 벌어진 무수한 투쟁 중 하나였는데, 이때 개입했던 한 영국군은 이것과 좀 더 전통적인 군사 작전의 차이에 대해 이렇게 썼다.

적군은 군복을 전혀 입지 않아서인지 몰라도 우리가 아는 한 어느 그리스인과 똑같았다. (⋯) 우리가 익숙하게 싸웠던 방식과는 완전히 다른 상황이었다. (…) 평범한 보병 군인으로서 첫 번째로 하는 질문 중 하나가 '어느 쪽이 전선인가?'이다. 최악의 경우가 닥쳤을 때 피비린내 나는 곳에서 벗어나 어느 쪽으로 가야 할지 알아야 하니까. 그런데 전형적인 도시 '전선'인 이런 종류의 상황에서는 온 사방이 그런 곳이다.

동시에 이 시기 기록 영상 등을 통해 강화되는 대체적인 인상은 크게 오도할 소지가 있을 수 있다. 1939~1941년의 독일 전격전 공격에 과도하게 초점을 맞추는 경향을 예로 들 수 있다. 독일은 이 공격으로 1941년 소련을 격파하는 데 실패했다.

이 전쟁에서 연합군의 승리에 대한 설명은 패전한 쪽의 시각을 채택하는 경향이 있다. 그들은 자원이 부족했고, 이는 세계 경제를 주도하는 미국의 힘과 영향력 때문에 특히 더 심각했는데, 석유가 육해공 무기 체계에 매우 중요한데다 연합군이 석유 산지를 통제했다는 점에서, 곧 이것이 최초의 석유 전쟁이었기 때문이라는 설명이다.

물론 이런 이유는 명백하다. 독일과 일본에 대한 전쟁을 뒷받침하기 위해 막대한 자원이 소요된 것도 사실이다. 1944년 6월 6일 디데이에 노르망디를 공격한 침공 함대 규모는, 그해 여름 연합군이 지중해와 태평양에도 또 다른 침공 함대를 배치했다는 사실을 생각하면 더욱 인상적이다. 독일에 대한 영미의 연합 폭격기 공세는 독일 전시 경제에 막심한 피해를 입혔고, 루프트바페가 육군을 지원하기보다 본토 방어에 집중할 수밖에 없게 만들었다. 동시에 미국은 1944년부터 일본에 대한 대대적 공습 또한 개시했다.

하지만 자원만으로는 전쟁의 결과를 설명할 수 없다. 특히 연합군의 자원에 대한 강조에는 추축국, 특히 독일군의 전투 능력에 대한 강조가 함께 따라붙곤 한다. 이는 여러 가지 이유에서 잘못된 시각이다.

첫째, 한 국가의 총체적 전투 능력이라는 개념 자체가 잘못됐다. 모든 군대는 부대마다 특성이 다르다. 그리고 이 차이는 상대하는 적과 완수해야 하는 과업 차이에 따라 더 뚜렷해지며, 영국군과 미군의 경우는 더더욱 그렇다.

둘째, 독일군은 주로 1939~1941년에 전격전 방식을 써서 성공을 거둔 것─특히 제1차 세계대전 때 이루지 못했던 1940년의 프랑스 점령─으로 칭송받아왔다. 하지만 독일에서 전격전은 공식 용어였던 적이 없고 그보다는 독일의 매우 전통적인 전쟁 방식에 장갑차와 항공력이 이끄는 요소를 추가했다는 기술에 더 가깝다. 실제로 전격전은 순차적 전쟁 수행과 단일 전선 전역이라는 조건에서 생겨났으므로, 그 임시변통에 가까운 성격을 이해하면 1939~1941년 독일의 작전이 탁월한 것이었는지를 올바른 맥락에 놓고서 볼 수 있다. 게다가 1939년에 상당수 독일군은 철도와 가축에 크게 의존했다.

(특히 전차를 구동하는) 내연 기관에 기반한 무기와 병참의 잠재력은 전격전을 강조하는 논의에서 제시되는 것만큼 충분히 실

현된 상태가 아니었다. 독일군이 크게 기계화되어 있었다는 일반적 견해와는 달리, 독일군의 많은 부문은 기계화되지 않았고 말이 끄는 수레에 의한 보급에 크게 의존하며 도보로 전투에 나갔다. 기갑척탄병은 독일군 보병 중에서도 소수에 불과했다. 거의 모든 차원에서 충분히 기계화가 이루어지지 않아 독일군의 진격 범위와 효율성이 떨어졌다. 하지만 더 많은 차량이 있었더라도 유지 보수와 (그보다 더 심각한) 기름 공급 문제가 불거졌을 것이다. 이 중 후자의 요소에 비추어볼 때 다시금 새롭게 떠오르는 것이 '목적 적합성(fitness for purpose)'이다. 추가로 독일이 폴란드(1939), 프랑스(1941), 유고슬라비아(1941), 그리스(1941) 침공에 성공한 데는 적의 서투른 대응—특히 예비대의 위치와 활용—이 실제로 큰 몫을 했다.

셋째, 전쟁에는 각기 다른—가장 흔하게 꼽자면 전술, 작전, 전략이라는—차원이 존재하며, 그중 어떤 차원에서는 잘하는데 어떤 차원에서는 못할 수도 있는 법이다. 제2차 세계대전 당시 독일군은 전략 차원보다 전술 차원에서 더 유능했다는 인식이 폭넓게 존재한다. 이 점은 특히 1941년 독일의 소련 침공과 관련하여 두드러지게 나타난다. 독일의 판단은 소련이 1939년 폴란드 동부 침공과 특히 1939~1940년 핀란드 공격—일명 '겨울 전쟁'—의 초기 단계에서 드러낸 결함, 그리고 스탈린이, (그것도 독일 측이 제공한) 가짜 정보를 근거로 1937년부터 1941년까지 군 지도부에 대해 벌인 광범위한 숙청 효과를 계산하여 내려진 것이었다. 이 판단은 붉은 군대가 '겨울 전쟁'의 마지막 단계에서 거둔 성공과 그 후에 이룩한 개선을 계산에 넣지 않은 것이었다. 어쨌든 다른 열강들처럼 소련도 약한 공세 능력과 강한 방어 능력이 극명한 대조를 이루고 있었다. 게다가 1917년 러시아가 제1차 세계대전에서 군사적으로 패하고 정치적으로 완전히 붕괴하는 것을 지켜본 독일 입장에서는 다시금 승리를 거머쥘 수 있을 것 같았다. 당시의 서신을 보면 많은 독일군 부대가 전쟁이 빨리 끝날 것이라고 확신했음을 알 수 있다. 비록 붉은 군대를 오판하긴 했어도, 독일은 꽤 많은 사상자가 날 것을 예상하고 최대한 많은 병력을 투입했다.

하지만 독일은 사상자와 징비 손실을 보원할 수 있는 소련의 역량, 소련 경제의 잠재력, 특히 전차 생산 능력이 얼마나 되는지를 이해하지 못했다. 또한 그들은 생산 시설을 신속히 초토화해서 중요치 않게 만든다는 계획을 세웠다. 독일군 장성 대부분은 독일이 발전시킨 군사 시스템으로 소련을 격파할 수 있다고 확신했던 반면, 날씨가 도로에 끼치는 영향 등을 포함하여 소련 지리에 대한 이해는 부족했다.

독일과 일본의 전쟁 방식에 대한 의문도 있다. 그들의 국가적 전쟁 문화에서는 완전한 승리를 목표로 공세 작전을 펼치는 단기전을 강조했는데, 이런 전쟁 문화가 전쟁에 대한 의존을 부추겨서 실제로 독일과 일본의 패전 요인이 됐는지에 대한 의문이다. 개별 국가의 정치 문화는 이런 고유한 목표 및 전쟁 수행 유형과 긴밀한 관련이 있었다.

넷째, 연합군의 전투 능력이 독일과 일본 모두를 상대로 점점 더 향상됐다는 점이다. 1941~1942년 겨울 일본군의 기습에 패배했던 미군, 오스트레일리아군, 영국군 모두가 문제의 환경에서 효과적으로 싸울 줄 알게 됐다. 일본은 하와이 진주만의 미국 해군 정박지를 공습하며 태평양 전쟁을 도발한 지 불과 6개월 만에 현재의 말레이시아, 필리핀, 인도네시아, 미얀마를 포함한 아주 광범위한 영토를 점령했지만, 결국 미국의 반격으로 파국을 맞았다. 미드웨이(1942)와 레이테만(1944)에서 일본군 함대를 대파하며 정점에 이른 전쟁은 미국의 일본 본토 침공 준비와 더불어 종결됐다. 유례없이 먼 거리에 걸친 해전이었던 태평양 전쟁의 도전을 극복하기 위해 미국은 항공모함을 이용했는데, 특히 항공력이 군함을 상대로 효과적이라는 것이 입증됐다.

소련은 1941년에 수많은 병력을 잃었지만 1942년 말 독일에 중요한 패배를 안기고 독일군의 태반을 섬멸할 수 있었다. 특히 소련은 전쟁 이전에 지속적 작전 능력을 제공할 목적으로 착안했던 '종심 전투' 개념을 실행에 옮겼고, 이는 1944~1945년에 처음에는 독일군, 다음에는 일본군을 상대로 결실을 맺었다. 그리고 이런 전술과 작전의 개선을 통해 추축국의 숱한 전략적 실패—특히 효율적인 협력과 실행 가능한 전쟁 목표 부재—를 파고들어 활용했다. 두 진영의 가용 자원 차이는 이런 맥락에 놓고 보아야 할 것이다.

두 차례 세계대전을 개시한 열강이 초반의 승리를 장기적인 정치·군사적 승리로 연결하는 데 실패하면서 두 전쟁은—각개 전선에서 벌어지는 전투뿐만 아니라 전쟁 전체의 전략적 차원 또한—소모적 성격을 띠게 됐다. 제2차 세계대전에서 연합군이 독일에 가한 여러 방향에서의 동시 공격은 그전 전쟁 때보다 성공적이었고 압박을 크게 늘렸다. 많은 부분 이는 한때 동맹이었던 소련을 공격하는 데 몰두한 히틀러의 전략을 완전히 파괴해버린 덕분이었다. 원래 히틀러는 다른 열강이 우선순위를 매겨 순차적 전쟁을 치를 수밖에 없게끔 만들고자 했지만, 결국은 독일이 다중 전선에서 동시 전쟁을 치르며 총력을 쏟아부을 수밖에 없게끔 되고 말았다. 그는 총력을 운운했지만 그로 인한 전쟁에서 이기지 못했다. 독일군의 전투 능력은 적군에 미치지 못했고, 적국은 자원에서도 우위였기 때문에 더 유리했다.

1945년 여름 소련 참전으로 항복에까지 이른 일본도 이와 비슷했다. 하지만 일본을 항복하게 만든 더 큰 요인은 미국이 히로시마와 나가사키에 원자 폭탄을 투하하여 그때까지 유례가 없었던 치명성을 강력히 보여준 것이었다. 이로써 미국은 애초 계획했던 대규모 침공을 개시할 필요가 없어졌다.

제2차 세계대전은 이후 전쟁의 본질에 대한 대중적 이해의 기준을 수립하는 계기가 됐다. 특히 미국에서는 더더욱 그랬는데, 이는 제2차 세계대전이 전후 미국이 거머쥔 세계 패권의 산실이었기 때문이다. 또한 이 전쟁은 전후에 징병제와 군산 복합체를 유지하게 하는 데도 기여했다. 하지만 지금 돌이켜보면 제2차 세계대전은 본질적으로 전형과는 아주 거리가 먼 전쟁이었는데, 이는 특히 냉전이 전면전으로 비화하지 않았기 때문이다.

지금 미국 정부와 그 군사 고문들은 폭격이야말로 베트남의 공산주의를 물리치는 방법이라는 생각을 수용한 것 같은데요. 그들이 제2차 세계대전에서 교훈을 얻었다면, 포탄으로 사상을 제거할 수 없다는 것을 분명히 알았어야 합니다.
– 1965년 영국의 군사 이론가 존 '보니' 풀러 소장이 미국 특파원에게 한 말

그 끝을 불길하게 하늘로 치켜들고서 핵 재앙이나 열핵 재앙을 가져올 만반의 준비를 갖춘 로켓은 냉전 시대의 상상력을 지배했던 무기였다. 미국과 소련의 대치는 제2차 세계대전 이후 45년간 국제 관계를 지배했다. 1949년부터 1976년까지 중국에 군림한 독재자 마오쩌둥 같은 지도자들은 미국과 전쟁을 할 경우 수억 명이 죽을 것이라고 예상했다. 많은 픽션이 그런 전쟁의 가능성을 탐색했다.

하지만 이런 폭탄에 의해 분쇄된 도시는 1945년의 히로시마와 나가사키뿐이었다. 1950년대부터는 수소 폭탄 같은 훨씬 더 강력한 무기를 쓸 수 있게 됐지만 실제로 공격에 쓰지는 않았다. 전쟁에 임박하는 위기가 없었기 때문은 아니었다. 실제로 1962년(쿠바 미사일 위기)과 1983년에 그런 위기가 있었다. 하지만 소련이 미국의 핵무기 독점을 종식시킨 1949년부터는 전쟁 억지가 더 심각(하고 위험)한 문제가 됐다. 상호 확증 파괴(MAD)*에서 비롯한 잠재적 교착 상태와 핵무기 운반 및 활용 방안의 혁신 사이에 긴장이 빚어졌다.

그래서 이후의 공격은 적의 선제·기습 공격을 저지하기 위해 설계됐다. 이를 위해 초기에는 항공기, 그 후에는 지상 로켓으로 운반하던 핵탄두를 잠수함에서 발사하는 로켓에도 탑재하게 됐다. 잠수함은 탐지하기 어렵기 때문이다. 1980년대에는 중거리나 단거리 무기, 특히 트럭에 탑재하는 핵 로켓과 크루즈 미사일 배치가 증가했다. 이로써 일체의 공격 수단과 결부된 불확실성이 증가했다.

미·소 양측은 냉전의 핵심 요소를 기획하며 서로 간 무력 충돌을 준비·계획했다. 이런 계획이 더더욱 위험했던 건 양측 모두가 초기에는 원자 폭탄, 이후에는 더 치명적인 수소 폭탄으로 무장

---

* 적대 관계에 있는 쌍방이 서로를 확실하게 파괴할 수 있는 전략을 세워 서로에게 손해를 줄 수 있는 상태. 핵 억제의 이론적 개념이다.

하고 이와 관련된 운반 체계까지 갖추었기 때문이다. 실제로 1955년 7월 미·소·영 정상이 1945년 이후 최초로 제네바에서 만났을 때 1953년부터 1961년까지 미국 대통령이었던 드와이트 아이젠하워는 핵전쟁이 터질 경우 방사능 물질이 바람을 타고 확산되어 북반구 생물이 종말을 맞을 것이며, 핵무기 공격을 개시하는 강대국 또한 유례없는 세계화로 인해 똑같이 파괴될 것이라고 강조했다. 이것은 그가 1944년 독일 점령 치하 노르망디 침공을 지휘했을 때 직면했던 상황과는 완전히 다른 전망이었다.

MAD는 핵무기 대량 비축과 대륙 간 미사일 개발 및 배치에 따른 취약성 증가로 위협받았지만, 결국 핵 억지 개념 사용에 실질을 부여함으로써 어느 정도 안정을 가져왔다. 하지만 이것이 성공했다는 건 지금에 와서야 할 수 있는 말이다. 당시에는 억지가 작동하지 않고 상대방의 선제공격이 언제라도 전쟁으로 이어질 수 있는 엄청난 위험이 상존했다. 1961년의 베를린 위기와 그보다 더 심각했던 1962년 쿠바 미사일 위기는 이런 위험을 조명해주었고, 1970년대에는 다탄두 각개 목표 설정 재돌입 비행체(MIRV)를 탑재한 로켓이 배치되며 위험이 증가했다. 1980년대 초에는 미국과 소련 간에 불신이 깊어지고 신형 미사일 체계가 도입되는 가운데 냉전의 긴장이 최고조에 다다랐다. 특히 1983년에는 소련 조기 경보 시스템이 오작동하여 미국의 공격을 보고했다가 마지막 순간에 허위 경보로 처리되기도 했다.

핵무기가 분단된 유럽에 집중됐던 관계로 주요 핵보유국

인 미국과 소련은 다른 지역에서 야심을 추구하며 일종의 제한전을 벌였다. 그들에게는 제한전이었을지 몰라도 그 결과를 직접 겪은 많은 이들에게는 그렇지 않았다. 이 과정은 1940년대 말부터 1970년대 중반까지 서유럽 제국 체제가 붕괴하면서 더욱 가속화됐다.

국가 사이와 국가 내부의 긴장 고조는 국제 연합을 통해 새로운 평화적 세계 질서를 보장할 수 있으리라는 희망이 실패했음을 나타내는 징후였다. 1943년 미국, 소련, 영국, 중국(국민당)이 '주권 평등의 원칙에 입각한 일반 국제기구'의 수립을 포함한 '일반 안보에 대한 모스크바 선언'에 합의했다. 그 결과로 1945년 국제 연합이 창설됐지만 이는 동-서 긴장 고조의 무대가 됐을 뿐 해법이 되지 못했고, 군대를 모을 수 있었지만 몇몇이 구상한 세계 군대로 이어지지는 못했다. '자유세계' 관점에서 설계된 신세계 질서와 대서양 공동체를 모두 건설하겠다는 미국의 결의에서 엿볼 수 있듯이, 양 진영 모두가 이념으로 불타올랐고 양 진영 모두가 각자의 신념에 부합하는 신세계 질서를 열망했다.

냉전에 대한 논의를 통해 우리는 전쟁의 발발과 지속에서 이데올로기가 수행하는 역할을 평가할 수 있다. 양 진영의 세계관에 따르면 세계는 기본적으로 자신들의 체제를 향해 진보해야 했으며, 따라서 이에 저항하려는 시도는 침략 행위였다. 각 진영이 중대한 군사적 한계를 안고 있었음에도 1945년부터는 상대 진영의 군사적·이데올로기적 위협을 점점 더 심각하게 느끼기 시작했다.

이런 위협감이 진영 논리를 정의하고 강화하는 데 기여했다.

실제로 공포는 냉전의 점진적 고조를 추동한 요소이자, 국가와 사회를 통합하는—규율을 부과하고 이데올로기적 통제를 유지하고자 한 정부와 논자들의 관점에서 볼 때는 적어도 통합을 지향하는—요소이기도 했다. 이런 공포는 영화를 비롯해 청소년 단체까지 포괄하는 대중문화를 포함하여 사회 전체에서 찾아볼 수 있었다. 대치 양상의 하나로서 내부 감시가 나타났다. 일례로 공산 알바니아에서는 방어 체계의 일환으로 나라 전역에 수십만 개의 토치카(사격 진지)를 건설했다. 대치가 지속화된 활동적 전선의 일환으로 여러 나라에서 보안 기관이 강화됐다.

미사일 경쟁 외에도 냉전 시대에는 종속국에 대한 경쟁적 지원, 군비 경쟁, 제3세계에서의 경쟁, 첩보 경쟁, 문화적·지적 대립 등 실로 수많은 경쟁이 벌어졌다. 그중 일부 경쟁은 제3세계의 탈식민화 투쟁과 상호 작용했지만 그 외에도 많은 요인이 개입돼 있었다. 또한 공산 체제가 비공산 체제를 점령하려 시도하는 등 좀 더 뚜렷한 냉전 분쟁도 있었다. 공산 진영은 한국 전쟁에서 실패했지만 그 후 1975년 베트남, 라오스, 캄보디아에서는 대성공을 거두었다.

국가, 특히 제국의 정책을 결정하는 현실주의적 요소와 이상주의적 요소의 조합은 냉전 주인공들에게서 두드러졌다. 미국이 중남미와 카리브해 연안 지역에 간섭하고 괴뢰 정권을 세우고 경제적 방향성을 지시한 것은 동유럽에서 소련이 벌인 활동과 어느 정도 유사했다. 그 이데올로기적 맥락은 다르지만 강대국의 영향권, 19세기 용어로 '세력권'은 2000년대 들어 주요 변수로서 다시 출현했고, 좀 더 최근인 2010년대에는 실제로 중국과 러시아가 밀어붙이는 호전적 대외 정책 관행에서 중심을 이루고 있다. 이런 상황은 현 세계 질서의 규범에 큰 도전을 제기하는 동시에 냉전 시대 등 과거 사례들의 재검토를 요하고 있다. 당시 소련의 쿠바와 니카라과 지원이나 미국의 아프가니스탄 저항군 지원 사례에서 입증됐듯이, 상대의 '세력권'으로 인지되는 영역에 대한 간섭을 막는 것은 지난한 일이다.

1945년 일본 제국 종말과 더불어 동아시아에 동서가 대립하는 또 하나의 영역이 생겨났다. 중국의 2차 국공 내전(1946~1949)과 한국 전쟁(1950~1953)에서 소련은 새롭게 승리를 거둔 동맹인 중국 공산당에 의존할 수 있었다. 2차 국공 내전에서 승리한 마오쩌둥은 특히 미국이 지배하는 항공력의 기술적 우위를 투지로 극복할 수 있다고 믿게 됐다. 이것은 비록 이데올로기적 가정에 크게 기대긴 했어도 승리의 전망에 대한 '현실적' 믿음이었다. 하지만 제2차 세계대전에서 일본군이 그랬듯이, 중국도 미국의 회복력과 자원과 전투 능력을 과소평가했다. 한국 전쟁은 얼마간은 1945년 이후 세계의 주요 군사 강국 간에 벌어진 유일한 전쟁이 됐는데, 1950년 중국은 아직 그런 강대국이 아니었다고 할 수 있다.

한편 항공력으로 전장을 고립시켜서 그곳의 더 큰 지상군을 지배할 수 있다는 미국의 믿음은 특히 베트남 전쟁에서도 엿볼 수 있는 잘못된 확신으로 이어졌다. 이 점은 훗날 강대국 간에 전쟁이 일어날 경우 핵 억지 교리와 인프라 효력이 소멸할 수도 있음을 시사한다. 미국이—또 그전에 미국의 한반도 개입을 예측하지 못했던 공산 진영의 기획가들이—1950년 한국에서 내린 심각한 오판은 억지의 효과를 희망적으로 보여주는 사례가 못 됐다. 여느 전쟁과 마찬가지로 한국 전쟁도, 애초에는 뚜렷하고 매우 제한적인 충돌로 의도했던 것이 어떻게 해서 (한동안은) 출구가 안 보이는 대규모 전쟁으로 비화했는지를 보여주었다.

군사사의 아주 많은 부분이 현 시점의 체제들이 지닌 외견상 합법성과 결부되어 있듯이, 한국 전쟁에 대해서도 개전 시점부터 시작됐던 프로파간다성 해석이—특히 자국의 침략을 부인하는 북한에서—꾸준히 나오고 있다. 중국은 한국 전쟁을 '항미 원조 전쟁'이라고 일컬으며 미국의 침략 위협에 맞선 자기 방어였다고 주장한다. 중국이 이 전쟁에서 치른 막대한 희생 또한 과소평가한다. 이와 대조적으로 미국 측 해석은 특히 한국 전쟁의 지휘 결함에 대해 좀 더 균형이 잡혀 있다.

미국의 베트남 전쟁 개입은 베트남에서 공산 진영이 승리하는 것을 크게 지연시키고 그쪽 진영의 희생을 늘렸지만, 이는 미국의 공공 재정과 군사적 자신감과 국제적 평판에도 심각한 결과를 초래했다. 이로써 미국은 정규군 투입을 더 조심하게 됐다.

1970년대와 1980년대 냉전 충돌은 사하라사막 이남과 그 정도는 덜했지만 중미에 집중됐다. 소비에트 블록은 사하라사막 이남, 특히 앙골라와 (간접적으로) 짐바브웨에서 승리했지만 중미에서는 그러지 못했다. 또 소련은 1979년 아프가니스탄을 침공했을 때 미국의 지원을 받는 저항군을 꺾지도 못했다.

아랍-이스라엘 전쟁에도 냉전적 측면이 상당히 크게 작용했다. 특히 1973년 10월 전쟁에서는 미국과 소련 양측의 무장한 함대가 지중해에서 대치했다. 이런저런 측면에서 긴장이 조성된 특정 지역들 사이에는 연관성이 있었다. 그래서 미군의 베트남 전쟁 투입으로 지중해에서 미국의 입지가 약화되자 소련에 기회가 열렸다. 미군의 베트남 전쟁 투입이 종결되고 미국 중재로 1978년 이스라엘-이집트 평화 조약이 맺어진 것은 중동에서 소련의 활동을 상쇄하고 소련에 의존하는 국가인 시리아 세력을 약화하는 데 기여했다. 중동 전쟁은 무기의 성능을 입증하는 수단이었지만, 아랍군의 거듭된 패배에는 이스라엘의 전투 능력에서부터 심하게 정치화된 아랍군 지휘 구조의 결함에 이르기까지 더 복합된 이유가 있었다.

냉전 시대 분쟁의 범위와 규모는 대단히 크기 때문에, 이렇게 다수가 죽어간 현실을 외면하고 신중한 억지력을 뜻하는 냉전이라는 용어를 쓰는 것은 딱히 유용하다고 할 수 없다. 궁극적으로 볼 때 냉전 분쟁에서 가장 중요한 결과는 중국 내전에서 공산당이 거둔 승리였다. 소련과 동유럽 공산 체제가 1989~1991년에 완전히 붕괴한 것과는 달리, 이때 중국 공산당이 수립한 체제는 현재까지 유지되고 있다. 그러니까 냉전기에서 가장 중요했던 시기는 제

2차 세계대전 직후였고, 중국 공산당은 당시 미국이 핵무기를 독점하고 있었는데도 승리했다. 1989년에 중국은 군대를 동원하여 내부 반발을 억누른 반면 소련은 1989~1991년에 그러지 않았다.

탈식민 전쟁

1943~1991년은 세계사에서 영토 지배권이 가장 크게 이전된 시기였다. 탈식민화 전쟁이라는 주제는 주로 반제국주의 투쟁과 (전형적으로) 서유럽 제국 몰락을 중심으로 전개되며, 특히 베트남(1946~1954)과 알제리(1956~1962)에서 프랑스가 패배하고 네덜란드, 영국, 포르투갈도 제국으로서 입지를 보존하려 분투하지만 결국 1976년 다 함께 쓸려 나간 과정에 초점을 맞추고 있다.

이들 분쟁에서는 민족 해방 전쟁과 대반란(對叛亂) 전쟁의 이론과 실제가 대비를 이루었다. 베트남(1946~1954)과 알제리(1956~1962)에서 프랑스는 재래식 무기의 우위만 가지고 군사적으로 결정적인 승리를 가져올 수 없으며 이 상황의 정치적 난맥을 풀기가 대단히 어렵다는 것을 깨달았는데, 나중에 미국이 베트남과 이라크에서 겪게 될 문제를 미리 보여주는 듯하다. 이 문제는 공산 열강이 유럽 식민 열강에 저항하는 세력을 지원했기 때문에 더욱 악화됐다. 유럽 식민 열강 중에서도 프랑스와 포르투갈과 영국은 엄청난 노력을 기울였다. 프랑스는 알제리에 대규모 전력을 쏟아 부어 소탕 및 파괴 작전을 펼쳐 저항군을 억누를 수 있었지만, 저항 자체를 없애지는 못했다. 포르투갈은 1961년 7만 9000명에서 1974년 21만 7000명으로 군을 증강하여 이스라엘을 제외한 그 어느 나라보다도 인구 대비 군인 비율을 높였다. 그중 현지에서 모집한 아프리카인이 1966년에는 전체의 30퍼센트였는데 1973년에는 42퍼센트에 이르렀다. 포르투갈령 아프리카에 배치된 병력은 14만 9000명이었다.

하지만 관점을 바꾸어보면 다른 풍경이 펼쳐진다. 탈식민 전쟁은 제2차 세계대전 중이던 1942년 말부터 시작되어 1944년부터 가속화된 독일과 일본 제국의 완전한 붕괴와 더불어 시작되었다. 그리고 1989~1991년에 소련 체제가—우선 동유럽이, 그다음에 소련 자체가—붕괴함과 더불어 끝이 났다. 이렇게 시기적으로 범위를 넓게 잡으면 여기서 논의되는 과정의 다양성에 집중하게 된다. 또한 상대적 비교 평가를 할 수 있다. 여기에는 좀 더 고전적으로 다루어지는 내용뿐만 아니라 군사적 측면도 포함된다. 군사적 측면은 이탈리아, 독일, 일본 제국이 붕괴할 때 가장 전면에 두드러졌고, 소련 체제가 붕괴할 때 가장 덜 두드러졌다.

서양의 탈식민화는 그 중간 단계에 해당했다. 여기서 전면에 부각되는 요소 중 하나는 탈식민화에서 대규모 무력 충돌이 역할을 수행한 정도가 서유럽 제국만 보아도 천차만별이었다는 것이다. 프랑스는 사하라사막 이남 식민지를 거의 어려움 없이 포기했고, 영국도 비슷하게 서아프리카, 동아프리카, 서인도제도에서 식민지를 포기했다.

외부 지원―실제로 개입―의 크나큰 잠재적 중요성은 반란군과 대반란군 모두에게 거듭 떠오르는 변수였다. 이런 지원이 군사적 형태를 띨 수도 있었다. 특히 주요 냉전 경쟁국이 무기를 공급하고 고문을 파견하거나 때로는 부대를 파견하는 경우도 있었다.

하지만 국제적 인정, 외교 압력, 동맹 철수 같은 정치적 지원이 그 이상으로 중요할 수도 있었다. 포르투갈 동맹국 대부분은 포르투갈 제국 유지를 위한 전쟁에 지원을 제공하길 꺼렸다. 미국은 네덜란드가 현재의 인도네시아에 대한 전쟁을 끝내게끔 적극적으로 압력을 넣었고, 알제리에 대한 프랑스의 전쟁도 지지하지 않았다. 이 모든 사례에서 독립이 인정됐지만 핵심 도시들은 모두 여전히 제국 열강의 통제 아래 있었다.

반제국주의는 자국을 제국으로 여기지 않는 비서구 국가에 적용됐을 때부터 더 복잡한 양상을 띠게 되어 오늘에 이르고 있다. 카슈미르와 펀자브에서는 인도가, 예멘에서는 이집트가, 티베트에서는 중국이, 에리트레아·티그라이·오가덴에서는 에티오피아가, 비아프라에서는 나이지리아가, 카탕가에서는 콩고가, 도파르에서는 오만이, 북수마트라·동티모르·서뉴기니에서는 인도네시아가, 동파키스탄과 발루치스탄에서는 파키스탄이, 미얀마 내 소수 민족들에게는 미얀마가, 쿠르드족에게는 터키·이라크·이란·시리아가, 남수단에서는 수단이, 구유고슬라비아에서는 세르비아가 반제 투쟁 대상이었다. 이들 분쟁의 정치적 명분과 경과와 결과는 사례에 따라 각기 달랐다. 하지만 지배를 유지하기 위한 투쟁이든 무너뜨리기 위한 투쟁이든 무력이 크게 개입됐다는 점에서는 같았다. 비록 비폭력 저항이 1989~1991년 소비에트 제국과 그 위성 정권들을 무너뜨리는 데 큰 역할을 하긴 했지만, 이 보편적 개념이 현실에 적용되는 경우는 그렇게 흔치 않았다.

카슈미르, 티베트, 비아프라, 카탕가에서 반란은 완전히 실패로 돌아갔지만, 동티모르와 에리트레아 같은 몇몇 사례는 결국 성공을 거두었다. 이 모든 투쟁에서 공통된 특징은 국가 통합이라는 개념이 민족주의에 지면하여 약화되거나 와해됐다는 것이며, 민족주의가 분리주의나 테러리즘으로 정의되는 경우에는 그것이 더 심했다.

이 점은 에스파냐 지배에 대한 바스크의 저항이나 영국 내 북아일랜드 지위에 대한 아일랜드 구교도 민족주의자들의 저항처럼 보다 규모가 작은 투쟁에서도 비슷하게 나타났다. 다른 한편으로 이들 운동은 그 규모에 비해 불균형하게 큰 정치적 영향력을 끼쳤다는 점에서 일종의 성공을 이루었다고도 볼 수 있다.

반란은 반드시 성공하게 마련이며, 이것이 이를테면 1775~1783년의 미국 독립 전쟁까지 거슬러 올라가는 오랜 계보를 지닌 현대전의 한 양상이라고 가정하기 쉽다. 하지만 실제로 반제 저항군이 뚜렷이 탁월한 기량을 가진 것은 아니었다. (실제로는 반란 전쟁과 거리가 멀었던) 중국의 국공 내전과 1946~1954년 베트남의 반프랑스 투쟁이 성공한 직후에는 혁명전쟁을 통한 성공이 라는 개념이 너무나 명확해 보였지만, 1950년대 말경에는 문제가 훨씬 더 많다고 여기게 됐다. 이는 영국이 말라야에서 공산주의 반 란을, 케냐에서 좀 더 부족에 기반한 무장 봉기를 진압하는 데 성 공한 결과였다. 실제로, 특히 1940년대 말과 1950년대 초에 그리 스와 필리핀의 공산주의 반란과 발트해 연안의 반공산주의 반란 이 완전한 실패로 돌아가면서 상황은 사뭇 바뀌었다.

게다가 많은 반란은 확실한 승패가 나기보다 교착 상태로 귀 결되는 경우가 많았다. 하지만 여기에 무엇이 수반됐는지에 대한 이해와 그 현실은, 타협의 정도와 이에 대한 평가가 해당 상황의 정치에서 매우 큰 부분을 차지하는 만큼 고정된 것이 전혀 아니었 다. 그런 시나리오에서 어디까지 수용할 태세를 갖출 수 있을지 평 가하는 것은 독자의 몫이다. 전체적으로 볼 때 핵심적 요소는 정부 가 얼마나 반란을 진압할 의지가 있는가, 특히 진압을 계속할 의지 가 있는가, 그리고 이와 관련하여 군이 어떤 위치에 있는가 하는 것이다. 일례로 1974년 포르투갈과 에티오피아에서는 불만을 품 은 장교들이 쿠데타를 일으켜 정부를 무너뜨렸고, 이는 반제국주 의 봉기를 지속하려는 의지에 —매우 다른 방식으로— 영향을 끼 쳤다. 이후 포르투갈은 당시까지 잔존한 가장 큰 유럽 제국이었던 포르투갈령 아프리카 식민지 앙골라, 기니비사우, 모잠비크를 포 기했다.

이와 대조적으로 에티오피아에 새로 들어선 정권은 에리트레아에 대한 지배권을 유지하기 위해 대대적으로 노력을 기울였고, 오가덴 지역에 대한 지배권을 되찾기 위해 소말리아와 싸워 이기기도 했다. 에티오피아와 미얀마 그리고 1967~1970년 비아프라 전쟁 때 나이지리아 정부 같은 군사 정권은 분리주의 투쟁(또 다른 관점에서 보면 탈식민화)을 억압하는 데 특히 적극적인 경향이 있었다. 나이지리아군은 압도적인 수적 우위와 제공·제해권을 갖추어서 유리했지만, 종족·파벌 문제가 군대의 전투 능력을 약화하는 역할을 했다. 비아프라 분리주의를 분쇄하기 위해 봉쇄로 식량을 차단하여 기아를 유도하는 전략을 쓰기도 했다. 하지만 분리주의를 탄압한 것은 군사 정권뿐만이 아니었다. 에스파냐와 영국이 바스크와 아일랜드 구교도 민족주의자를 탄압할 때는 두 나라 정부의 군사/안보 체제가 장기 투쟁을 뒷받침할 의지가 있었던 것이 유리하게 작용했다. 영국의 경우에는 군대가 징병이 아니라 자원병 체제였던 것이 중요했을 수 있다.

다른 군사 정권 혹은 군사화된 정권도 모험적인 전쟁에 뛰어들었다. 아르헨티나는 1982년 포클랜드섬을 침공했고, 이라크는 아랍인이 인구의 대다수를 차지하는 이란의 후제스탄 지방을 '해방'한다는 목적으로 1980년 이란을 공격하여 1988년까지 지속되는 대규모 전쟁을 일으켰다. 전자는 포클랜드가 훨씬 대규모 침공군의 기습 공격에 항복했다는 점에서 단기적으로는 군사적 성공이었다. 하지만 아르헨티나는 기대했던 정치적 협상 테이블로 나갈 수 없었는데, 영국이 강경하게 대응하여 전쟁이 벌어졌고 여기서 아르헨티나가 패했기 때문이다. 하지만 영국이 승리할 수 있었던 건 포클랜드와 인근 해역에서만 싸우며 전쟁을 제한전으로 유지했기 때문이다. 즉 아르헨티나 본토를 침공하려는 시도는 하지 않았다. 이와 대조적으로 이라크와 이란은 목표와 수단을 제한하는 데 실패했다. 그래서 전쟁 비용을 끌어올리고 의지를 약화하기 위해 의도적으로 민간인을 목표물로 삼았기 때문에 양측 모두 큰 사상자를 내며 해결하기 힘든 전쟁의 수렁으로 빠져들게 됐다.

이스라엘이 가자 지구와 요르단강 서안을, 인도가 카슈미르를 무력 진압한 예에서 볼 수 있듯이 일부 문민정부들도 통제 유지에 매우 적극적이었다. 이런 투쟁은 인도와 파키스탄, 이스라엘과 이집트, 시리아와 요르단 등 이웃 나라와의 전쟁과도 연관됐다. 실제로 이런 전쟁을 통해 획득한 영토는 이후 탈식민화 전쟁의 기지가 됐다. 이 모든 사례가 암시하듯이 지배권을 놓지 않으려는 의지는 반란군을 저지할 수 있었다. 이스라엘이 가자 지구 점령을 중단하긴 했지만 1987년부터 시작된 요르단강 서안에서의 잇따른 인티파다*로도 이스라엘의 지배를 종식하지는 못했고, 인도군은 1947~1948년에 점령한 인도령 카슈미르에 대한 지배를 계속 유지하고 있다.

1989~1991년 소비에트 제국 정치인들은 제국 지배를 유지하기 위한 전쟁을 뒷받침할 준비가 되어 있지 않았다. 하지만 일부

---

*　'민중 봉기'라는 뜻. 팔레스타인의 이스라엘에 대한 투쟁을 일컫는다.

분 이는 1991년에 권위주의적 공산당 충성파가 소련의 자유주의 개혁을 추진하던 정부를 전복하려다 실패한 결과이기도 했다.

　이런 정치적 요소가 반란 그리고/또는 혁명전쟁 자체의 힘이 강한지 약한지보다 더 중요했다. 역량과 결부된 쟁점들도 비교의 맥락에서 평가·제시되어야 하며, 여기에 단일한 척도는 없음을 알려주는 대목이다. 승패의 이유를 설명하고, 이에 따라 내러티브 패턴과 분석 틀을 구축하는 것은 너무나 쉬운 일이다. 하지만 그런다고 해서 그 설명이 적절하거나 정확해지는 것은 아니다.

냉전 이후의 전쟁

1990년부터 2021년까지 시기는 현대전—더 나아가 예전에 현대, 현대화, 진보로 여겨지며, 그래서 주목할 가치가 있다고 간주됐던 것들—의 성격을 평가하는 데 따르는 문제들을 보여준다. 이 시기 대표적 전쟁으로는 미국이 관여한 전쟁, 특히 1991년과 2003년 이라크 전쟁과 장기간 지속된 아프가니스탄 개입을 들 수 있다. 미국이 두 차례 걸프전에서 이라크의 재래식 군대를 격파하는 데 완벽히 성공함으로써 기술을 토대로 군사력을 도약시킬 수 있다는 낙관론이 대두했다. 패러다임 전환, 공지전(空地戰),* 군사 혁신과 군사 변환 같은 신조어가 특히 미국의 해설가들에 의해 열성적으로 동원됐다. 그들이 볼 때는 이른바 완벽한 승리 경험이 총력을 운운하는 수사의 정당성을 입증해주는 것 같았다.

하지만 미국이 2003년부터 이라크, 2001년부터 아프가니스

---

* 육군과 공군이 연합하여 적의 전후방을 공격하는 전투 형태.

탄을 점령하며 직면한 문제들은 베트남 전쟁 당시의 전술적·기술적 근시안이 재발했음을 가리키고 있었다. 이른바 역량이 도약하는 양상들로서 부각됐던 기술·조직·교리의 변화만 가지고는 상황을 좌지우지하지 못할 것이라는 게 급속히 명백해졌다. 너무나 자주 그렇듯이 산출은 결과와 동일하지 않았고 공세 행동보다는 보호가 핵심 테마가 되어 어느 정도는 반란군에게 주도권을 넘기는 결과가 되고 말았다.

그 결과로 개입력의 한계가 주목을 받게 됐다. 하지만 장기 해외 주둔에 대한 국내 지지가 불확실한 맥락에서—특히 위험한 해외 주둔지에서 부대를 철수하라는 압력이 있는 상황 아래—전략적으로 취할 수 있는 성격과 관련한 광범위한 의문이 있었다. 이는 이를테면 말리에 주둔한 프랑스군에게도 문제가 됐다. 프랑스는 2013년 알카에다와 연계된 집단을 소탕하기 위해 이곳에 부대를 파견했는데, 2021년에는 도무지 출구가 보이지 않는 군사 자원 투입을 중단하라는 압력이 강해졌다.

또한 아프가니스탄과 이라크 사회의 성격, 특히 종파주의와 부족주의의 힘을 제대로 인식하지 못한 것도 심각한 실패 요인이었다. 이 두 사회에서는 폭력과 조직의 중첩되는 성격을 바라보는 방식이 달랐다. 구유고슬라비아, 캅카스, 사헬 지역과 비슷하게 이두 사회에서도 종파적·종족적 연결 고리가 중요했다. 일례로 이라크 사담 후세인의 최측근이자 부통령이었던 이자트 이브라힘 알두리는 왕년에 바트당의 정적을 살해하는 특수 부대를 지휘했고, 1968년 내무 장관이 되어 사실상 같은 역할을 수행했다. 그는 1979년 사담을 권좌에 앉힌 쿠데타에서 중요한 역할을 했고, 이라크군 부사령관으로서 명예 중장 계급을 수여받고 자주 군복을 입었으며 사담이 이란과 쿠웨이트를 상대로 일으킨 전쟁을 긴밀히 보좌했다. 하지만 알두리는 나크시반디 수피 이슬람 종단 셰이크(지도자)로서 세속과 별개로 또 다른 권위를 지니고 있었으며, 2003년 사담이 축출된 뒤 그 뒤를 이은 친미 정부에 맞서 일어난 반란과 이슬람 국가(Islamic State) 운동이 발흥하는 데 중요한 역할을 했다. 폭력과 군대 그리고/또는 군과 정치 사이 구분이 뚜렷하지 않은 사회에서 이런 식의 경력은 보편적인 것이었다.

1990년대 초 연방 국가였던 유고슬라비아의 분파주의와 부족주의도 이와 비슷했다. 공화국 간 분열이 심해지면서 내부 긴장 또한 고조됐고, 1991년 세르비아가 지배하는 유고슬라비아군이 슬로베니아와 크로아티아의 독립 움직임을 찍어 누르려 하면서 충돌이 시작됐다. 유고슬라비아를 유지하는 데 실패한 세르비아가 대세르비아주의를 무력으로 관철하고자 밀어붙이면서 1992~1995년 보스니아 내전과 그보다 정도가 덜했던 1996~1999년 코소보 내전을 포함하여 1999년까지 여러 차례 무력 충돌이 벌어졌다. 살해된 사람 중 다수가 민간인이었고 약 440만 명이 피난민이 됐다. 인도주의에 반하는 범죄를 모든 전투원이 너무나 빈번히 저질렀다. 크로아티아군·보스니아군을 도와 주로 공습 형태를 띤 미군 주도의 개입이 세르비아를 저지하고 평화를 가져오는 데 중요한 구실을 했다.

인식과 분석에서 불거진 다른 문제는 특히 아프리카를 비롯하여 캅카스, 버마, 네팔, 스리랑카 등 세계 다른 지역의 훨씬 더 광범위한 분쟁 패턴을 무시하고 미국이 개입한 분쟁에만 초점을 맞춘 데서 기인한 것이었다. 이렇게 넓은 범위는 분쟁과 승리에 다양한 요인이 작용함을 암시한다. 일례로 스리랑카에서는 2009년 타밀 반군을 진압하는 과정에서 비전투원과 무장 반군을 가리지 않고 죽여 수많은 민간인 사상자가 나왔다. 화학 무기로 인해 더욱 가중된 이런 식의 잔혹성은 2010년대 시리아 정부에도 ─ 처음에는 정부 전복을 저지하는 데, 다음에는 반군을 쳐부수는 데 ─ '효과'가 있는 것처럼 보였다.

하지만 다른 요소들도 중요했다. 스리랑카에서는 인도 정부가 반군에게 가는 지원을 끊은데다 반군에 대한 민간인 주민의 지지까지 떨어져나갔다. 시리아에서는 2012년부터 알아사드 정권에 대한 저항이 심각해졌는데, 서방에서는 저항군에 대한 소극적 지원을 더 늘리기를 주저한 반면 알아사드 정권은 러시아의 군사 지원, 특히 무기 지원에 의존할 수 있었다. 이와 비슷하게 알제리 정부도 1990년대 이슬람 반군을 상대로 프랑스로부터 지원을 확보할 수 있었다.

반란 전쟁 및 외세 개입과 더불어 ─ 이 두 요소의 결합은 2011년 리비아에서 카다피 정권 몰락을 가져왔다 ─ 강대국 간 마찰이 일어났다. 2014년 러시아가 우크라이나로부터 크림반도를 빼앗아 점령한 후부터 신냉전을 말하는 논의가 증가하기 시작했다. 한편에 중국과 러시아, 다른 한편에 미국을 사이에 두고―미국과 중국의 유례없는 경제적 상호 의존에도 불구하고―긴장이 두드러지게 고조됐다.

이러한 긴장과 더불어, 목소리가 큰 지역 강대국 간 경쟁도 일어났다. 특히 중동에서는 에르도안 대통령 치하의 터키가 2010년대 초와 2020년대 초에 캅카스, 시리아, 이라크, 동지중해, 리비아, 소말리아에서 주도적 역할을 할 기회를 엿보았는데, 이를 위해 특히 드론을 포함한 무기와 군사력을 확장하고 역사적 패권 주장과 종교적 프로파간다를 동원했다. 게다가 터키는 현재 막대한 재정 지출과 경제 문제에 직면해 있는데도 대외 무력 투사를 계속할 의지가 있는 것으로 입증됐다. 또 그 정도는 천차만별이지만 이집트, 이란, 이스라엘, 사우디아라비아, 카타르, 아랍에미리트도―앞의 네 나라는 예전부터 보였던 지역 패권 추구 패턴의 연장선상에서―비슷한 행보를 보이고 있다.

그 결과 많은 국지적 분쟁이 역내 긴장으로 이어지게 됐다. 이라크, 레바논, 리비아, 시리아, 예멘의 오랜 분쟁들이 그렇다. 리비아 내전에서 아랍에미리트는 이집트와 동맹을 맺었고, 터키는 그 반대편을 들었다. 한편 사우디아라비아와 아랍에미리트는 2015년 예멘에 군대를 파견하여 이란으로부터 지원을 받는 시아파 무장 단체인 후티 반군과 전투를 벌였다. 그리고 이 모든 분쟁에 드론이 배치됐다.

쿠데타의 형태를 띤 개입도 있었다. 2013년 이집트 군부는 선출된 이슬람 정부를 뒤엎고 권력을 잡았다. 이 상황에서 군부가 내심 바라본 세력은 미국이었고, 정부가 바라본 세력은 터키였다. 정치범 수만 명이 체포되고 다수가 죽임을 당했다. 2020년 러시아가 벨라루스에, 쿠바가 베네수엘라에 개입했을 때처럼 체제 전복을 꾀한다고 제시되는 세력의 진압을 외국이 지원하는 경우도 있다. 이들 개입에는 무력이 활용됐지만, 여기 동원된 '부대'는 대부분 보안 요원이었다. 이런 개입의 성격은 탱크가 국경을 넘어 밀고 들어오는 것이 아니라, 시위대에 대한 무력 진압이라는 형태를 취했다. 반면 2020~2021년 미국의 정치 외곽에서 일정한 역할을 수행한 무법 사태에는 이와 비슷한 외국의 개입이 없었다.

국내 폭력과 국제 개입의 중첩은 사하라사막 이남 아프리카의 사헬 지대에서도 찾아볼 수 있다. 말리 정부가 북부에서 일어난 극단적 이슬람주의 반란 진압에 실패한 것은 2012년과 2020년 쿠데타의 원인이 됐는데, 일찍이 1968년과 1991년에도 쿠데타를 겪었던 말리에서는 일상에 가까운 일이었다. 프랑스는 과거 식민지였던 말리에 2013년부터 군사적으로 개입했다. (프랑스는 과거 프랑스령 아프리카 제국의 다른 지역이었던 중앙아프리카 공화국에도 군대를 파견했다.) 미국과 영국 등도 프랑스의 동맹으로 합류했다. 미국은 이에 따라 2020년 니제르 아가데즈에 대규모 드론 기지를 세웠다. 특히 부르키나파소와 니제르, 또 그 너머로 널리 확산된 지하드는 나이지리아 북부의 비슷하지만 다른 폭력적 이슬람주의 운동과 중첩됐다. 말리의 지하디스트는 급조한 폭탄, 로켓, 오토바이, 픽업 트럭을 이용하며, 공격을 받으면 다른 지역으로 이동했다. 이에 프랑스는 병력 5000명을 배치하고 항공기, 헬리콥터, 드론으로 공격했다.

1990년대 유고슬라비아와 비슷하게, 중동과 사하라사막 이남 아프리카의 분쟁에서도 종교는 중요한 변수다. 캅카스에서도 기독교계 국가인 아르메니아가 이슬람계 국가인 아제르바이잔과 적대하고 있다. 중동에서 폭력의 뿌리는 일부분 튀르크 제국의 붕괴로 거슬러 올라가지만, 현 정치 질서가《쿠란》에 대한 전통적 해석과 맞지 않는 데서 유래하는 측면도 있다. 종교와 결부된 분쟁은 줄어들기는커녕 2010년대와 2020년대 초 들어 오히려 더 증가하는 추세다. 동남아시아와 모잠비크에서는 2017년부터 시작된 이슬람 극단주의 반란이 갈수록 기승을 부리고 있다.

이 모든 사례에서 반란군과 대반란군 모두가 민간인을 겨냥하여 악랄하고 의도적인 만행을―정책까지는 아니더라도 활동의 일환으로서―저질렀다. 그만큼 이는 총력전에 가까웠고, 사상자는 일부분 고의적으로 내몰려 난민이 된 이들의 문제였으며, 따라서 경고이자 부담이었다. 현재의 점령 세력을 영토에서 쓸어내는 것은 전통적 목표이자 수단이었지만, 이제는 그 일을 수행하는 무기가 달라졌을 뿐이었다.

이 모든 분쟁은 매우 치명적이고 파괴적이었다. 1998~2000년 에리트레아와 에티오피아 간 국경 분쟁은 다른 종류의 전쟁이었지만, 여기서도 약 10만 명의 목숨이 희생됐다. '아프리카 대전'의 진원지인 콩고에서도 1996~2003년 약 300만~550만 명이 사망했을 것으로 추정한다. 전시에 유행한 질병과 굶주림이 주요 사망 원인이었고, 학살로 죽은 사람은 약 40만 명이었다. 과거에도 그랬듯이, 전쟁과 그것의 미래를 더 확실히 파악하려면 서양을 벗어나 훨씬 멀리까지 볼 필요가 있다.

오늘날의 전쟁:
국가 내부의 대립

오늘날의 전쟁에 대한 논의는 흔히 강대국에 초점을 맞추어 이루어지며, 다음 절에서는 바로 그 부분을 들여다볼 것이다. 하지만 이는 현재 벌어지는―그리고 아마도 미래에 벌어질―전쟁의 주된 원인과 현장 및 수단에 초점을 맞출 필요성을 외면하는 처사이기도 하다. 인구·환경·사회적으로 크나큰, 실로 전면적 변화를 겪고 있는 사회는 이데올로기적·물질적 요인의 결합으로 인한 엄청난 압박 아래 놓여 있다. 적대를 촉진할 가능성이 가장 높은 요인으로 세계의 많은 지역에서 일어나는 유례없는 인구 증가를 꼽을 수 있다. 인구 증가는 자원―특히 토지, 물, 식량, 연료, 공공 부문 일자리―'병목 구간'을 발생시키며, 이것이 종족·종교·사회적 요인 및 정당화 논리와 상호 작용하여 2020년 에티오피아와 코트디부아르에서처럼 종족 간 적대로 인한 분쟁을 일으킬 수 있다. 에티오피아에서는 티그라이 반군과 싸우는 연방군 측에 암하라인 민병대가 합류하기도 했다.

기후 변화는 과거에도 분명히 중요한 요소였다. 이는 빙하기 뿐만 아니라 대략 1300~1850년 소빙기의 시작과 끝이 역사에 끼친 영향에서도 알 수 있다. 하지만 종족적 압력은 기후 변화의 정도·속도·원인·결과에 대한 논쟁적 질문들과 무관하게 존재한다.

명백히 가속화되며 누적되고 있는 기후 변화의 시간표와 상관없이, 21세기 초 세계의 많은 지역에 닥친 그보다 더 시급한 압박은 세계 인구의 엄청난 증가에서 비롯했다. 이렇게 증가하는 인구는 질병으로 인한 사망률 증가로도, 기근 같은 맬서스적 요인으로도 상쇄되지 않았다. 1804년경 10억 명에 다다른 세계 인구는 급격히 가속화되는 패턴을 밟아 1927년에 20억 명, 1960년에 30억 명, 1974년에 40억 명, 1987년에 50억 명, 1999년에 60억 명, 2012년에 70억 명, 2020년에 78억 명이 됐다. 그리고 현재 예측으로는 2050년에 98억 명, 2100년까지 109억 명에 다다를 것으로 전망한다. 이러한 증가는 특히 아프리카와 인도에서 두드러지지만, 실제로 인구가 줄고 있는 유럽과 일본에서는 그렇지 않다. 2019년에 10억 명인 아프리카 인구는 2050년에는 24억 명에 가까워지며, 그중 절반 가까이는 25세 미만일 것으로 추정한다. 2050년에 나이지리아는 미국을 제치고 인도와 중국 다음으로 세계 3위 인구 대국이 될 것으로 보고 있다.

이런 상황은 특히 자원의 흐름이나 젊은 여성의 상대적 부족을 초래하는 젠더 불균형과 결합됐을 때 그 직간접적 영향을 받는 나라에서 중요한 함의를 띤다. 번영의 증가가 출산율 저하로 이어질 것이라는 예전의 낙관론은 세계 인구가 2050년에 95억 명으로 정점을 찍는다는 예측이 나오면서 폐기됐다. 이로써 자원 압박이 더더욱 부각되는데, 특히 국가 내부에서든 여러 국가 사이에서든 수자원을 둘러싼 충돌이 일어날 가능성이 어마어마하게 잠재되어 있다. 많은 나라에서 물은 이미 심각한 문제다. 특히 사정이 가장 절박한 예멘에서는 2015년 다른 이유가 아닌 물 부족 때문에 반란이 일어나 정부가 전복됐다. 이집트는 나일강 하류 수량이 감소할 것을 우려한 나머지 에티오피아가 청나일강에 건설 중인 댐을 파괴하겠다고 위협하기도 했다.

이런 압박은 처한 맥락의 성격―특히 특정 공동체 내 타자로부터 제기되는 도전을 어떻게 인식하느냐―에 따라 더 긴급해질 수 있다. 게다가 특히 대규모 이주로 인해 국제적 문제로 떠오르기 쉽다. 이는 오랜 패턴으로, 일례로 1937년 도미니카 공화국이 이웃한 아이티에서 넘어온 이주민을 대량 학살한 사건에서도 찾아볼 수 있다.

자원과 원한을 둘러싼 '병목 구간'은 도시에서 특히 극심할 것이다. 도시인이 전염성 질병에 더 크게 노출되어 있음에도 도시에 거주하는 인구 비율은 세계적으로 계속 증가할 것이다. 개별적으로 다양한 예측이 있지만 추세는 뚜렷하다. 유엔에 따르면 2012년에 세계 70억 인구 절반 이상이 도시에 거주하고 있었으며, 2030년에는 그 수가 50억 명을 넘을 것이라고 한다. 2050년에는 세계 인구 4분의 3이 도시에 거주하게 되며, 그렇게 증가한 인구 대부분은 아시아, 특히 인도와 아프리카에서 나올 것이라는 전망도 있다. 실제로 2015년에 세계에서 매우 큰 1000곳의 도시 지역 중 약 56퍼센트와 인구가 많은 도시 복합체 여덟 곳이 아시아에 있었다.

따라서 도시는 유례없는 성장을 관리하는 문제를 조명하는 구실을 하는데, 이는 특히 무질서한 팽창의 사회·정치적 결과에 대한 우려 때문이기도 하다. 최근 디스토피아가 도시의 혼돈과 관리되지 않은 도시 경관이라는 맥락에서 많이 재현되는 것은 놀랄 일이 아니다. 이는 영화 〈배트맨〉(1989~2019) 속 고담시(뉴욕)와 〈블레이드 러너〉(1982) 속 도시 풍경 같은 상상력의 산물을 좀 더 현실에 기반을 둔 연구와 연결해주는 주제이기도 하다. 도시적 장소에서 변동이 인간의 드라마에 가장 강렬하고 날카로운 효과를 부여하며 가장 크게 주목을 받는 것이 사실이다.

그러한 결과로 도출되는 반란의 지리학에서는 2015~2016년 겨울 터키 쿠르드인 밀집 지역에서 벌어진 시가전처럼 주로 도시 지역이 분쟁의 핵심 장소이자 현장이 될 것으로 본다. 파키스탄의 경우 와지리스탄 산악 지대가 아니라 카라치가 위험의 중심지가 될 것이다. 브라질에서는 아마존이 아니라 상파울루가, 인도에서는 오디샤의 낙살라이트[*]가 아니라 대도시들이, 그리고 중국에서도 신장이나 티베트 같은 소수민족 지역이 아니라 대도시가 위

[*] 마오쩌둥을 추종하는 인도의 공산 무장 단체.

험의 중심이 될 것이다. 미얀마와 인도 등 여러 나라에서 농촌 반란이 문제이긴 하지만 앞으로는 2020년 홍콩에서 일어난 것과 같은 도시에서의 운동과 시가전 그리고 이와 관련된 반란 대처와 감시 문제에 더 초점이 맞추어질 것이다. 게다가 농촌 지역은 라틴아메리카에서처럼 군 인력 공급원이 되고, 도시는 반대로 이데올로기적 선동가 공급원이 되는 경향이 있다.

세계의 많은 지역에서는 무법 사태가 내전과 이미 중첩됐거나 앞으로 그렇게 될 것이다. 이에 대한 예방 조치를 취한 곳에서는 이 점이 더욱 명백히 드러난다. 그 좋은 사례인 미국에서는 경찰이 온갖 방탄복, 방탄조끼, 헬멧, 군용 소총, 장갑 차량, (야간 전투용 조준경을 포함한) 특수 광학 장비로 무장하며 경찰력은 군사화됐다. 경찰 산업 박람회에서는 이런 장비를 아낌없이 전시하며, 장비 구입을 돕기 위한 연방 보조금도 존재한다. 2020~2021년 트럼프 지지자들의 난동을 진압하기 위한 경찰력 전개는 이따금 군사화된 특성을 드러냈다.

장래에 세계적 규모로 전개될 역동적 요소들 중 하나는 아마 반군 세력과 범죄 네트워크 사이의 관계일 것이다. 양쪽 다 서로에게서 큰 이득을 얻을 수 있다. 이런 네트워크는 멕시코와 콜롬비아 등 여러 나라에서 질서를 크게 위협하며 이 나라들을 얼마간 실패한 국가—이 말은 중앙 정부 전체가 붕괴된 나라를 가리키는 뜻으로 써야 더 적절하지만—로 만드는 데 기여하고 있다. 범죄 네트워크가 국가와 연계될 수도 있고, 이에 상응하여 국가 권력이 폭력에 의해 강화되고 바로 그 폭력에 의해 도전받는 프로텍션 라켓 (protection racket)[*]처럼 되어버릴 수도 있다. 또 이런 요소는 공동체 간─그리고 공동체 내부─경제·정치적 불평등과 위로부터나 아래로부터 폭력과 상호 작용할 수 있다.

냉전 시대 분쟁의 연속선상에 있는 요소들도 있다. 냉전 시대의 분열을 조장하는 쟁점뿐만 아니라, 냉전 시대로부터 잔존한 무기나 전사도 불씨가 될 수 있다. 중고 무기, 그중에서도 화기류나 사양이 좋은 무기류는 수명이 길다.

긴장과 폭력이 반드시 반란 활동으로 이어지는 건 아니며, 전면적인 반군 활동으로 이어지는 것은 더더욱 아니다. 세네갈이나 잠비아처럼 인구 증가율이 높으면서도 내전을 겪지 않고 반란 가능성을 차단하기 위해 고안한 사전 통제 요소, 즉 반란을 억지하기 위한 대반란 조치에 시달리지 않는 나라도 많이 있다.

그럼에도 국가 내부의 집단 간 폭력에는 흔히 국가 권력에 대한 반항이 수반되며, 따라서 반란으로 비화할 가능성이 있다. 게다가 대부분의 국가는 폭력 독점을 추구하기 때문에 더욱 그렇다.

이런 국가의 시도에 대항하는 입장에서 핵심 요소는 치명적 무기를 저렴하고 쉽게 구할 수 있는 것인데, 특히 최근에는 3D 프린터를 써서 플라스틱으로 무기를 쉽게 제조할 수 있게 됐다. 이런 무기는 대개 낮은 사양이지만 최근 수십 년간 벌어진 아프가니스

[*]   보호비 명목으로 금품을 갈취하는 것.

탄과 이라크 분쟁을 보면 알 수 있듯이 '급조한' 무기도 치명적일 수 있고, 쉽게 개발해서 정규군의 보호구와 대응 무기에 맞설 수 있다. 특히 도로 매설 폭탄 형태를 띤 '사제 폭탄'은 호송 방식에 큰 영향을 끼쳐서 차량 강화로 이어지고 있다. 이는 말리와 같은 다른 지역에서도 찾아볼 수 있다.

1990년부터 2007년까지 국가 간 전쟁에서 약 22만 명이 사망한 데 비해, 국가 내부 분쟁 결과로 사망한 사람은 360만 명이 넘었다. 이런 추세는 지속될 가능성이 높다. 2008년부터 2015년까지 기간에도 확실히 이와 비슷했다. 이러한 점 등을 고려하면 정의와 통계 분류 방식에 확실히 문제가 있다. 일례로 2004년부터 이라크에서 발생한 폭력을 어느 정도까지 2003년도에 치른 전쟁의 양상으로 분류해야 할까? 콩고나 수단에 전쟁이 나지 않았다면 질병이나 영양실조로 인한 사망자 수는 얼마나 됐을까? 그럼에도 서로 다른 전쟁 유형 간 사상자 추세는 뚜렷해 보인다. 게다가 물질적 압박은 신념을 기반으로 묶인 집단 간 이데올로기적 긴장과 상호 작용하며, 그중에서도 종교·종족적 적대는 특히 두드러진다.

이런 국가 내부 대립이 국가 간 긴장 및 폭력과 중첩되는 정도는 최근 예멘에서와 같이 이런 분쟁을 확산하거나 적어도 이웃 나라를 위협하게끔 만드는 방정식의 일부일 수 있다.

무력 충돌 수단이라는 측면에서 반사회적 폭력은 핵심 요소이며, 나아가 '인종 청소' 관점에서 자주 논의되는 요소이기도 하다. 여기서 문제시되는 것은 사람들의 존재 그 자체다. 단순한 정규군 군사 작전이 아니라, 히틀러가 유대인을 상대로 벌인 대량 학살 '전쟁'이 이런 상황을 잘 압축하고 있다. 그래서 전쟁은 '총력'이라는 틀과 '포맷' 안에서 벌어지는 집단 간 투쟁이 되며, 여기서 전투원들은 정규군이거나 정규군과 싸우는 동시에 칼과 낙인을 휘두르며 아기들을 살해하는 폭도가 된다. 이와 관련하여 여성을 강간하거나 강탈하는 형태의 성폭력은 모욕과 고통을 주고 지배하려는 충동과 깊이 결부되어 있다. 1990년대와 그 이후 구유고슬라비아, 르완다, 콩고, 캅카스, 사헬 지역, 수단에서 벌어진 전쟁은 모두 이런 형태였다. '최전선'이 특정 종족 집단 마을을 방어하는 문제가 됐고, 구유고슬라비아 같은 일부 지역에서 이런 패턴은 장기간 지속됐다.

이런 상황에서 정규군은 무력하지는 않더라도 약해 보일 수 있는데, 일부분 이는 적의 부적합한 무기와 훈련과 교리를 파악하기 힘들어서 쉽게 식별할 수 있는 적과 전투하는 방식을 선호하기 때문이다. 2011년 이집트 정부를 무너뜨린 '아랍의 봄' 때 카이로에서도 그랬듯이 항공기로는 시위 군중을 막을 수 없다. 이와 대조적으로 2013년에 이집트군은 얼마간 대중 지지를 업고서 권력을 잡을 수 있었다. 군의 적실성을 회복하려는 시도는 특히 2000년대에 시가전 개념 및 훈련과 더불어 이에 상응하는 '교리'와 무기가 발전한 것과 관련이 있었다. 동시에 리비아와 시리아 등지에서 이런 전투에 참여한 부대들은 시가전 '교리'도 교리지만 반사회적 만행과도 관련이 깊은 현지 민병대에 의존하는 경향이 있었다. 이에 대한 반응은 사회와 국가에 따라 크게 다르다. 이것이 멈출 기미는 보이지 않는다.

강대국 간의 대결

국가 간 충돌을 말할 때는 강대국이 배치하는 첨단 무기의 관점에서 본 전쟁에 대한 논의가 따라온다. 1945년 이후 냉전이 핵무기 대치로, 수소 폭탄 개발로, 그다음에는 대륙 간 로켓 개발로 급속히 이어졌듯이, 2014년 이후 되살아난 냉전 역시 사이버 전쟁, 극초음속 무기, 우주 전쟁 영역으로 급속히 이동하고 있다. 실제로 우주 무기는 통신과 감시에 필수인 위성을 파괴할 수 있으며, 2003년 이라크와 걸프전에서 사용됐듯이 미군 전력의 중요한 보조역이다. 나토 사무총장인 옌스 스톨텐베르그는 2020년 이렇게 지적했다. "빠르고 효율적이고 안정된 위성 통신은 우리 군대에 없어선 안 될 필수다. 우주 환경은 지난 10년간 근본적으로 변화했다. 러시아와 중국을 비롯한 몇몇 국가는 위성을 무력화하거나 망가뜨리거나 요격할 수 있는 위성 공격 시스템을 개발 중이다." 중국은 요격 미사일 '동능'과 SC-19를, 러시아는 'PL-19 누돌' 시스템을 보유하고 있다. 미국의 C2, 즉 지휘 통제(command and control)에 위협이 되는 능력이다.

첨단 무기에 대한 예산 지출을 삭감한 것은 냉전이 끝난 뒤 미국을 비롯한 서구 강대국들이 '평화 배당'*을 취하려 하고 러시아가 재정 위기로 심각한 타격을 입으면서부터였다. 하지만 2000년대 들어 특히 미국이 추진한 '테러와의 전쟁'으로 지출이 다시 증가했고, 2010년대에는 더욱 증가했다. 가장 강하게 성장하고 있는 강대국인 중국은 특히 공격적으로 투자에 나서 2020년 말까지 360척(미국 해군은 297척)의 군함을 취역시켰고 500~5500킬로미터 사거리의 지상 발사 탄도 미사일과 크루즈 미사일을 1250대가 넘게 보유하고 있다. 중국은 정치적으로나 경제적으로나 대규모 군사 작전을 벌일 능력이 있다.

미국은 많은 군비 지출을 — 베트남 전쟁 때와 비슷하게 — 부채로 충당하고 있는데, 트럼프 대통령(2017~2021) 때 다시 증가했다. 2000년 이후 국내 정치를 지배하고 있는 블라디미르 푸틴 치하 러시아 또한 자국 정체성을 공격적인 군사력 및 대외 투사와 결부하고 있으며, 후자의 예는 특히 시리아에서 찾아볼 수 있다. 러시아의 군비 지출이 대폭 증가한 것은 전차와 항공기 등 재래식 무기 역량이 두드러지게 향상한 것에서도 엿볼 수 있지만, 러시아는 합쳐서 유럽과 인근 해역을 사정거리 안에 놓을 수 있는 다양한 유형의 미사일에 더 많은 투자를 집중하고 있다.

*   전쟁 등 갈등 상황이 마무리되면서 발생하는 경제적 이득.

2019년에 군비 지출 순위가 높은 국가들은 다음과 같았다. 단위는 10억 달러다.

미국	732
중국	261
인도	71.1
러시아	65.1
사우디아라비아	61.9
프랑스	50.1
독일	49.3
영국	48
일본	47.6
한국	43.9

이에 비해 2000년도에 미국은 2950억 달러, 러시아는 590억 달러, 중국은 410억 달러 그리고 17개 나토 회원국은 1625억 달러를 군비로 지출했다. 2000년부터 2019년까지 인플레이션 비율은 그렇게 높지 않았다.

이것이 국가별, 기간별로 엄밀하게 비교 가능한 수치는 아니다. 중국에서 흔히 문제가 되는 보고 누락 가능성도 있지만, 군인에 대한 보수와 사회적 지원이 나라에 따라 크게 차이가 나기 때문이기도 하다. 그렇긴 해도 핵심 요소는 명백히 드러난다. 군비를 많이 지출하는 곳은 서방(미국, 프랑스, 독일, 영국)과 아시아 주요 경제국(중국, 인도, 일본, 한국)이며, 냉전 시대 미국 라이벌이었던 러시아는 지출 순위 3위권에서 탈락했다. 산유국 중에 가장 부유한 사우디아라비아가 5위이고 다른 두 산유국인 미국과 러시아가 두드러진다. 국제 유가 하락은 과거 주요 군비 지출국들—특히 이란과 이라크 그리고 정도는 덜하지만 앙골라와 리비아—에게 타격을 주었다. 2010년대와 2020년대 초의 낮은 금리—역사적 저금리—는 차입을 수월하게 해주어 군사비 지출을 늘리고 유지하는 데 도움이 됐다.

1인당 군비 지출도 차이가 많이 날 수 있는데, 이 순위에는 대개 이스라엘, 싱가포르, 쿠웨이트와 더불어 총액에서도 헤비급인 미국과 사우디아라비아가 포함된다. 한 사회에서 전쟁에 투여하는 자원 비중으로 따지면 북한이 상위권에 들 것이다. 이 권위주의적이고 피해 망상적인 나라가 전쟁 목적을 위해 생활수준을 쥐어짜고 있기 때문인데, 그래서 2021년 1월에 북한은 다탄두 미사일, 수중 발사 핵미사일, 고체 연료 장거리 미사일뿐만 아니라 정찰 위성을—모두 미국을 위협할 의도로—개발 중이라고 발표할 수 있었다.

전략 차원의 첨단 무기와 더불어 전술 차원의 무기—특히 드론—도 있다. 초기 드론은 공중 정찰용이었지만 기능, 치명성, 크기, 운용 환경이 크게 확대되어 이제 잠수함 무기로 설계된 드론까지 나왔다. 드론과 어뢰, 드론과 지뢰 등 다른 기능을 결합하거나 중첩한 무기에 대한 관심이 높아졌다. 이렇게 드론이 강조되면서 인간 차원(human dimension)[*]이란 멀리 떨어진 곳에 있어서 전투 현장의 현실과 위험을 직면할 필요가 없는 조종사 차원을 의미하게 됐다.

　　나아가 전투원을 생략할 수 있게 되면서 군용 운반 수단의 성격이 바뀌었다. 그 자체로 공격—특히 군집 무기—에 크게 취약한 항공모함 대신에 더 짧고 작은 발사 플랫폼에서 드론과 크루즈 미사일을 쏠 수 있는 군함이 생겨났다. 이는 중력 가속도가 조종사에게 주는 부담을 고려하여 이륙 속도를 줄일 필요가 없기 때문이다. 드론은 보급을 제공하기도 한다. 일례로 미국은 핵잠수함의 잠항 시간을 늘리기 위해 보급용 드론을 개발했다. 드론 활용으로 로봇 병사와 로봇 무기, 인공 지능(AI)에 대한 관심이 높아졌다. 이 모든 분야에서 연구가 활발히 진행 중이다. 일례로 미국의 V60 Q-UGV는 험준한 지형을 건너고 광범위한 환경 요소를 감지·스캔·송신할 수 있다. 인공 지능은 감지·스캔·발사 기술과 시스템을 인간이 따라올 수 없을 만큼 빠르고 정밀하게 연결하게끔 설계됐다. 중국과 러시아도 비슷한 소프트웨어를 보유하고 있으며, 모든 강대국은 다른 나라가 이런 과정을 방해하기 위해 개발할 수 있는 기술 또한 염두에 두어야 한다.

　　또 다른 분야는 방향성 펄스 무기 개발이다. 2020년 중국은

---

[*]　　전투력에 대한 논의에서 기술적 차원과 대비되는 개념.

고주파 전자기 펄스에 초점을 맞춘 극초단파 무기를 사용하여 히말라야 분쟁 지역에 있는 인도군 진지 군인들에게 도저히 버티지 못할 고통을 가함으로써 부대를 퇴각시켰다고 주장했다.

강대국의 대립은 무기 시스템 역량 간에도 일어나지만, 동중국해와 남중국해 같은 특정 분쟁 지역, '반접근/지역 거부' 무기의 잠재적 사용 가능성 등 서로 다른 무기 시스템 간 균형, 대리전과 대리 세력을 통한 영향 범위 확대 등을 둘러싸고 벌어지기도 한다. 이 중 분쟁 지역을 둘러싼 대립은 군사 훈련을 통해 점점 더 두드러지고 있다. 미국과 일본은 2년에 한 번씩 연합 군사 훈련을 실시해왔는데, 2020년도에 포함된 상륙 훈련은 중국이 동중국해 센카쿠열도를 점령할 경우 탈환할 의지가 있음을 표시하는 의도가 담겨 있었다. '반접근/지역 거부' 무기는 특히 주로 항공모함을 겨냥하는 지상 기반 미사일이지만, 원격 제어 시스템에 의존하지 않는 자율 드론 군집으로 대체할 수도 있다. 이러한 혁신의 전파는 제1차 세계대전 이전에 일어났던 혁신에 견줄 수 있지만, 이제는 세계를 '축소'하는 무기, 먼저 치고 나오지 못하는 이들의 기회를 더욱 극적으로 줄일 수 있는 무기가 구상되고 있다.

이런 맥락에서 억지력은 불확실하다. 타이완이 중국으로부터 침공에 대항하여 운용하게끔 설계한 미국의 이동식 지상 기반 정밀 미사일을 구매한 것에서 볼 수 있듯이, 특히 비대칭 역량에서 억지력은 더욱 불확실하다. 다른 2, 3등급 강국들도 다른 주요국이 공격을 해왔을 때 치러야 할 비용을 높임으로써 자국을 보호하고,

따라서 공격을 억제하는 방안을 비슷하게 고려해야 한다. 그래서 스웨덴은 더 위협적이게 된 러시아에 맞서기 위해 냉전 이후 축소했던 군비를 다시 증강했다.

무력행사는 자주 쟁점이 되는 문제다. 2020년 11월 미국이 표준 탄도 미사일인 SM-311A를 군함에서 발사하여 모의 대륙 간 탄도 미사일을 격추하는 실험에 성공함으로써 북한에 대한 방어망을 포함한 다층 방어망을 강화한 직후, 참모들이 트럼프 대통령을 설득하여 이란의 주요 핵 시설—나탄즈의 우라늄 농축 시설—에 대한 폭격을 단념하게 했다는 보도가 나왔다. 참모들은 이 폭격이 확전으로 이어질 수 있다고 경고했다고 한다. 이스라엘이 이 시설을 공격할 가능성이 자주 거론됐다.

2010년대 중반 이후 전쟁—특히 중국과 미국 간 충돌—계획의 강도는 한층 더 높아졌다. 이 계획은 대칭(유사한 무기, 시스템, 방법, 목표)과 비대칭, 경쟁과 충돌을 모두 고려해야 한다. 또한 대칭과 비대칭의 잠재적 상호 작용은 냉전 때와 비슷하게 불확실한 만큼 계획 매트릭스의 일부다. 영국군 수장인 닉 카터 경은 2020년 11월 제3차 세계대전의 위험에 대해 다음과 같이 공개적으로 경고했다.

우리는 이런 위험들을 의식할 필요가 있다. (…) 지금 이 시점에도 계속되고 있는 너무나 많은 지역 분쟁들이 제기하는 현실적 위험은, 상황 확대가 오판으로 이어질 수 있다는 것이다. 더 많은 사람이 관여하고 더 많은 무기가 투입되다 보면 미처 억제할 새도 없이 양측이 전면전으로 치닫게 된다. (…) 이 위협은 계속 진화하고 있으며 어떤 분야에서는 현대화하고 있다. 그리고 우리도 물론 현대화해야 한다. (…) 어쩌면 산업화 시대로부터 물려받은 몇몇 역량을 보류하고, 정보화 시대에 필요한 몇몇 역량을 바라보아야 할지도 모른다.

적국들은 그런 역량의 가치를 낮추기 위해 행동할 것인데, 이는 상황의 역동적인 본질을 알려준다. 지난 한 세기 동안 세계가 시공간적으로 현저히 '축소'되면서 이 상황은 더욱 불안정해졌다. 주요 강대국 국민이 전쟁을 원하고 있다는 징후는 없지만, 무기 개발과 조달이라는 차원에서 부단히 지속하고 있는 전쟁 대비 관점에서 볼 때 이 점은 핵심 요소가 아니다.

군사사 이론들

군사사를 어떻게 제시하고 논의하고 설명하는 것이 최선일까? 전쟁이란 무엇인가? 이 주제에 대한 전형적인 문제 중 하나는 군사사를 논의할 때마다 늘 똑같은 사상가들을 거론하며, 흔히 과거 주장과 이미 일단락된 문제들을 거듭 불러낸다는 것이다. 손자, 클라우제비츠, 조미니, 풀러가 육상전에 대한 연구를, 머핸과 코벳이 해전에 대한 연구를 지배한다. 게다가 학술적으로든 대중적으로든 이 주제에 대한 일반적 접근 방식은 위대한 지휘관과 유명한 전쟁과 결정적(이라고 여겨지는) 전투에 집중한다. 클라우제비츠와 조미니의 명성은 프랑스 혁명과 나폴레옹 전쟁에 비추어 전쟁을 논평하며 쌓인 것이고, 풀러와 리들 하트는 제1차 세계대전에 대한 논평가로서, 머핸과 코벳은 위대한 해군 강국이었던 1689~1815년의 영국, 특히 영국과 프랑스의 전쟁에 대한 논평가로서 유명해졌다.

물론 이 목록에는 다른 사람도 포함된다. 20세기 혁명전쟁에 대해서는 프룬제와 마오쩌둥, 대반란 작전에 대해서는 콜웰과 (접근 방식은 매우 다르지만) 갈룰라를 들 수 있다. 손자와 마오쩌둥이 포함된 것은 군사 강국으로서 커지고 있는 중국의 중요성을 다루기 위해 많은 노력이 행해지고 있음을 나타낸다. 현재 세계 최고 인구 대국인 인도에는 그만한 주목을 쏟지 않는다. 이와 별개로 항공력에 대한 논의에는 항공력 주창자와 분석가(이 둘이 중복되어 악영향을 끼쳤다), 특히 두에와 미첼을 인용한다.

하지만 통설의 태반은 그 내용과 다루는 범위와 논조 면에서 많은 문제가 있다. 첫째로, 군사 행위자의 생각—그것도 실전보다 생각—보다는 군사 사상가의 이론 평가를 더 선호한다. 군사 행위자의 압도적 다수는 이론적 설명을—게다가 체계적인 방식으로는 더더욱—남기지 않는다. 군사 사상가에 대한 연구에서 문제점은 이러한 연구가 다름 아닌 군사 사상가에 대해 말해주는 데서 그친다는 것이다. 그들은 결정권자와 딱히 가까운 사이도 아니고 결정권자가 그렇게 한 이유를 잘 아는 것도 아니면서 그냥 자신의 관점에 대해 이야기하며 타인을 자신의 선입견에 끼워 맞추고 자신의 영향력을 과장하는 경향이 있다. 배질 리들 하트는 자기 나라인 영국에서는 무시당하지만 독일의 전격전 개발과 1967년 6일 전쟁에서 이스라엘군 작전에 영향을 끼친 예언자인 척 행세하기를 좋아했다. 이는 그의 중요성을 크게 과장한 것이었다.

둘째로, 국가 내부 분쟁보다 국가 간 분쟁에 대한 이론을 훨씬 더 두드러지게 강조한다. 실제로 내전은 잉글랜드 내전

(1642~1648)과 미국 남북전쟁(1861~1865)처럼 양측이 공식·준공식적 군사 조직을 갖추었을 때만 군사사 일부로 다루어지는 경향이 있다.

셋째로, 주로 전투에 대한 논의만 있고, 작은 충돌이나 '소(小)전쟁'(혹은 해상 봉쇄)은 그 빈도와 중요성에도 별로 논의되지 않는다. 제2차 세계대전 이후 이런 식의 충돌이 크게 중요해졌는데, 이런 맥락에서 '결정적 전투' 중심의 접근 방식은 별로 유용하지 않다. 군함이나 현대 항공기처럼 유닛 수가 적어서 그것의 파괴가 심각한 일이 될 경우에는 좀 더 유용하다.

넷째로, 통례적 군사사 서술에서는 세계의 많은 지역을 '원시화'한다. 특히 유목 사회와 아프리카 정치체의 많은 전투원이 대체로 단순하고 원시적이었다고 간주한다. 이들을 '정착' 국가에 비해 덜 세련되게(그리고 덜 다양하게) 묘사하는 경향이 있다. 특히 '정착' 국가가 대규모 농업과 산업에 의존하고/의존하거나 서양(유럽과 북미) 또는 동아시아 국가일 경우는 더더욱 그렇다. 이렇게 해서 '근대적' 형식을 갖춘 군대와 군사 담론을 지닌 '선진' 사회야말로 모범 사례의 동의어라는 전제에 근거한, 중요성의 순위를 매기는 지리학이 끈질기게 지속된다. 그래서 '저개발' 사회는 모범 사례나 그에 상응하는 사례의 측면을 모방할—다시 말해서 서구화될—때에만 적실성을 획득하는 것처럼 보인다.

이렇게 말하고 보면 통념적인 입장은 확실히 문제가 있다. 5세기 훈족과 13세기 몽골족과 14세기 티무르와 17세기 만주족의 군대―모두가 비유럽 기병대였다―처럼 효율적인 군대를 과소 평가하거나 장기적으로 볼 때 실패할 가능성이 큰 군대 취급을 하기 쉽다. 하지만 어떤 유형의 군대라도 장기적으로는 실패한다고 볼 수 있다. 이런 접근 방식은 일부분 서양 보병대에 대한 강조에서 기인한다. 현대전의 선진 무기를 생산하는 모판으로서 군산 연계 또는 '복합체'에 방점을 찍으면 이 과정은 한층 더 진전된다. 산업, 선진, 현대와 같은 용어는 모두 분명한 함의를 띠고 있다.

시골인 데다 비산업적 성격을 띤 유목 사회는 이런 시스템을 만들어내지 않는다. 그래서 유목 사회는―19세기 전까지는 그런 성격이 별로 발현되지 않았는데도―생래적인 잉여처럼 보일 수 있다. 이런 잉여성은 그 시대 제국주의의 원인이자 결과다. 사실 제국주의 시대가 한 번만 있었던 것이 아니므로 이 시기도 여러 제국주의 시대 중 하나에 불과하다. 군사사에서 너무나 자주 그러듯이, 유목 사회를 취급하는 방식에도 목적론(우리는 인류가 어디로 가고 있는지 알고 있으며, 그것이 필연적이고 좋은 방향이라는 믿음)이 작용한다. 이 목적론은 더 효과적인 기술력과 조직적 방법론을 향한 진보라고 정의되는 것 같다.

하지만 근대화 이론의 변형태에 크게 의존하며 흔히 군사적 혁명의 언어를 동원하여 변화를 기술하고 설명하는 이런 목적론은 2020년대 관점에서 볼 때 전망이 그리 확실치 않은 것 같다. 이제는 멕시코 범죄 카르텔 전체의 무장 병력이 상당수 유럽 국가의 군대보다 더 많은 실정이다.

문화는 군사사에서 핵심 개념이다. 전쟁이 특정한 문화적 배경에 따라 다르게 보이고 경험되는 방식에 집중하면, 전쟁의 본질을 이해할 때 보편적이라고 여기는 명제 너머를 엿볼 기회가 생기기 때문이다. 나아가 그러한 문화적 배경 안에서 싸우는 경우, 그곳에서 승리를 어떻게 이해하며 무력이 어떤 영향을 끼치는지 인식하기 위해서는 이런 접근 방식이 반드시 필요하다. 이 점은 미국의 이라크·아프가니스탄 전쟁과 미국이 거기서 직면한 문제들을 통해 매우 분명히 드러났다.

특히 종교적 가치는 대부분의 서구권 평자들이 거의 또는 전혀 말하지 않는 주제다. 하지만 승리와 패배, 고통과 상실에 대한—따라서 사상자를 어디까지 허용할 수 있는가에 대한—특정한 태도 형성과 유지에 종교적 가치가 어떤 역할을 하는지는 중요한 변수다. 최근 수십 년간 이슬람권 분쟁에서 거듭 드러났듯이, 종교적 가치라는 변수는 전술·작전·전략적 승리 방정식과 (따라서) 실현 가능성에 모두 영향을 끼칠 수 있으며, 과거의 전쟁 서술에서도 거듭 찾아볼 수 있는 요소다. 사실 18세기에 에드워드 기번, 윌리엄 로버트슨, 애덤 스미스 같은 저자들이 발전시킨 군사사에서 무척 흥미로운 이론 중 하나에서도 종교에 대한 상대적 경시를 엿볼 수 있다. 그들은 역사가 사회경제적 단계에 따른 발전 과정이라고 확신했다. 특히 역사가 수렵채집 사회로부터 유목 사회와 농경 사회의 양립을 거쳐 도시 기반 체제로 발전해왔으며, 정치·군사 시스템도 이에 따라 변화해왔다고 상정했다. 현대 사회까지 포함해서 확장할 수 있는 이 이론은 전 세계 자연·인문 환경이 지역에 따라 차이가 있음을 인정하지만, 이데올로기적 다양성 측면에서는 차이를 인정하지 않는다.

프로이센 군사 이론가 클라우제비츠든, 그보다 반세기 전에 활동했던 기번이든, 그들의 개념은 전쟁의 본질을 파악하려는 한 시도인 '장기 지속'에 대한 것이다. 하지만 실제로 대부분의 이론화는 매우 단기적 관점에서 이루어진다. 잠재적인 적 역량을 이해하기 위해 최근의 분쟁을 분석하는 것이다. 일례로 독일은 1940년 겨울 전쟁에서 소련이 핀란드를 상대로 거둔 저조한 전과를 분석했고, 이를 토대로 1941년 소련에 대한 공격을 계획했다. 하지만 소련이 겨울 전쟁 초기의 심각한 패배를 딛고 결국 승리했다는 핵심 요점은 정작 간과됐는데, 이론과 분석이 편견을 재확인하는 경향을 보여주는 또 다른 사례다.

이런 식의 군사적 분석은 편의를 뒷받침하는 쪽으로 기울기 쉬웠고, 제도적·민족적·사회적 편견을 재확인하기 십상이었다. 현시점에 닥친 문제와 다가오는 전쟁 위협을 내다보고 있던 미국 육군 항공대 분석가들은 1940년 독일 루프트바페의 영국 공습 실패를 평가한 뒤 이것이 루프트바페의 총체적 결함과 영국 통합 방공 시스템의 역할보다는 전략 폭격기가 부재한 탓이었다고 결론 내렸다. 이로써 전략 폭격기에 대한 투자를 촉진했다. 1941년 7월 미국 항공전 계획처 1번 계획(Air War Plans Division No. 1)은 항공력으로 독일군을 격파하는 포괄적 계획을 제안했는데, 이는 잠재적 적수를 잘 만나는 것이 교리와 결정적 지원을 추진하는 데 도움이 된 사례였다.

분석상 결함과 제도적 편향을 과거의 것으로 간주하는 경향이 만연해 있지만, 현재에도―특히 관념이 반영되는 '교리'와 무기 조달에서―유사한 문제가 없다고 믿을 만한 이유는 없다. 게다가 전략 검토의 곤혹스럽고 논쟁적인 성격을 인식하면 임무, 우선순위, 조달, 교리에서 선택의 중요성에 주목하게 되며, 이런 요소들이 이후의 선택은 물론이고 그 선택이 제시·토론·수행되는 개념 틀에까지 영향을 끼치는 유산이 될 수 있음을 짐작할 수 있다. '지난 전쟁을 위한 계획'이라는 어구는 이 점을 단순하게 표현한 것이다. 이런 관성이 하나의 과정으로서 훨씬 더 끈질기게 지속되며, 경험을 고려해야 할 필요성을 인식하고 그로부터 생겨나는 것이기 때문이다. 이러한 고려가 결국에는 전쟁의 이론화다.

이와 아주 별개로 대중적 문화를 통해 제시되는 군사 이론도 있다. 여기서는 영웅적 개인, 집단적 용맹 그리고 집단을 굳게 결속하게 하는 단결을 거듭 강조한다. 이는 가장 오래된 기록 문학에서도 강렬한 요소였지만, 현대 문학과 게임과 그 밖의 미디어에서도 여전히 중요하다. 여기서의 이론은 의지의 승리를 찬양하는 내용이지만, 기원전 480년 스파르타가 테르모필레에서 페르시아에 당한 것이나 1836년 텍사스가 알라모에서 멕시코에 당한 것 같은 영웅적 패배를 찬양하는 섭리주의와 운명론도 있을 수 있다. 여기서는 패배 그 자체가 승리한 의지의 한 형태가 된다.

이런 형태의 해석이 가장 큰 주목을 받는 것은 특히 전투원 개개인의 사연을 강조하며 이와 관련하여 구술사를 활용하는 '전쟁의 민낯' 식 이야기가 1970년대부터 크게 인기를 끌고 있기 때문이다. 이런 접근 방식은 전략, 병참, 통신 등 큰 중요성을 띠는 배경 요소를 축소하고 그 대신 전술적 측면과 의지력에 초점을 맞추며, 부대의 단결과 같은 요소를 통해 이 둘을 연결한다.

현대 문화는 시각적 자극과 '교훈'에 특히 쉽게 반응한다. 이들은 무기의 특별한 능력이나 영웅담 등에 초점을 맞추며 흔히 시각적 이미지를 제공한다. 이 특정한 역사 전달 매체가 제공하는 메시지는 문자 매체와 거리가 멀고 모호성과 유보성을 더 수월하게 암시할 수 있다. 게다가 시각 매체는 많은 지역에서 좀 더 쉽게 접근할 수 있다. 이런 매체는 대체로 암묵적 이론인 군사사 이론이 표출되는 장이자, 과거에 너무나 중요했던 구술 서사시의 현대판이기도 하다. 다시금 이는 다른 시대 간 연결 고리 혹은 적어도 반향을 암시한다.

결론

헛간에 있을 때 열한두 살쯤 되어 보이는 소년이 한쪽 무릎에 부상을 입은 것을 보았다. 부상의 고통으로 울부짖고 죽은 어머니를 목 놓아 부르며 자기도 죽어야 한다고 말하는 소년의 모습은 쉽사리 잊히지 않을 만큼 큰 충격을 남겼다. 그는 한 포함에 소속된 해군 사관후보생이었다.

– 1813년 프렌치타운(오늘날의 미시건주 먼로)에서 영국-미국 원주민 연합군이 미국군에게 승리했을 때 중상을 입은 영국군 세드라크 바이필드의 증언

전쟁의 잔혹함은 산 자에게만 찾아오는 것이 아니다. 1565년 몰타 세인트엘모 요새를 둘러싼 전투가 한창일 때, 오스만군은 증원군을 증파하려는 의지를 꺾을 목적으로 구호 기사단 소속 기사 세 명의 시체를 참수하고 내장을 꺼낸 뒤 나무 십자가에 못 박아 발레타 항구로 떠내려 보냈다. 요새가 함락됐을 때 생포된 인원

은 중상을 입은 기사 다섯 명뿐이었다. 오스만군은 그들도 십자가에 못 박아 항구로 떠내려 보냈다.

인간은 자신이 벌이는 전쟁에 우주적 프레임을 가져다 붙이며, 여기에는 종교적 틀과 그 밖의 이데올로기적 투쟁이 포함된다. 이렇게 일종의 섭리에 의거한 정체성 발전 모델이 특정 사회·정치 시스템의 역량을—그 자체의 역량이든, 시스템이 경쟁적 맥락에서 작동해야 할 때 역량이든—결정한 것은 아니었다. 명시적으로든 암묵적으로든 전쟁에는 언제나 도덕적 차원이 존재하며, 이는 심지어 동물과의 전쟁에서도 예외가 아니다. 인간이 동물보다 높은 가치를 타고났다는 도덕적 주장은 시초부터 있어왔다. 서양 세계의 많은 고대 철학자들은 자신의 도덕·윤리 이론을 전개할 때 인간과 동물의 구분을 끌어들이면서 논의를 시작하곤 했다. 유대-기독교 전통의 〈창세기〉 창조설은 인간을 창조 위계질서에서 동물보다 뚜렷이 우월한 존재로 묘사한다.

오늘날 전쟁은 책 한 권은 고사하고 한 챕터를 쓰는 데 걸리는 시간보다 짧게 끝날 수도 있지만, 전쟁에 대한 책으로 말하자면 몇 층에서 떨어지든 지상의 보행자에게 치명상을 입히고도 남을 만한 벽돌 책이 드물지 않다. 하지만 짧은 책은 명확한 설명을 제시하기 위해 전쟁의 본질을 단순화할 위험성과 전개 과정을 해명하기 위해 인과적 내러티브를 동원할 위험성을 안고 있다. 그 결과로 무기의 기술력이 역량의 일반적 척도이며, 전쟁을 광적이지는 않더라도 점점 더 걷잡을 수 없이 치명적으로 몰고 가는 주범이라는 손쉬운 분석으로 흔히 빠져들게 된다. 무기는 발전 서사와 이에 대한 분석을 제공하는 동시에, 과거와 현재와 미래를 등급화하고 연결하는 수단을 제시한다. 또한 이는 전쟁의 물질문화에 대한 강렬한 관심 — 전쟁이 사물의 문제이며, 이 사물이 인간에게 힘을 부여한다는 인식 — 에 대한 응답이기도 하다.

　여기서는 의도적으로 다른 접근 방식을 취했다. 이 책에서 누락한 내용은 지면을 절약할 필요성(학계의 독자 중 한 명은 분량을 최소한 두 배로 늘릴 것을 요구하기도 했는데, 이건 확실히 짧지 않은 분량이었다)뿐만 아니라, 통설에 대한 암묵적 비판을 반영한 것이기도 하다. 스웨덴의 구스타브 아돌프(재위 1611~1632)나 30년 전쟁(1618~1648), 사도바 전투(1866) 등의 소재와 익숙한 이야기는 모두 빠졌다. 또 이를테면 1846~1848년 멕시코-미국 전쟁이나 1904~1905년 러일 전쟁처럼 다른 맥락에서도 많은 사례가 비슷하게 제외됐다. 여기서 독자 여러분에게 이 점을 생각해볼 것을 권하는 이유는 무엇을 넣고 무엇을 뺄지 논의할 때 선택에 대한 평가와 평가에 대한 선택이라는 요소가 표면화되기 때문이다. 이는 앞 절에서 제시한 논의의 연장선상에 있다.

　이 책의 인식은 비서구 군사사에 더 크게 주목할 필요가 있다는 것이다. 비서구 군사사가 역사적 공간에서 큰 몫을 차지할 뿐만 아니라, 이에 대한 논의가 통념적 분석 방식을 뒤엎기 때문이다. 델리나 베이징의 관점에서 세계 군사사를 보았을 때 서양식 접근법으로 본 고전적 전환점과 해석 개념은 거의 혹은 전혀 무의미하다. 실제로 이런 과정은 서양 전체에서 찾아볼 수 있다. 너무나 많은 논의가 이를테면 동유럽이나 라틴아메리카가 아니라 프랑스, 독일, 이탈리아, 영국, 미국을 주제로 한다. 특히 라틴아메리카에 대한 논의는 1810~1820년대 라틴아메리카 독립 운동과 칠레-페루-볼리비아의 태평양 전쟁(1879~1883)이 끝난 이후로는 관심 밖으로 탈락하는 것 같다. 어쩌다 한 번씩 1932~1935년 볼리비아-파라과이-차코 전쟁과 냉전 시대 중앙아메리카—특히 니카라과와 엘살바도르—의 분쟁을 짧막하게 언급할 뿐이다. 이런 접근 방식은 라틴아메리카 내부 분쟁이 띠는 훨씬 광범위한 중요성을 간과하게 만든다.

군사사를 '탈중심화'하는 것은 핵심 무기·지도자·국가·군사 체제가 다른 무기·지도자·국가·체제로 교체되는 식의 배턴 넘기기 경주에서 벗어나는 것이다. 관행적 서술에서는 스웨덴이 제국군(오스트리아군)에게 대승을 거둔 브라이텐펠트 전투(1631)나 프랑스가 에스파냐를 상대로 대승을 거둔 로크루아 전투(1643) 같은 이른바 '결정적' 전투를 이런 변화의 기점으로 묘사하곤 한다. 실제로 이런 접근 방식은 자기 충족적이 되기 쉬운데, 변화의 모호성에 대한 이해나 (세계적 차원의 중요성뿐만 아니라) 상대적 중요성에 대한 질문에 기반하는 것보다 그 편이 더 편리하기 때문이다.

그 대신 여기서는 과거에 대한 분석과 현재를 보는 관점과 미래를 향한 취지를 동시에 제시하려 한다. 그 요점은—다른 생물종을 상대할 때와 달리, 한 생물종 내에서는 확실히—군사 역량에서 뚜렷한 위계가 없다는 것이다. 그보다는 판이한 과업과 자연·인문 환경에 의해 제시된 다양한 도전과 응전이 존재하는 만큼 전쟁은 질문의 매개체이지 답안이 아닌 것이다.

핵심 분열은 국가 내부 분쟁이 아니라 국가 간 전쟁이다. 하지만 전쟁에 대한 더 견고한 이해는 국가 내부 분쟁과 비서구 지역에 충분한 주목을 기울일 때만 발전할 수 있다. 그러려면 전쟁을 단일하거나 '참'되거나 본질적인 상태가 아니라 경험의 연속체로서 다루어야 한다. 1970년 캐나다 정부는 퀘벡 분리주의 테러에 대한 대응으로 평시에는 처음이자 마지막으로 '전시 조치법'을 발동하여 시가지에 군대를 파견했다. 테러가 더 광범위하게―그리고 양측 모두에 의해―전쟁으로 규정된 것이다. 2001년 알카에다가 미국을 공격한 결과로 미국이 '테러와의 전쟁'을 선포한 것이나, 2020년 니스의 한 교회에 테러 공격이 행해진 후 프랑스 내무장관 제랄드 다르마냉이 '우리는 안팎 모두의 적과 전쟁 중'이라고 선포한 것도 이와 비슷한 사례다.

무력으로 지탱되는 체제를 상대할 때는 결정적 전투로 적의 군대를 격파하는 전략이 적합하고 가치 있다. 이 경우 군대를 격파하면 체제 안보가 약해지므로 비록 저항이 계속될 수는 있어도 직접 정치적 결과를 가져올 수 있다. 하지만 다른 권력의 원천에 기반한 정치체나 운동을 상대할 때는 이 전략이 부적합할 수 있다.

이것은 전쟁의 새로운 특징이 전혀 아니고, 종교 전쟁이나 그 밖의 문화·이데올로기 투쟁에서 오래전부터 찾아볼 수 있었던 것이다. 종교적 분열은 20세기 들어 세속 이데올로기가 표면화됐을 때 예측했던 것보다 더 끈질기게 지속되고 있다. 사실 이런 분열은 냉전이 끝난 후에 더욱 뚜렷해졌다. 특히 1980년대 소련이 아프가니스탄과 폴란드에서 겪은 위기를 생각할 때, 냉전의 결과를 초래한 원인은—다른 요소도 많이 걸려 있었지만, 어느 정도는—종교적 정체성과 운동의 끈질긴 지속성이었다. 전쟁에는 특히 무기나 전술처럼 변화하는 측면도 있지만, 전쟁의 원인과 같은 다른 측면은 변치 않고 유지된다는 것을 일깨우는 지점이다.

어떤 요소를 우선시해야 하는지, 발전이라고 제시되는 관점에서 어떻게 인과 관계를 수립하는 것이 최선인지는 분명치 않다. 군사사에 핵심적 '특성'이 존재한다기보다는 그때그때 다른 요소들이 전면에 등장하는 것이다. 전쟁을 이해할 때 중요한 것은 인식이다. 그래서 인식과 결부된 문제, 재현 문제에 필연적으로 주목이 쏠린다.

나아가 이것이 행해져야만, 최근 수백 년간 패턴대로 비서구 환경에서 작전 수행을 모색하는 서양 강대국들이 이 비서구 환경을 충분히 이해하게 될 것이다. 이 패턴이 역전될 수도 있지만, 그때도 아마 비슷한 지적을 할 수 있을 것이다. 동시에 인류의 다양한 분파가 정체성과 자원과 문제의 병목 구간에 비추어 스스로를 이해하며 냉전 이후 내러티브로 나아가야 한다.

덜 서구 중심적인 군사사를 쓰고 비서구 군사 역량의 원시화를 지양할 필요가 있다. 이 책의 지면 배분은 이런 과제를 해결하려는 시도다. 한 가지 정답은 없으며 모든 역사가 그렇듯이 이 책도 필연적으로 중간보고에 불과하지만, 의도는 분명하다. 무력은 역사에서 핵심 요소다. 전쟁은—설령 그 규모가 작고 기술이 제한적일지라도—변화의 단순한 원인이나 결과가 아니라, 더 변화무쌍하고 광범위한 활동이자 경험이기도 하다.

Biddle, S., *Nonstate Warfare: The Military Methods of Guerillas, Warlords, and Militias*, 2021

Black, J., *Air Power: A Global History*, 2016

Bryce, T., *Warriors of Anatolia: A Concise History of the Hittites*, 2019

France, J., *Western Warfare in the Age of the Crusades, 1000–1300*, 1998

Friday, K., *Samurai, Warfare and the State in Early Medieval Japan*, 2004

Gommans, J., *Mughal Warfare: Indian Frontiers and Highroads to Empire, 1500–1700*, 2002

Graff, D., *Medieval Chinese Warfare, 300–900*, 2002

Haldon, J., *Warfare, State and Society in the Byzantine World 560–1204*, 1999

Hamblin, W. J., *Warfare in the Ancient Near East to 1600 bc: Holy Warriors at the Dawn of History*, 2006

Kennedy, H., *The Armies of the Caliphs*, 2001

Kilcullen, D., *Out of the Mountains: The Coming Age of the Urban Guerrilla*, 2014

Lorge, P., *War, Politics and Society in Early Modern China, 900–1795*, 2005

Macola, G., *The Gun in Central Africa: A History of Technology and Politics*, 2016

May, T., *The Mongol Conquests in World History*, 2012

Reid, R., *Warfare in African History*, 2012

Roy, K., *Military Thought of Asia: From the Bronze Age to the Information Age*, 2020

Starkey, A., *European and Native American Warfare, 1675–1815*, 1998

Thornton, J., *Warfare in Atlantic Africa, 1500–1800*, 1999

Vandervort, B., *Wars of Imperial Conquest in Africa, 1830–1914*, 1998

Waldron, A., *The Great Wall of China: From History to Myth*, 1990

옮긴이의 글

역사학자인 제러미 블랙은 영국 육군사관학교에서 석좌교수를 역임한 바 있는 군사사 전문가로, 대중 역사서를 포함하여 아주 많은 저서를 펴냈으며 국내에도 꽤 여러 권의 책이 소개되어 있다.

이 책은 인류 역사 시초부터 2022년 현재까지의 전쟁사를 40개의 짤막짤막한 장으로 정리하여 비교적 얇은 책 한 권에 담고자 시도한 책이다. 하지만 단순히 역사적 사실을 나열하고 설명하는 식의 무미건조한 구성은 아니다. 오히려 책 두께를 줄이기 위해 불가피하게 생략한 내용이 있는데 그중 무엇을 생략했는지를 볼 때 저자의 관점을 확실히 알 수 있다. 이 책 전체를 관통하는 저자의 관점으로는 다음 몇 가지를 들 수 있다.

첫째는 서구 중심적 시각을 탈피하려고 노력했다는 점이다. 아프리카, 에스파냐 정복 이전 라틴아메리카, 오스트레일리아 등 기존 전쟁사에서 다루지 않거나 간략하게 훑고 지나가는 지역의 군사사에 대해서도 한 장씩을 할애한다. 일례로 이슬람권의 전쟁사를 다룰 때도, 기존에 서양에서 집필된 전쟁사 책들이 오스만 세력과 유럽 세력이 벌인 전투를 중심으로 서술한 것에 비해 이 책에서는 오스만과 페르시아 세력 간 전쟁으로 초점을 돌리고 있다. 또한 저자는 국가나 문명권 사이에 군사 역량 위계가 있다는 가정에도 비판적이다. 그런 관점에서 이 책 전체를 통틀어 종종 나오는 단어가 "합목적성" 또는 "목적 적합성"이라는 말이다. 한 예로 중국이나 오스만 제국에서 서양만큼 요새 축성에서 혁신이 이루어지지 않은 것은, 군사 역량이 뒤처졌기 때문이 아니라 그만큼 외부 공격에 덜 노출되는 환경이었고 전략적 우선순위가 달랐기 때문이라고 저자는 설명한다.

둘째로, 이 책은 전쟁사에서 전술, 작전, 전략 차원을 뚜렷이 구분하고 전쟁사를 무기와 전투 기술 역사로 환원하는 것을 경계하며 동맹과 배신의 역할, 국제정치의 역학, 국가 행정 및 병참 지원 역량 등 전략적 측면을 조명하는 데 힘쓰고 있다. 일례로 에스파냐의 라틴아메리카 정복, 영국의 인도 식민화 등 제국이 팽창하는 과정에서 군사 역량만큼 중요한 구실을 한 것은 바로 일부 현지인의 조력이었다. 나폴레옹과 제2차 세계대전 시 독일군을 두고 종래 군사사에서 이루어져온 평가에 대해 저자가 가하는 비판도 이런 전략 차원 관점에 기반한다. 청나라가 유목 제국으로부터 위협을 평정하고 전성기를 이룩할 수 있었던 것은 비옥한 영토에서 나온 농업 생산력을 변방의 병참 지원으로 연결하는 행정력 덕분이었다. 전쟁의 흐름을 바꾼 특정한 "결정적 전투"에 집중하기보다 여러 전투를 전체적으로 놓고 고려해야 할 필요성을 강조하는 것도 마찬가지다.

20세기 이후 현대전으로 넘어와서, 오늘날 우리가 마치 현대전의 원형처럼 인식하고 있는 제2차 세계대전이 실은 매우 이례적인, 전무후무한 형태의 전쟁이었으며 1990년대 이후 사상자나 병력 규모로 볼 때 국가 내부 분쟁이 국가 대 국가의 정규전을 압도했음에도 종래 군사사 서술의 틀에 들어맞지 않는다는 지적은 신선한 대목이다. 그리고 제1·2차 세계대전 사이 전간기에 각국 정부들이 닥쳐오는 전쟁(들)의 가능성과 위험을 어떻게 인식하고 대비했는지를 논의하는 장은 우크라이나 전쟁이 중·러 대 미국의 세계 전쟁으로 비화할 가능성을 눈앞에 둔 현재 상황에도 강력한 시사점을 준다.

찾아보기